BLAISE PASCAL

PENSAMIENTOS
(o PENSÉES)

Traducción, prólogo y edición por
Edmundo González-Blanco y
Juan Bautista Bergua

Presentado por
Manuel Fernández de la Cueva Villalba
Profesor de Filosofía

Colección La Crítica Literaria
www.LaCriticaLiteraria.com

Copyright del texto: ©2011 Ediciones Ibéricas
Ediciones Ibéricas - Clásicos Bergua - Librería Editorial Bergua
Madrid (España)

Copyright de esta edición: ©2011 LaCriticaLiteraria.com
Colección La Crítica Literaria
www.LaCriticaLiteraria.com
ISBN: 978-84-7083-191-1

Imagen de la portada: Blaise Pascal retrato, anónimo, siglo 17

Ediciones Ibéricas - LaCriticaLiteraria.com
Calle Ferraz, 26
28008 Madrid
www.EdicionesIbericas.es
www.LaCriticaLiteraria.com

Impreso por LSI (Internacional) y SAFEKAT S.L. (España)

Todos los derechos reservados. Esta publicación no puede ser reproducida, ni en su totalidad ni en parte, ni ser registrada en, o transmitida por, un sistema de recuperación de información, en ninguna forma ni por ningún medio, sea mecánico, fotoquímico, electrónico, magnético, electroóptico, por fotocopia, o cualquier otro, sin el permiso previo por escrito de la editorial.

Cualquier forma de reproducción, distribución, comunicación pública o transformación de esta obra sólo puede ser realizada con la autorización de sus titulares, salvo excepción prevista por la ley. Diríjase a CEDRO (Centro Español de Derechos Reprográficos - www.cedro.org) para más información.

All rights reserved. No part of this book may be reproduced or transmitted in any form, by any means (digital, electronic, recording, photocopying or otherwise) without the prior permission of the publisher.

ÍNDICE

PRESENTACIÓN - Manuel Fdez. de la Cueva Villalba 5
PRÓLOGO - Edmundo González-Blanco 7

PASCAL: PENSAMIENTOS (O PENSÉES) 25
    I: del talento y del estilo 27
    II: miseria del hombre sin dios 39
    III: de la necesidad de la apuesta 65
    IV: de los medios de creer 77
    V: la justicia y la razón de los efectos 85
    VI: los filósofos 95
    VII: la moral y la doctrina 107
    VIII: los fundamentos de la religión cristiana 131
    IX: la perpetuidad 139
    X: las figuras 151
    XI: las profecías 161
    XII: las pruebas de jesucristo 177
    XIII: los milagros 189
    XIV: fragmentos polémicos 201
    XV: el memorial 211
    XVI: el misterio de jesús 213

EL CRÍTICO Y EDITOR - Juan Bautista Bergua 217
LA CRÍTICA LITERARIA - www.LaCriticaLiteraria.com 219

PRESENTACIÓN

J. B. Bergua publicó los *"Pensamientos"* y *"Las Provinciales"* de Pascal en un solo volumen en el año 1933. En la actualidad, para facilitar el acceso a estas obras, se vuelven a reeditar por separado.

Los *"Pensamientos"* fueron publicados por primera vez después de la muerte de Pascal, hacia el año 1669 ó 1670. De esta obra hay múltiples ediciones al francés y al castellano; Condorcet (1777), Frantin (1835), Víctor Coussin (1842), Faugère (1844), Havet (1852), Louvandel (1866), Molinier (1877), Vialard (1886), Brunschvicg (1896), Michaud (1896), Garier (1907) y Giraud (1928) entre otras. Sobre esta última, la de Giraud, Edmundo González Blanco hizo la traducción al castellano de esta obra en 1933. En la presente edición se ha mantenido el texto y la traducción tal como fue publicada por J. B. Bergua en ese año. Sólo se han hecho correcciones formales, ortográficas y, como novedad, se han traducido las numerosas frases latinas que aparecen en el texto.

Blaise Pascal nace en 1623 y murió en 1662. Desde muy joven demostró ser un verdadero genio. A los 16 años publica su primer libro titulado "Tratado de las Cónicas" y a los 18 años inventó la primera máquina aritmética, es decir, la primera calculadora. Pascal, después de su seria conversión al cristianismo debido al famoso "Milagro de la Espina", fue un pensador profundamente cristiano. De todas sus obras podemos destacar los siguientes rasgos; su interés científico, literario y apologético.

Los *"Pensamientos"*, publicados por primera vez después de su muerte, fueron pensados, originariamente, como una apología del cristianismo y, por tanto, es una obra inconclusa, compuesta por reflexiones en los que aborda diversos temas.

Los *"Pensamientos"*, según esta edición de Edmundo González Blanco, se componen de dieciséis capítulos de diferente extensión. El tema principal es su preocupación por el hombre. A Pascal le importa su relación con lo absoluto – Dios-, y lo relativo –las cosas pasajeras de la vida humana-. Por este motivo el autor se interesa por la grandeza y la miseria humana, el orden religioso, ético, estético y político de su vida. Su profundo realismo trágico le permitió analizar, de forma maravillosa y original, cómo la razón y el corazón son vías distintas de acceso a nuestra realidad y a Dios: *"El corazón tiene sus razones que la razón no conoce"*.

Respetando la solera de la sabiduría de nuestros antepasados, esperamos que el lector disfrute de esta significante e importante obra maestra del pensamiento.

Corral de Almaguer, enero de 2011
Manuel Fdez. de la Cueva Villalba,
Profesor de Filosofía.

PRÓLOGO

E *Desde que nació en Clermont-Ferrand (Auvernia) el 19 de junio de 1623, hasta que murió en París el 19 de agosto de 1662, la vida interior del gran Blas Pascal constituyó una consagración continua a la meditación y al estudio, y una preocupación no menos constante por todo lo relativo a la omnipotencia de Dios, al enigma del universo y al destino del hombre. Fue, pues, en grado máximo, sabio a una que filósofo, y este doble aspecto de su personalidad aparece en su labor entera con expresión y aliento vigorosísimos. Ninguno de los grandes escritores franceses contemporáneos suyos, con ser tan eminentes todos, le aventajó en elevación de pensamiento y en rotundidad de cláusulas. Ninguno tampoco le superó en talento y en cultura. Unos dejan adivinar, bajo su talento, el cálculo, la razón formal, la fuerza de la lógica falsa, engañada por las costumbres y por los prejuicios. Otros dejan adivinar, bajo su cultura, una actitud mental en el fondo frívola y hasta carente de recta intención a veces. Por el contrario, en los libros de Pascal, salta el chorro trágico, por la letal emoción del hombre empequeñecido en la inmensidad del universo, y que sólo puede esperar defensa y auxilio de Dios. Si, Pascal dio de mano al teísmo vulgar, al conservar el solo sentimiento de la miseria e imperfección de las cosas humanas, y el deseo de verse libre de sus resultas (vacío de la nada, y, a consecuencia de este vacío, una incomportable tristeza), era natural que debiese querer aligerar las aflicciones con lenitivos celestiales, pues no los hallaba en la tierra.*

El enfermo sublime, *cantado por nuestro Campoamor en dolora inmortal, tuvo por padres a Esteban Pascal y a Antonieta Befon. El joven Blas se educó bajo la dirección exclusiva de su padre, y, desde los primeros años de su vida, mostraba ya precozmente lo que sería andando el tiempo. Contaba apenas diez, y ya conocía maravillosamente el griego y el latín. Su padre, que le había llevado a París en 1631, habíale prohibido que estudiase la geometría antes de haber cursado humanidades. Mas la vocación tiene también sus hados, y el futuro autor de los* Pensées *se aplicó a la geometría por sí solo, llegando hasta la proposición 32 de Euclides. A los quince años, había compuesto su* Essai sur les coniques, *que se publicó en 1640. Poco después inventó una más firme aritmética, superior a la de Napier, y, algo más tarde, realizó, con Petit, el experimento de Torricelli sobre el vacío. En 1646 hubo de reintegrarse a su hogar, para, en unión de los doctores Boutillerie y Landes, atender al restablecimiento de su padre, que se había roto una pierna. Por aquel tiempo, operose en toda la familia un gran cambio hacia la religión, y en tal tiempo fue cuando se produjo la llamada* primera conversión *de Pascal, quien leyó las obras de Jansenio, Arnauld y Saint-Cyran, llegando en su celo a una controversia con Fray Saint-Ange (Jaime Forton), cuyas enseñanzas se salían de la ortodoxia. Sabido es que Pascal tuvo notoria simpatía por el jansenismo, al que alude elogiosamente en algunos de sus pensamientos, y gran antipatía contra el jesuitismo, al que combate con suma rudeza en otros varios, sobre todo en los que forman los fragmentos polémicos del capítulo* XIV. *Un dato curioso de su biografía es que la familia de Pascal, en la persona de Margarita Périer, su sobrina, venía siendo como beneficiaria del milagro de la Santa Espina. Giraud apunta la posibilidad de que fuese esa circunstancia la que indujo a Pascal a acometer la composición de una extensa e integral apología del cristianismo, apología de la que son los* Pensées *amplio esbozo. En el pensamiento 839, Pascal habla de esa Santa Espina, y, en todo el capítulo* XIII, *ataca ferozmente a los jesuitas, por su poca estimación de los milagros. Finalmente, nadie ignora que Pascal culpaba a los jesuitas de haber influido para que sus obras fuesen condenadas en Roma. Pero volvAmos al intento.*

El mucho trabajar produjo a Pascal una parálisis parcial, y entonces se supone que escribió su Prière pour demander à Dieu le bon usage des maladies. *En 1647, de Rouen, donde se hallaba su padre, intendente a la sazón de Normandía, se trasladó, para curarse, a París, con su hermana Jacqueline. Allí habló con Descartes, de quien, con Malebranche, con Bossuet, con Fénélon, con Fermat, fue siempre discípulo, aunque no fanático e incondicional, pues discrepó de él en muchos puntos, y hasta le atacó duramente en otros. Allí también trató con los solitarios de Port-Royal, cuya noble severidad le atraía, y en cuya abadía entró su hermana Jacqueline a poco. Allí, en fin, publicó sus* Nouvelles experiencies touchant le vide. *Sostuvo una controversia con el jesuita Noel, y encargó a su cuñado Périer, esposo de su hermana Gilberta, que verificase, en Puy-de-Dome, el célebre experimento sobre la densidad del aire. Y, continuando estos estudios, demostró lo absurdo del principio de que la naturaleza tiene horror al vacío. Donde se ve que los comienzos de Pascal, como sabio y como autor, fueron en consonancia con el sabor del tiempo: libros de ciencia entreverados con libros de devoción.*

Por consejo médico, Pascal dejó sus estudios, y se entregó al reposo y a algunos placeres inmoderados, según parece. Aclamado en los salones, vio arquearse ante él mil sombras cortesanas, y las blondas de los ágiles abanicos velar femíneas miradas prendidas de admiración. A esto se llama la época disoluta *de Pascal. Después de estar en Clermont diecisiete meses, volvió a París en 1650 (según ciertos biógrafos, en 1649). La enfermedad se agravó, pero él seguía entregado a sus experimentos. En 1651 murió su padre, dando esto motivo a que se probase el temple cristiano del alma de Pascal, según se ve en la carta a su hermana Madame Périer, que transcribe Saint-Beuve, en su* Histoire de Port-Royal. *En el mismo 1651, fue acusado por los jesuitas de Montferand de no haber sido autor de los experimentos sobre el vacío, a que venía entregado desde 1648. El mismo 1651 envió su máquina de calcular a la reina Cristina de Suecia, y explicó su mecanismo al París elegante. En 1652, residió en el Poitou con el duque de Poauver, y, en 1653, en Auvernia. Entonces escribió* Sur les passions de l'amour, *y desde allí envió memorias a la Academia de Ciencias, y sostuvo correspondencia con el sabio Fermat, coincidiendo con él en el cálculo de probabilidades aplicado al juego. Todavía no había sentido la acedía geométrica que le acometió siete años más tarde. En efecto: a 10 de agosto de 1660, escribió a Fermat una carta sobre la inutilidad de la geometría, en la que declaró:* Elle est bonne pour faire l'essai, mais non l'emploi de notre force... de sorte que je ne ferais pas deux pas par elle... Je suis dans des études si éloignées de cet esprit qu'à peine je me souviens qu'il y en ait. *Pero esto lo dijo dos años antes de su muerte, cuando incubaba su apología del cristianismo. Su verdadero pensamiento, el de toda su vida, era que el espíritu geométrico debía combinarse con el espíritu pirrónico y con el espíritu cristiano. Al señalar los límites a una con los derechos de la razón, expuso:* Il faut avoir ces trois qualités: pyrrhonien, géomètre, chrétien soumis; et elles se accordent et se tempèrent, en doutant où il faut, en assurant où il faut, en se soumenttant où il faut.

Desde 1653, se acrecentó en Pascal el interés por el cartesianismo, y fue también la época en que leyó a Epicteto y a Montaigne. En varios de sus pensamientos, trata a ambos filósofos con la mayor acrimonia, y, sin embargo, fueron los que sobre él ejercieron la mayor influencia. Muy particularmente es el pensamiento 467 aquel en que Pascal se muestra más duro con Epicteto y con los estoicos. ¿No sería por haber sufrido su acción más fuertemente de lo que él hubiera querido? El cristianismo tiene sus epicúreos y sus estoicos, y Pascal era un estoico del cristianismo. "El tono melancólico y profundo de ciertos pensamientos (observa Giraud) emociona tanto más, cuanto que provienen de un sabio como Pascal. Se nota que el acento es muy cristiano, y que las ideas y aun las fórmulas son de procedencia estoica. Tales pensamientos constituyen un ejemplo harto sorprendente de la manera como Pascal utiliza *a Epicteto,* cristianizándole." *Cuanto a Montaigne, las invectivas de Pascal contra él llegan a veces al último extremo de la ferocidad. Y, sin embargo, Montaigne es uno de los autores a quienes Pascal más debe como a él le deben mucho asimismo Labruyère y Larochefoucauld. Dice Pascal:* Voulez vous qu'on croie du bien de vous? n'en dites pas. *Montaigne dice:* On ne parle jamais de soy, sans perte: les propes condamnations sont toujours accrues, les louanges mescrues. *Encuéntrase aquí un ejemplo de la manera concisa y sorprendente que Pascal tiene de traducir a Montaigne, convirtiéndole, por así expresarme, en Larochefoucauld. Dice también Pascal:* Diseur de bons mots, mauvais caractère. *Labruyère, por su parte, dice, sin citar a Pascal.* Diseur de bons mots, mauvais caractère: JE LE DIRAIS, SI IL N'AVAIT ÉTÉ DIT. *Evidentemente, Labruyère envidiaba aquella manera elíptica y punzante de presentar las cosas. Pascal sentencia:* Plaindre les malheureux n'est pas contre la concupiscence. Au contraire, on est bien aise d'avoir à rendre ce témoignage d'amitié, et à s'attirer la réputation de tendresse, sans rien donner. *Sentencia Larochefoucauld:* Nous nous consolons aisément des disgrâces de nos amis, lorsqu'elles servent à signaler notre tendresse pour eux. *Pero, tornando a Montaigne, el duro juicio de Pascal sobre su mentalidad y sobre sus opiniones, a menudo repetido (especialmente por Saint-Beuve en su* Port-Royal), *y a menudo discutido, lo ha sido, en 1906, y con mucho talento y erudición, por Strowski, en sus estudios sobre* Montaigne *y sobre* Pascal et son temps. *Posteriormente, Giraud, en tres libros:* Pascal, l'homme, l'œuvre, la influence *(páginas 139 a 141),* Blaise Pascal *(1910) y* Vie héroïque de Blaise Pascal *(1923), ha vuelto a la carga, y demostrado que* Montaigne est l'auteur dont Pascal est le plus nourri. *Lo que Montaigne representa a los ojos de Pascal, es esencialmente el "hombre natural"* (l'honnete homme), *y experimenta, con relación al autor de los* Essais, *una mezcla sumamente curiosa de admiración y de repulsión. No acabaría uno de citar todos los pasajes en que el primero se inspira en el segundo.* Notre nature est dans le mouvement, et le repos entier est la mort, *escribe Pascal.* Notre vie n'est que mouvement, *había escrito Montaigne.* Peu de chose nos console, parce que peu de chose nous afflige: *así habla Pascal.* Peu de chose nous divertit et nous détourné, car peu de chose nous tient: *así había hablado Montaigne. Pero ¡cuán diferentemente suena la frase en Pascal! El autor de los* Pensées *"moraliza" todo lo que toca. En él no se advierte la observación de un artista y de un curioso, que se recrea ante el espectáculo de la diversidad ondulante de la vida, sino que se oye el acento del pensador cristiano del dolor y de la piedad. En Montaigne está asimismo inspirado todo el extenso desarrollo del pensamiento 82, donde se advierte que Pascal no abrigaba la menor ilusión sobre la naturaleza humana. Ningún moralista ha lanzado sobre el hombre una mirada más desengañada y más lúcida, y una de las originalidades de los* Pensées *es haber fundamentado las más elevadas concepciones de la filosofía religiosa en la psicología más realista que darse pueda. Según su hermana menor, Pascal, a partir de 1653, se mostró más escéptico que nunca respecto a las cosas humanas, y de ellas acabó de apartarle un accidente, el vuelco del carruaje en que iba, accidente que le ocurrió, en 1654, en el Puente de Neuilly. El 7 de enero de 1655 se retiró al castillo de un amigo suyo, y luego estableció su residencia en una celda de Port-Royal.*

El 1656 señala el comienzo de su vida de luchador. Al estallar la guerra entre los teólogos de Port-Royal y la Sorbona, quiso intervenir en la discusión, y, para actuar más libremente, abandonó su casa, y alquiló otra en un barrio apartado bajo el nombre de Monsieur de Mons. El 23 de enero de 1656 publicó su primera Provincial *con el seudónimo de* Louis de Montalte, *cuyo anagrama de* Salomon de Tultie *empleó también en más de una ocasión. Condenado Arnauld el 18 de febrero, el 20 de marzo se ordenó la dispersión de los de Port-Royal, y ese día salió a luz la quinta* Provincial. *La curación de su sobrina Margarita por la Santa Espina exaltó su fe. Al salir, en abril y en mayo, otras tres* Provinciales, *Pascal, supuesto autor, fue amonestado por su pariente el jesuita Désretat, y en julio y agosto sacó otras tres* Provinciales. *A pesar de haber sido puesta en el* Indice *la obra de Arnauld, y a pesar de las condenaciones del Papa Alejandro VII contra Jansenio, Pascal continuó en su puesto, bien que haciendo protestas de seguir siendo fiel a Roma. En diciembre, llegó a la décimosexta* Provincial, *en la que acusó de casuismo a los jesuitas. Condenadas ya por el Parlamento las* Provinciales, *Pascal dio a luz la décimanona, en septiembre de 1657. En este año, o en el de 1658, tuvo lugar la fAmosa conferencia, en que Pascal congregó a sus amigos, para anunciarles su propósito de componer una apología de la religión cristiana. Más perseguidos aún los jansenistas, las mismas religiosas de Port-Royal aceptaron la fórmula de sumisión, el 8 de junio de 1661. Y, aunque se ha supuesto que Pascal abandonó también entonces el jansenismo, Madame Perier lo desmiente.*

Detengámonos un poco en la fAmosa conferencia pascaliana. Giraud juzga extremadamente probable que el largo pensamiento 430 lo constituyan notas tomadas y ampliaciones redactadas por Pascal con relación a una conferencia dada en Port-Royal, y añade que todo induce a creer que esa conferencia es la misma en que, en presencia de algunos de sus amigos, expuso el diseño de su apología futura. Dicha conferencia, que llenó de admiración a todos los oyentes, nos suministra la clave de los Pensées *mejor que el* Entretien avec Saci. *De ella hablan Esteban Périer, en el prefacio de la primera edición, y Filleau de la Chaise, en su* Discours. *OigAmos al primero: "En cierta ocasión, hace diez o doce años, se le obligó, no a escribir lo que tenía en su pensamiento sobre la materia, sino a decir algo de viva voz. Lo hizo, pues, en presencia y a ruegos de varias personas muy considerables de entre sus amigos. En pocas palabras, desarrolló el plan de toda su obra; les representó lo que constituiría el asunto; resumió las razones y los principios; y les explicó el orden y la sucesión de las cosas que quería tratar. Y aquellas personas, tan capaces como es posible de juzgar sobre esas cosas, confesaron que nada habían oído más bello, más fuerte, más patético, ni más convincente; que quedaron encantados de todo punto; y que lo que supieron de aquel proyecto en un discurso de dos o tres horas, hecho improvisadamente, sin premeditación, ni cálculo, les hizo juzgar lo que hubiera podido ser un día, si hubiese sido ejecutado y conducido a la perfección por una persona cuya fuerza y cuya capacidad conocían, persona acostumbrada a componer por tal arte sus obras, que no se contentaba casi nunca con sus primeros pensamientos, por buenos que pudieran parecer a los demás, y que rehacía a menudo, hasta ocho o diez veces, escritos que otro que no fuera él hubiera encontrado admirables desde la primera."* Por su parte, Filleau de la Chaise insinúa: *"Pascal, ante varios de sus amigos, pronunció una oración sobre el plan de la obra que meditaba. Habló, por lo menos, dos horas, y, aunque los que allí se encontraban fuesen personas que sólo admiraban lo muy selecto, reconocieron que habían quedado emocionadísimos; que aquel esbozo, por ligero que fuese, les había dado ideas de la obra más grande de que un hombre pudiese ser capaz; y que la elocuencia, la profundidad, la inteligencia de lo que hay de más oculto e intrincado en la Escritura, el descubrimiento de multitud de cosas que hasta entonces habían escapado a todo el mundo, en suma, cuanto encontraron en el talento de Pascal en tan poco tiempo, no les permitió dudar que fuese apto para ejecutar tamaño designio, y les persuadió, además, de que, si no lo dejaba completamente concluso, permanecería por mucho tiempo imperfecto."*

Así, amado de sus cofrades, bendecido por todos los pequeños, respetado de todos los potentes, Pascal tuvo siempre la honra de las admiraciones, y dio la de su nombre, con su intervención en las lides religiosas de su tiempo. Pero su enfermedad proseguía, y él la aumentaba con sus mortificaciones. "*La enfermedad es el estado natural de los cristianos*", *decía. Embebecido en este pensamiento y deseoso de persuadir a los hombres de la ilusión de las cosas humanas, Pascal pasó sus días postrimeros en un recogimiento profundo y soportando su dolencia con la serenidad de un estoico. Pero Caronte le llamaba. Era preciso que fuera a honrar el grande hombre la tenebrosa barquilla. Y el llamamiento letal se vio atendido, y Pascal expiró, después de recibir con gran piedad los sacramentos.*

El que Pascal haya sido partidario del jansenismo, no es razón para atribuirle cierta propensión hacia el protestantismo, basándose en sus momentos de indignación contra la moral de la Compañía de Jesús, que para combatir el protestantismo se había precisamente creado. Pocos católicos han sido tan sinceros y tan entusiastas como él. En su vida de pensador, hubo como un anhelo constante de bañar su personalidad atormentada en las aguas de la solidaridad espiritual, que une a todos los miembros de la colectividad humana. Y no concebía esta unión sin la organización y la disciplina católicas. Adhaerens Deo unus spiritus est, *fue siempre su lema. Necesitaba reposar su espíritu sobre la comunión unitaria de la Iglesia, comunión que es todo amor.* "*Se ama porque se es miembro de Jesucristo, y porque él es el cuerpo de que se es miembro. Todo es uno, y lo uno está en lo otro, como las tres personas de la Trinidad.*" *Mas no quiero esforzar estas razones, porque no tengo de ello necesidad alguna. No hay causas bastantes para sostener que Pascal, por ser un espíritu muy independiente, fuese un protestante en embrión. Fue, sí, un católico radical, que, creyendo en el orden sobrenatural fervorosamente, no juzgó incompatible su convicción, ni con la libertad de opinar en todo lo que no toca a la fe, ni con la perquisición de las más hondas raíces de la naturaleza humana en que la fe se funda. Como observa el Padre Laberthonnière, "nadie ha escrutado como Pascal, ni con audacia parecida, los fundamentos de todas las cosas, y especialmente los fundamentos de la religión". Pascal toma la religión tal como es, estimándola por sí misma, por su conocimiento de la naturaleza humana, por la manera como fortifica las inclinaciones de esa naturaleza con el ascendiente del deber, por los beneficios que a la sociedad reporta. La religión aparece, en Pascal, como debe aparecer, sin vulgaridades y sin desvaríos.*

Pascal produjo muy extensa cantidad de obras de índole diversa entre sí. Son las religiosas aquellas en que se basa su reputación imperecedera. Pero, durante toda su vida, compuso muchas obras científicas, que hicieron de zapadoras en eso de ir abriendo la ancha carrillera del renombre por donde debía entrar el futuro autor de los Pensées, *con aires conquistadores de hombre célebre, en los mejores lugares del mundo sabio. Poseído de su fuerza científica, llegó a retar a todos los geómetras de Europa respecto a la solución de ciertos problemas. Escribió* Dimension d'un solide formé par une spiral autour d'un cone, *e imaginó un carruaje, que más tarde fue el ómnibus. Aprobada la idea por el rey, Pascal ofreció destinar parte de los beneficios a los pobres. Inventó el barómetro, imaginó la prensa hidráulica, y echó los cimientos de la estática de los fluidos con su* Traité de l'equilibre des liqueurs y *con su* Traité de la pesanteur de la masse de l'eau. *El teorema de su nombre lo había formulado a los dieciséis años, y preludio el cálculo integral con su* roulette *o* cicloide. *Compuso tratados científicos tan notables como el* De numericis ordinibus y Du triangle aritmetique. *En fin, se le debieron libros tan originales y enjundiosos como el* Traité des triligues rectangles et de leurs onglets, Traité des sinus du quart de cercle, Traité des arcs du cercle, Petit traité des solides circulaires, Traité générale de la roulette, Dimension des lignes courbes de toutes les roulettes y De l'escalier des triangles cylindriques et de la spiral autour d'un cone.

Célebres son en los fastos literarios, y en todas las lenguas andan traducidas, las Provinciales *(1656) de Pascal. Aunque se las llama así comúnmente, el verdadero título de la fAmosa obra es el de* Lettres écrites à un provincial par un de ses amis. *Fueron vertidas al latín por un jansenista, que firmaba con el pseudónimo de* Montalto Wendroc, *y contra el cual nuestro Padre Tirso González, catedrático de la Universidad de Salamanca, dio a luz su* Fundamentum theologiae moralis. *Pero el libro del jesuita español, como advierte otro jesuita español del siglo* XIX, *el Padre Mir, expulsado, por su independencia espiritual, de la Compañía, "no consiguió librar a ésta de la infamia que sobre ella había esparcido el libro de Pascal, valiéndose con especialidad de que abrazaba las inmoralidades del probabilismo como cosa suya. Aquella infamia, por caso tristísimo, perseveró y perseverara mucho tiempo, mientras se lean las* Provinciales *las cuales se leerán, mientras dure la lengua francesa." bajo el influjo de los jesuitas, la casuística, en su forma extrema de probabilismo y de laxismo, adquirió los mayores vuelos, pero sin aportar teóricamente nada nuevo, porque la crítica histórica moderna ha demostrado ya, can sus últimas investigaciones, que semejante sistema remonta a la Edad Media, aunque fuese un dominico de nuestra patria, Medina, quien, en 1577, le dio forma científica u orgánica. Jansenio se pronunció contra él, y sus secuaces opusieron a la moral jesuítica el rigorismo ético.*

La nota predominante de las Provinciales, *y lo que más las avalora, es la finísima ironía que por todas sus páginas circula. Pascal, defendiéndose de los reproches que los jesuitas le dirigían de haberse servido de la risa como de un arma, les responde que, así como hay dos cosas en las verdades de nuestra religión, una belleza divina y una divina majestad, hay dos cosas en los errores contra ella: la impiedad, que los hace horribles, y la impertinencia, que los hace ridículos, y que por eso, los santos conciben hacia dichos errores esos dos sentimientos de odio y de desprecio, y su celo se emplea por un igual en rechazar con energía la malicia de los herejes e incrédulos, y en confundir con irrisión su extravío y su locura, en lo que siguen el ejemplo del mismo Dios, según que lo advierte el salmista (II, 6):* Deus irridebit eos. *En efecto: Pascal, con las armas de la dialéctica y del humorismo, refuta la moral jesuítica, y fustiga el venenoso e insidioso rencor de los adeptos de Loyola contra la pura moral cristiana, engendradora de aquella virtud que es* plus haute que celle des fariséens et des plus sages du paganisme, *y única que hace posible* dégager l'âme de l'amour du monde, la retirer de ce qui elle a de plus cher, la faire mourir à soi même, la porte et l'atacher uniquement et invariablement à Dieu. *Pascal sólo llevaba puestos los ojos en la pura moral cristiana, como en un sol a cuya clara luz debían reformarse las costumbres, restituyéndolas su primitivo esplendor evangélico. Por eso, atacaba el postulado jesuítico de ser la conciencia del pecado lo que hace anhelar el remedio, y, como después* Hegel, *reducía al absurdo aquel postulado, que llevaría a proclamar la inocencia del pecador ingenuo (el* amoral, *que hoy decimos), el cual peca con la misma inocencia que un animal o una planta.* Croira-t-on sur votre parole que ceux qui sont plongés dans l'avarice, dans l'impudicité, dans les blasfèmes, dans le duel, dans la vengeance, dans les vols, dans les sacrilèges, aient veritablement le desir d'embrasser la chasteté, l'humilité el les autres vertus chrétiennes?... Ils seront tous damnés ces semi-pecheurs qui ont quelque amour pour la vertu. Mais pour ces francs-pecheurs, sans mélange, pleins et achevés, l'enfer ne les tient pas. Ils ont trompé au diable à force de s'y abandonner.

Y, al tocar este punto delicado y grave, es preciso dejar a un lado torpes hipocresías y pusilánimes ocultaciones, y hablar con claridad, llamando a las cosas por sus nombres. Pascal era tan filósofo profundo como católico sincero, y de aquí que su posición ante el jesuitismo, si admirable al señalar los resultados funestos a que conducía en el terreno de la moral, no lo fue tanto al pretender superarle en este terreno, por no ser lo bastante racionalista para desprenderse de todo legalismo místico, de todo utilitarismo teológico, de todo eticismo trascendente. Que el clásico criterio de Clemente Alejandrino, conforme al que "Dios no quiere el pecado, y solamente lo permite", *no prosperase en la teología católica en la medida que hubiera sido de desear, prueba hasta qué punto se esforzó esa teología en acabar por ponerse en contradicción manifiesta con toda moral fundada en la naturaleza y en la razón. El mismo Pascal invoca a San Agustín, para declarar que la ley del "no* *matar"* debe observarse rigurosamente, salvo, empero, en los casos establecidos por Dios, y en los mandamientos particulares que Él da para que sean muertos tales o cuales individuos. San Agustín, en efecto, recordando las atrocidades de Abraham, de Jetfé, de Sansón, de Judith, de David y de otros héroes del Antiguo Testamento, escribe: "Dios ha preceptuado, en el Decálogo, que no matemos, y, por consiguiente, el homicidio es un crimen, a menos, sin embargo, que, como ha ocurrido algunas veces, el mismo Dios lo ordene, sea por una ley general y eterna, sea por un mandamiento particular y temporal." Al lado de San Agustín se coloca Santo Tomás, el cual acoge y reproduce el argumento de aquél en estos términos: "Por obedecer a Dios, se puede, sin injusticia, quitar la vida a un hombre, sea inocente o culpable, y lo que se dice del homicidio, hay que decirlo del robo y del adulterio." Los que así discurren, ¿cómo disculparán su caprichosa y arbitraria casuística? ¿Dónde hallarán, en la doctrina evangélica, razones que sirvan de apoyo a su extraña e inaudita dialéctica? El homicidio ¿dejará de ser un crimen, mándelo hombre o Dios, Tiberio o Jehovah?*

El mejor de los escritos de Pascal, y tal vez lo más culminante en él, son los Pensées, *producción póstuma en la cual no existen las deficiencias que empañan y deslucen algunos de sus otros libros. Y, además de su obra cumbre, es aquella en que Pascal más se aproxima a la mentalidad e ideología de nuestra época y aun de tiempos anteriores, hasta el punto de que el teólogo protestante Sabatier ha podido decir que "una historia de los destinos de esa obra sería la historia casi completa de la filosofía religiosa de Francia en los tres últimos siglos". Sin embargo, debo confesar honradamente que no todos los pensamientos son por igual notables y elevados. Hay algunos de una altura maravillosa, otros de un lirismo arrebatador, muchos de un desencanto amargo, numerosos de gran fuerza filosófica, y varios que, por su completa ñoñez, resultan verdaderas* boutades. *Con frecuencia se repite y se hace pesado, empleando cien veces una misma fórmula, poco variada, aun dentro de un mismo pensamiento. En cambio, gran número de veces asombra por la concisión y por el acierto de sus fórmulas, en las que resume, en breves palabras, cosas sobre las que se ha escrito larguísimamente. Quizá esas fórmulas exactas, originales y rotundas como definiciones, sean lo más grande de Pascal. Cuanto al estilo, llega en ocasiones a la sublimidad, y siempre se mantiene en un plano de decoro. En otras ocasiones, empero, se torna paradójico en sumo grado, y toca los temas con una ironía exquisita.*

Además de una producción póstuma, los Pensées *son una producción incompleta, si atendemos al propósito que guió a Pascal, al escribirlos. Nadie ignora que quería componer toda una apología del cristianismo, dándole una base, no sólo teológica y filosófica, sino que también vital y humana, y a la vez psicológica, histórica, hermenéutica y exegética. Esteban Périer, en el prefacio de la primera edición, dijo que el plan de esa apología era: 1) preparación del incrédulo, exponiéndole la bajeza de su estado, la necesidad de buscar el remedio, y la imposibilidad de hallarlo fuera de la religión cristiana; 2) pruebas de ser ésta la única verdadera; 3) purificación, del corazón para poder recibir la fe, sin la que el conocimiento racional no bastaría. Tres siglos más tarde, Brunetière, en su* Manuel d'histoire de la littérature française, *resumió la argumentación general de la apología por el siguiente tenor: "Todo, en nosotros y fuera de nosotros, proclama a voces nuestra miseria, y, en la debilidad de nuestra máquina, en la impotencia de nuestra razón y en los vicios de nuestra organización social, no encontrAmos más que motivos de desesperación. ¿De dónde provienen, pues, la protesta que se levanta del fondo de la desesperación misma, la excepción que a este título constituimos en la naturaleza, y la invencible confianza que tenemos en un destino mejor? Es lo que sabremos, si aceptAmos el dogma de una caída original, el dogma que nos impone la obligación de expiarla, y el dogma de la redención, que son precisamente los dogmas esenciales del cristianismo. ¿Nos negaremos quizá a aceptarlos? En tal caso, consideremos que basta creer en ellos, para ser tan buenos como podemos serlo entre los hombres; que tales dogmas han sido, por otra parte, figurados en la antigua ley, anunciados por los profetas, confirmados por los milagros; y que, en fin, a falta de nuestra razón, podemos inclinar ante ellos nuestra voluntad."*

Tal es, en efecto, la argumentación general de los Pensées. *Sin embargo, cuando Pascal es más grande, es cuando duda. Como pirrónico, es admirable por mil conceptos. En cambio, cuando dogmatiza, encuentro que decae mucho, particularmente cuando insiste en probar la verdad de la religión. Aquí se hace pesado y repetido, sus sutilezas son poco espirituales, y con frecuencia se coge los dedos, por lo que no me extraña que se le condenase en Roma. No se nota, en esa parte de su apología, la reflexión fresca y espontánea que se ve en otras, sino cierto amaneramiento teológico, que hace entrever, tras la convicción, algo de deseo de que las cosas fueran como nosotros imaginAmos que deberían ser, o como quisiérAmos que fuesen, y no como son en realidad. Por eso, la firme convicción de Pascal queda muy por debajo de su noble deseo. Propone demasiado y concluye demasiado poco. Las pruebas que da son pobres y escasamente convincentes. No obstante, el antes citado Esteban Périer pretende que, "después de que Pascal hizo ver a sus amigos, en su conferencia de 1657 ó 1658, cuáles son las pruebas que hacen más impresión sobre el espíritu de los hombres, y que resultan más propias para persuadirles, procuró mostrar que la religión cristiana tiene tantas señales de evidencia y de certidumbre como las cosas recibidas en el mundo por más indubitables." Si así fuese, ¿cómo pudo, en el capítulo III, aplicar a la teología sus estudios sobre el cálculo de probabilidad, con su célebre dilema de la necesidad de la apuesta (de la nécesité du pari)? Probabilidad no es evidencia, ni apuesta es certidumbre. Apostar a que Dios existe, porque si existe lo ganAmos todo, y si no existe no perdemos nada, como Pascal quería, no es un criterio evidente, ni un método cierto, sino un acto de desesperación espiritual y de pirronismo indiscutible. Pero hay más, y es que Pascal rechazaba por insuficientes e inseguros todos los argumentos forjados por la teodicea en favor de la existencia de Dios. Al proceder así, no comprendió el exacto alcance que a esos argumentos dieron quienes los inventaron. La teología racional (theologia naturalis) es a la teología que pudiera llamarse psicológica lo que la física matemática es a la física experimental, vale decir, un alarde o un lujo de la humana inteligencia, o séase, de esa razón razonante que Pascal tenía en tan poco. El físico matemático sabe muy bien que los resultados de la experiencia bastan para convencer a los hombres de las verdades descubiertas por su disciplina. Pero no se conforma con esto, y quiere que el cálculo compruebe lo que la experiencia probó. De igual modo, el teólogo filosófico no ignora que, en principio, los hombres no creen en Dios por motivos racionales precisamente, sino por una serie de experiencias íntimas, compuestas de actos de sentimiento y de voluntad. Pero entiende prestar un servicio a la fe, haciendo que lo que la conciencia religiosa afirma, lo confirme la humana inteligencia, mediante argumentos sugeridos por la razón razonante. A Pascal le era indiferente este alarde o lujo del pensamiento humano, y escribió por ello:* Une religion purement intellectuelle serait plus proportionnée aux habiles, mais elle ne servirait pas au peuple. La seule religion chrétienne est proportionnée à tous, étant mêlée d'intérieur et d'extérieur. *Donde se ve que el autor de los* Pensées *miraba con malos ojos lo aristocrático o escogido en el orden de las creencias, sólo avalaba la piedad íntima, y quería un culto adaptable a la generalidad de los hombres. De ahí su reflexión dilemática de la* apuesta. *Pero con este procedimiento desesperado lo mismo podría demostrarse la existencia del Dios de los cristianos que la del de los fieles de cualquier otra religión. Y ello sin que yo desconozca lo que hay de humano y aun de moralizador en el recurso de la apuesta. Un pensador de tan altos vuelos como Lachelier ha escrito al propósito: "No cabe negar que la apuesta de Pascal no sea, como toda apuesta, un acto interesado. Pero es preciso confesar también, por una parte, que el interés que a él se une no es de orden sensible, y, por otra, que la afirmación vital en que consiste no es otra cosa que la práctica de todas las virtudes." Ocurre lo mismo con el peregrino consejo que Pascal da a los incrédulos para tomar a la fe, y que se reduce a que se conduzcan en todo como si creyesen, tomando agua bendita, haciendo decir misas, etcétera.* Naturellement même cela vous fera croire et vous abétira. *Cousin, en su libro* Du scepticisme de Pascal, *no pareció haber comprendido el valor psicológico y pragmático de semejante consejo, y le puso un comentario superficial e indigno de su penetración filosófica. Más clarividente,* Veuillot, *en el tomo I de sus* Mélanges, *lo apostilló con la siguiente observación, tan profunda como justa: "Como verdadero católico y como verdadero filósofo, Pascal, al dirigirse al orgullo humano, fatigado de no llegar a la fe, le aconseja que abandone sus tenebrosos sistemas, que se humille y que ore, a fin de que la gracia, secundando esta parte mejor de su razón que lucha todavía por la fe, la haga cumplir". Fuera de esto y aun en esto mismo, Pascal sabía que el hábito de las prácticas del culto, aun suponiéndole mucho poder impositivo sobre la razón, no lo es todo en el hecho de volver a la creencia perdida, y que hay que contar en gran medida con la voluntad. En su sentir,* la volonté est un des principaux organes de la créance, *sentencia que recuerda la frase de Santo Tomás:* In cognitione fidei principaliter habet voluntas. *Renouvier dice a su vez:* Qui veut croire, croira. *Y Giraud acrecienta que acaso la psicología de la increencia podría tener por fórmula ésta, que habría aceptado de buen grado Pascal:* Qui veut décroire, décroira. *De manera que, si por el solo hecho de afectar brevilocuencia, y de declarar a Dios incomprensible, y, por ende, indemostrable, mereciera Pascal el sambenito de escéptico, sin embargo, habiendo dejado a los hombres en libertad de llegar a Él por cualquier medio es prueba que no llevaba traza de negar en absoluto la teodicea como conocimiento racional o natural de la Divinidad, aunque pudieran parecerle de poca monta los argumentos abstractos que aducen los filósofos para probar su existencia. Sobre esto observa Giraud: "Por poco que se despoje al argumento de la apuesta de la forma utilitaria que Pascal le dio, ¡qué verdad profunda, y general, y humana, no encierra! Supongamos arruinadas por la razón razonante todas las objeciones que quepa hacer al cristianismo. El incrédulo a quien se quiera convencer, ¿estará en el fondo convencido? No.*

De su espíritu no habrá desaparecido toda incertidumbre, y, si quiere aguardar para decidirse, o sea, para querer *o para no* querer *ser cristiano la plena evidencia matemática y racional, siente bien que no la obtendrá nunca. ¿Qué hacer, pues?* Apostar *en pro o en contra de la verdad del cristianismo. Y no puede dejar de hacerlo, porque está ante un dilema de consecuencias prácticas, y porque vive. Y vivir es hablar en pro de tal concepción y en contra de cual otra. Y no se diga que puede abstenerse, porque abstenerse es todavía elegir, y apostar, por ende. La apuesta de Pascal se encuentra en el fondo, o, por mejor decir, en el origen de los más humildes actos de nuestra vida cotidiana."*

A título de curiosidad erudita, intercalaré aquí una observación. Lanson, en un notable artículo de la Grande Encyclopédie *sobre Pascal, declara que el célebre fragmento de la* apuesta, *correspondiente al pensamiento 233, "no es verosímilmente más que el bosquejo de un discurso que tendía a la conversión de ciertas personas". Y, un poco más lejos, añade que "ese extraño trozo estaba destinado, sin duda, a producir efecto sobre algún geómetra libertino". Giraud acrecienta que la hipótesis es muy ingeniosa, y que puede, otrosí, apoyarse sobre el hecho, ya observado por Brunschvicg, de que el prefacio de Esteban Périer a la edición de Port-Royal y el* Discours de Fileau de la Chaise *(que, como queda dicho, reproducen una conferencia de 1657 ó 1658, en la cual Pascal bosquejó el diseño de su apología), no hacen ninguna alusión al argumento de la* apuesta. *Pero, si la hipótesis de referencia estuviese bien fundada, ¿se explicaría que los hombres de Port-Royal hubiesen hecho figurar el fragmento en su edición? Nótese, además, que lo hicieron preceder del siguiente aviso: "Casi todo lo contenido en este capítulo no atañe más que a cierta clase de personas, que, no hallándose convencidas de las pruebas de la religión, y menos aún de las razones de los ateos, permanecen en un estado de suspensión entre la fe y la incredulidad. EL autor pretende solamente mostrarles, por sus propios principios, y por las simples luces de la razón, que deben juzgar cuán ventajoso les es creer, y que éste es el partido que deberían tomar, si tal elección dependiese de su voluntad. De donde se sigue que, mirando al menos a que hayan encontrado la luz necesaria para convencerse de la verdad, conviéneles hacer todo lo posible para disponerse o prepararse a ella, y desprenderse de todos los impedimentos que les desvían de la fe, y que son principalmente las pasiones y los entretenimientos vanos." Y si se piensa, de otra parte, que la apología había de tener compartimientos diversos e incisos varios, que respondiesen y correspondiesen a los estados de espíritu más diferentes, nada más natural que suponer que el argumento de la apuesta hubiese hallado lugar en uno de los recodos de la apología. Así opina Brunschvicg, y Giraud también. Pero tornemos al propósito.*

Es costumbre de los teólogos ortodoxos solemnizar las opiniones del autor de los Pensées *sobre el pecado original, con mil bendiciones a su genio meditabundo, sublimando la aplicación de dichas opiniones a lo que hay de más contradictorio y a la vez de más vivo e indiscutible, en la naturaleza humana. Según Pascal, el pecado original es un misterio, pero este misterio explica el mundo entero, y constituye la única solución al problema del origen del mal. Pero, sin enlace con dogma alguno, el origen del mal es ya de por sí un misterio, y pretender aclararlo, rebasa los límites de nuestra razón. Y, puesto caso que emprendAmos tan ardua tarea, lo lógico será que aceptemos el misterio en sí mismo, y que por sí mismo procuremos explicarlo, en vez de explicarlo por otro misterio mayor. Y éste es el caso de los defensores del pecado original: que explican un misterio por otro misterio, con evidente olvido de la lógica. El hombre es lo que es, y el mal es lo que es asimismo. Suponiendo que el ser del hombre es inexplicable, dada la existencia del mal, que es cosa de todos los lugares y de todos los tiempos, y que abarca a todos los hombres, ¿quién nos obliga a explicar aquel ser del hombre por un mal local, limitado, ocurrido en un punto de la tierra y en una época que la geografía y la historia desconocen, y cuyos resultados sólo afectaron a una pareja humana? Un fenómeno, siquiera sea tan desconcertante como el del mal, no deja de ser tal fenómeno. Pero una explicación misteriosa, es decir, una explicación de lo incomprensible por lo incomprensible, ¿ha sido nunca una explicación? Ello es lo que Pascal olvidó, al escribir: "Sin el misterio del pecado original, el más incomprensible de todos, quedaremos incomprensibles para nosotros mismos. El nudo de nuestra condición da sus giros y sus vueltas en tamaño abismo, de suerte que el hombre es más inconcebible sin este misterio, que este misterio es inconcebible sin el hombre." Es decir, que, para justificar lo que todos tenemos ante la vista, lo que directamente conocemos, lo que corrobora la experiencia diaria, hemos de recurrir a lo que nadie ha visto, a lo que nadie conoce, a lo que no puede ser objeto, no ya de una observación inmediata, pero ni siquiera de una inducción legítima. La razón del misterio es el misterio mismo, repitámoslo, y explicar el misterio del mal por otro misterio más incomprensible, como el del pecado original, es convertir la solución de un problema en otro problema sin solución. Por eso, el discreto y docto Havet, en la página 122 de su edición crítica de los* Pensées, *observa muy juiciosamente:* C'est en vain que Pascal prétend raisonner sur un mystère. Un mystère est malière à croire, non à raisonner.

Pascal demuestra, en toda su obra, ser un gran conocedor de la Biblia y de la interpretación ortodoxa de ella. Pero ésta es su única fuente informativa, y usa y abusa de sus pasajes, prodigando las citas, para a su albedrío comentarlas. Afirma que Jesús era el Cristo, por cuanto en él concurrían las circunstancias de tiempo predichas por los profetas, y después asegura que su doctrina era la verdad, puesto que la demostró con sus milagros; y se extiende en prolijas razones para convertir tales milagros en cimientos de la creencia. Aquí, como en otras partes del libro, dogmatiza de un modo feroz, y muchas veces poco lúcido. Llevado de su instinto paradójico, pretende que las discrepancias de los evangelistas, lejos de argüir falsedad, prueban que no se han concertado para engañarnos. ¡Como si ello demostrase que no han podido engañarse a sí mismos! Sus argumentos a este respecto son tan débiles, que bastará recordar uno. Al llegar al hecho de que los escritores e historiadores, así judíos como paganos (Justo de Tiberiades, Filón, Josefo, los talmudistas de comienzos de nuestra era, Plinio el Joven, Tácito, Suetonio, etc.), contemporáneos de Jesús, no hayan hablado de éste, se expresa en estos términos: Tant s'en faut que cela fasse contre, qu'au contraire cela fait pour. Car il est certain que Jésus-Christ à été, et que sa religion a fait gran bruit, et que ces gens-lá ne l'ignoraient pas, et qu'ainsi il est visible qu'ils ne l'ont célé qu'á dessein, ou bien qu'ils ont parlé, et qu'on l'a supprimé. *Es imposible llegar a más alto grado de arbitrariedad en las apreciaciones históricas. ¡Mutilados o modificados los textos de aquellos autores! La crítica moderna ha demostrado todo lo contrario, y puesto en claro que fueron los cristianos, triunfantes, quienes hicieron en dichos textos piadosas interpolaciones, para que hubiese alguna fe en la existencia de Jesús. Esa misma crítica, tocante al capítulo de las profecías y a su cumplimiento en el protagonista de los Evangelios, ha probado que el supuesto cumplimiento no fue más que un* calco mesiánico, *hecho conscientemente por los autores de aquéllos, y que los vaticinios del Antiguo Testamento no constituyen una prueba en favor del cristianismo, ni tenían, en la antigüedad judaica la importancia que se les atribuyó en los comienzos de nuestra era. La verdad se ha abierto camino entre las tinieblas de errores que los teólogos ortodoxos venían esparciendo de tiempo inmemorial. Los estudios concienzudos de los exégetas presentes los confunden y aniquilan.*

El capítulo IX, en que habla de las religiones, creo que tiene poca importancia en aquello en que trata de probar la verdad del cristianismo y la falsedad de los demás cultos. En materia tan difícil, Pascal habla como un maestro de escuela o como un teólogo adocenado, demostrando ignorar que las religiones antiguas conocían el mismo doble sentido (material y filosófico) que él atribuye exclusivamente a la religión judía. Hay que advertir, en su descargo, que, en su época, se desconocía el budismo, y se conocían muy imperfectamente las demás religiones orientales en muchos siglos al budismo anteriores. Yo me inclino a creer que, si las hubiera conocido, habría cambiado de criterio. ¡Afirma que los judíos son el pueblo más antiguo del mundo, y la más antigua su religión! Naturalmente, careciendo de noticias de los libros sagrados del Egipto, de Caldea, de Persia, de la India y de otras naciones del Oriente, no pudo establecer su semejanza con las Escrituras hebraicas, lo que le hubiese hecho bajar un poco la voz. Por lo demás, habla del islamismo, única religión que conoce, en un tono algo ligero, y aun debe agradecérsele que no sea demasiado apasionado, cuando se refiere a Mahoma. Sin llegar a la conclusión (en verdad, discutible) de que todas las religiones, incluso la cristiana, son iguales, Pascal estaba dotado de un saber lo bastante amplio para deducir que bien pudieran ser todas distintas variaciones de una sola gran verdad inicial, lo que hubiera reforzado su argumento de que el hombre tuvo, en su origen, comunicación con Dios. Pero, en vez de sacar esta consecuencia, asegura que todas las religiones son falsas, menos el cristianismo, y hasta asevera que lo que mejor prueba la verdad de éste es que haya muchas falsas.

Allí donde Pascal se desprende del lastre teológico, y razona per se, *prescindiendo de prejuicios, se muestra como un pensador formidable, como un escritor admirable y como un gran constructor de frases elegantes, algunas de las cuales, por lo definitivas, han quedado en proverbio. Sus pensamientos sobre la debilidad humana son extraordinariamente originales e interesantes. Su modo de enjuiciar el por qué debe el hombre creer en un Dios desconocido e incognoscible* (Deus absconditus) *es, algo de elevación suma, si bien indica que las creencias de Pascal distaban mucho de ser firmes. Por eso, cuantas veces deja a un lado el dogmatismo, para hablar por su cuenta, se muestra magníficamente filosófico, y no así cuando entra en el fárrago de la teología, en el que da no pocos tumbos, que se le pueden perdonar en gracia a la fe ferviente que demuestra en el Cristo, fe que toma caracteres de sublimidad. Pascal, para quien Dios era un ser indemostrable, revela una fe ardiente y delicada en Jesús. Bien mirado todo, ésta es precisamente la verdadera manera de ser cristiano. Porque, siendo la creencia en Dios común a todas las religiones, es la creencia en el Redentor lo que al cristianismo caracteriza. Tal fe es, en Pascal, portentosa, aunque encuentro superiores a los demás sus pensamientos sobre la debilidad humana, y un poco más endebles sus juicios sobre la grandeza primitiva del hombre. Cuanto al orden político y civil, Pascal no se siente conservador más que cuando se siente paradójico e irónico, y aun entonces su sentir aparece exento de toda preocupación personal. En general, sus ideas sociales son revolucionarias. Considera la institución de la propiedad como el origen de la usurpación de la tierra; abomina de la guerra; se burla de los magistrados que castigan sin seria razón; censura a los legisladores que hacen del código mal uso; dirige finas pullas a los políticos; truena contra la tiranía desapoderada de los grandes; en suma, el atrevimiento de sus ideas es igual en la esfera social que en la filosófica. En estas cuestiones jurídicas, tan fundamentales, muestra de continuo la nobleza de su corazón, la generosidad de sus sentimientos y la rectitud de su espíritu.*

Una consecuencia importante debe sacarse de lo dicho hasta de ahora. Porque, considerada la profunda religiosidad de Pascal y su firme adhesión a Jesucristo, adviértese que sus razones más íntimas son estéticas y éticas. Testifícolo Esteban Périer por lo que al aspecto estético toca, al decir que "Pascal había hecho varias observaciones muy personales sobre el estilo de la Escritura, y principalmente del Evangelio, donde encontraba bellezas que nadie había notado antes de él. Entre otras cosas, admiraba la candidez, la sencillez y en cierto modo la frialdad con que Jesucristo habla allí de las cosas más grandes y más relevantes". Cuanto al aspecto ético, Filleau de la Chaise escribe por cuenta de Pascal: "Cuando no fueran aplicables las profecías a Jesucristo y cuando éste no hubiera hecho milagros, resta algo de tan divino en su vida y en su doctrina, que es preciso, a lo menos, quedar conmovido y encantado. Y, así como no hay verdadera virtud, ni rectitud de corazón, sin el amor a Jesucristo, tampoco hay delicadeza de sentimiento, ni elevación de inteligencia, sin la admiración por Jesucristo." Todo lo cual viene a resumirse en que Pascal amó y admiró a Jesucristo por las íntimas razones éticas y estéticas a que me referí antes. Dice a este propósito Leroy: "La apologética requiere cierto orden del corazón, *entendido conforme al grande y pleno sentido de Pascal. Creer, en efecto, no es adherirse a una lista de teoremas, o registrar un catálogo de hechos. Creer supone el establecimiento de una relación personal entre el hombre y Jesús, y el encuentro* vivido *entre un amor que busca y un amor que da. Ningún discurso, ni ninguna demostración, podrían producir tal encuentro, ni aun expresarlo adecuadamente* a posteriori. Me río de los apologistas que pretenden exponer *por orden superior, dirigiéndose a mi razón separada de mi vida, cómo "por qué debo amar".*

Memorable es la concepción pascaliana, renovada por San Francisco de Sales, de los tres órdenes de realidades, de grandezas y de facultades, concepción que Leroy comenta así: "No se meditará nunca bastante sobre esa admirable concepción, que forma el centro de la doctrina de Pascal, cuyo examen se impone a toda filosofía, y que, para el apologista, expresa el principio fundamental del verdadero método. La distancia infinita entre el sabio y el filósofo vuelve a encontrarse, infinitamente más infinita todavía, entre el filósofo y el cristiano. El sabio permanece entre las cosas y entre los símbolos, en el orden de los hechos y de las teorías, y no conoce más que la sensación y el discurso. Pero el filósofo alcanza el espíritu *y el* pensamiento-acción, *creadores de los hechos y de las teorías, y descubre el progreso bajo la cosa, la realidad bajo el símbolo, el acto bajo la sensación, la intuición bajo el discurso, explicando y justificando la obra del sabio, que no le comprende.*

Desde el punto de vista de la filosofía, la ciencia es ilusión, en el sentido de que parte de sus postulados son más útiles que verdaderos. *Desde el punto de vista de la ciencia, la filosofía es sueño, y la verdad que ésta percibe permanece invisible para el sabio, porque de todos los hechos y de todos los cálculos juntos no sale la más mínima intuición, cosa imposible y de otro orden. Y, como el sabio no comprende al filósofo, tampoco el filósofo puede comprender al cristiano. La razón del filósofo parécele fantasía al sabio, y su verdad, quimera. De igual modo, la sabiduría del cristiano parécele locura y escándalo al filósofo. De todos los hechos, de todos los razonamientos, de todos los análisis, de todas las intuiciones, no se saca el menor comienzo de un acto de fe, cosa imposible y de otro orden. Lo que hace el filósofo con relación al sabio, lo hace el cristiano con relación al filósofo, penetrando sus ilusiones, y siguiendo sus pasos. Pero ni el sabio, ni el filósofo, lo comprenden, porque no aciertan a percibir más que ciertos órdenes de verdades. Tan vano sería querer sacar una apologética de la filosofía como querer sacar una filosofía de la ciencia, por ser tres órdenes de diferente género: orden de los cuerpos, orden de los espíritus, orden de la caridad, y la distancia del primer orden al último es infinita, porque la caridad es sobrenatural, según Pascal. Pero es preciso que la filosofía abarque y se incorpore la ciencia, y que la apologética envuelva y se asimile la filosofía. Cada orden plantea una trascendencia con relación al orden inferior, de suerte que el tránsito ascendente es imposible. Pero la continuidad se restablece por el descenso, pues la filosofía es inmanente a la fe, y la ciencia a la filosofía, en el sentido de que de un grado a otro hay un* menos. *Y desde este punto de vista superior, es desde el que Pascal hizo la síntesis de los tres órdenes, para que se realizase su unidad. Enlazado con esto, puede recordarse que Pascal consideraba como perteneciente al orden de los cuerpos o de la naturaleza lo que hay de animal en el hombre, y que veía en ello la razón y la explicación de la miseria humana. Se hallaba, pues, muy lejos de suscribir la tesis de los que incluyen al hombre por entero en el orden de la naturaleza, y quizá Espinosa quiso responder a Pascal con su célebre fórmula: "El hombre no está en la naturaleza como un imperio dentro de otro imperio, sino como una parte en el todo." Pascal, por lo contrario, dice: "Lo que es naturaleza en los animales, lo llamAmos miseria en el hombre, por donde reconocemos que, siendo actualmente su naturaleza semejante a la de los animales, ha decaído de una naturaleza mejor, que le era propia antes."*

Los aficionados a la psiquiatría, para quienes el genio es una neurosis y la santidad un erotismo, han hecho extremos de análisis por demostrar que las exaltaciones ideológicas de Pascal nacieron de su enfermedad, en donde las hallan impresas y expresas sin dificultad alguna. El artificio de los psiquíatras es explicar patológicamente el carácter y las opiniones del autor de los Pensées. *Renán refutó a esos pedantes con una sola frase lapidaria: "¿Quién no preferiría estar enfermo, como Pascal, a estar sano, como el vulgo?" Pascal no fue un caso clínico, sino un caso extraordinario, en la historia del humano pensamiento. Bien pueden los psiquíatras hacer día de la noche, ocupando sus afanes en inventar teorías, que pongan la personalidad de Pascal sobre la mesa de disección y que la conviertan en un fenómeno de locura. Nunca lograrán dar razón de las lucubraciones geniales del autor de los* Pensées, *si no toman por fundamento de sus consultas la mentalidad hiperlúcida de aquel grande hombre. En verdad, no era un perturbado, sino un pensador de tan recto* como profundo buen sentido, el que resumió todos los debates criteriológicos y epistemológicos sobre el problema de la certidumbre en la sentencia de que "la experiencia confunde a los pirrónicos, y la razón a los dogmáticos", sentencia que nuestro Balmes corrigió, diciendo que "la experiencia confunde a los pirrónicos, y es necesaria a la razón de los dogmáticos".

Hay que observar, para concluir con la figura del autor de los Pensées, que fue tan grande como sabio que como maestro en el arte de escribir, y que sus ideas estéticas ostentan originalidad suma. No es seguro que todos los pensamientos que componen el capítulo I de su obra debiesen formar parte de la apología de la religión cristiana. Mas, como Giraud observa, Pascal concedía con razón tanta importancia a las cuestiones de arte, de método y de estilo, que es verosímil que la apología hubiese comenzado por consideraciones de tal género. Además, todos esos pensamientos sobre el talento y el estilo no son solamente los artículos del credo literario de Pascal, sino que, según demostró Brunetière, en una muy notable conferencia sobre el naturalismo en el siglo XVII (incluida en el tomo I de sus Etudes critiques), expresan como por avance y con una fuerza singular el ideal artístico de todos los grandes escritores franceses de aquel siglo. Molière, Racine, Lafontaine, Boileau, Fénélon y Bossuet no pensaban de diferente modo que Pascal. Por lo demás, el estilo epistolar, como más humano que ningún otro, era el que placía sobremanera al autor de las Provinciales, y bien que demostró en esta obra saberlo manejar con familiaridad irresistible. El antes citado Giraud hace notar que la forma literaria que hubiera tenido todas las preferencias de Pascal para la composición de su apología, habría sido la de las cartas, y se concibe perfectamente que esa forma tan libre, tan flexible, tan ágil, que es tan fácilmente susceptible de absorber y de conciliar todas las demás, que se presta tan admirablemente aux pensées nées sur les entretiens ordinaires de la vie, y que, por otra parte, acababa de manejar tan superiormente en las Provinciales, se hubiese impuesto de buen grado a su elección. Sin hablar de sus otros méritos, la apología conclusa hubiera tenido, verosímilmente, el interés de una novela expuesta en cartas. Recordemos que nuestro Balmes procedio así en sus Cartas a un escéptico en materia de religión, libro por tantos conceptos afín al de Pascal, aunque de mucho menos valor psicológico, por predominar en él el punto de vista dialéctico.

Lo característico del estilo de Pascal estriba en que es atormentado y nervioso, o noble y sereno, según el pensamiento que lo inspira. Demos de nuevo la palabra a Giraud: "Si Pascal no hubiera escrito más que unas cuantas líneas, éstas hubieran bastado para clasificarle entre los grandes escritores... Expresar por medio de una breve y satisfactoria imagen una fuerte y profunda idea: he aquí, esencialmente, el procedimiento pascaliano... El alcance psicológico de la manera literaria de Pascal aparece más grande, a medida que más se reflexiona sobre él. ¿No hay, en todos los grandes escritores, palabras determinantes, casi involuntarias, que nos hacen penetrar en el fondo de su alma y que nos entregan su secreto íntimo, su actitud real, y, por decirlo así, su cualidad propia? Y precisamente porque, más que en libro alguno, abundan tales palabras en los Pensées de Pascal, es por lo que nos son tan preciosos. Como él mismo sentencia, se siente allí, no un autor, sino un hombre." Cuando Pascal ve en nuestros mismos defectos y aun en nuestras mismas maldades un resto de nuestro origen superior, y dice, por ejemplo, que la pereza es algo que nos hace recordar que somos dioses venidos a menos, al instante nos viene a la *mente aquel otro pensamiento suyo de que* l'homme est visiblement égaré et tombé de son vrai lieu sans le pouvoir trouver, *pensamiento en que evidentemente se inspiró Lamartine en su célebre frase:* L'homme est un dieu tombé qui se souvient des cieux. *He aquí algo profundamente humano como sentimiento, pese a todos los epicureísmos superficiales. No menos humano como sentimiento es el pensamiento 347, que reproduzco:* "El hombre no es más que una caña, la más débil de la naturaleza, pero es una caña que piensa. No es necesario que el universo entero se arme para aplastarle, pues un vapor o una gota de agua bastan para matarle. Pero, hasta cuando el universo le aplastase, el hombre sería más noble que el que le mata, porque sabe que muere, y conoce la ventaja que el universo tiene sobre él, mientras que el universo no sabe nada. Toda nuestra dignidad consiste, pues, en el pensamiento, y no en el espacio y en la duración, que no podemos llenar..." *Enseñaba Pascal que el estado habitual del Supremo Hacedor es la quietud, y que la quietud de Dios viene a ser como un punto geométrico, infinitamente inmenso, centro de todos los seres sin participar de ninguno. A su vez, el universo, contenido en la inmensidad del Creador,* c'est une sphére infinie dont le centre est partout, la circonférence nulle part. *Calvet cree haber encontrado el origen de esta fórmula célebre en el tratado* De l'inmortalité de l'âme, *de Juan de Silhon, que data de 1634, y en cuya página 502 de la edición de 1662 se lee*: Dieu c'est une substance qui est parfaite sans accidents, una simplicité qui comprend une infinité de choses, UN CENTRE QUI EST PARTOUT ET DONT LA CIRCONFÉRENCE N'EST NULLE PART. *Giraud juzga más probable que Pascal lo haya hallado en el prefacio de Mademoiselle de Gournay a los* Essais de Montaigne, *prefacio en que figura esta cita:* Trismégiste appelle la Deité cercle dont le centre est partout, la circonférence nulle part. *Mas yo considero estas conjeturas como meras cavilaciones, que no merecen comentario. El sentimiento que, como físico, tenía Pascal del universo, y el concepto que, como geómetra, se había de él formado, bastan para explicar su frase sublime, sin que sea forzoso presuponer préstAmos e influjos dudosos. No niego, sin embargo, los ciertos, y ya los reconocí, al hablar de Montaigne. Un discípulo de éste, Charron, escribió un* Traité des trois verités, *que autorizados críticos reconocen ser una de las fuentes más importantes de los* Pensées de Pascal, *y, remontándonos siglos atrás, podríAmos señalar nuevas fuentes en las obras del filósofo musulmán Algacel y en el* Tratado de las criaturas *de nuestro Raimundo de Sabunde. También en Bossuet hallAmos concomitancias notorias. En* Le misètre de Jésus *de Pascal, se lee esta exclamación:* Seigneur, je vous donne tout!, *y en las* Méditations sur l'Evangile *de Bossuet, existe una exclamación idéntica. El pensamiento 205 de Pascal recuerda de una manera curiosa, aun por la forma, la fAmosa meditación de Bossuet sobre la* Brièveté de la vie. *Pero, a cambio de estas concordancias, ¡cuántas otras no tienen en Pascal su raíz! En el prefacio a su poema* De la religión, *Racine confiesa:* "Tal es el plan de esta obra, que he desarrollado sobre un corto pensamiento de Pascal, y este pensamiento es la síntesis de mi poema, en el cual he utilizado otros pensamientos del mismo autor." *Eruditos de valía han probado que muchas enseñanzas de la filosofía moderna están contenidas como en germen en la filosofía pascaliana. El pensamiento 9, en el que se encierra una concepción tan justa como profunda de la verdad, fue aprovechado y desarrollado por Leibniz. También podría* sacarse a colación la dialéctica de Hegel, que procede por tesis, antítesis y síntesis, y que tiene su antecedente en el procedimiento lógico de Pascal, que consiste esencialmente en oponer dos tesis contradictorias, o dígase, dos verdades parciales e incompletas, y en buscar su justificación última en un punto de vista superior, que las domine, unificándolas. Pascal, antes que Hegel, concibió la verdad como una síntesis operada entre verdades o nociones parciales y contradictorias. Chateaubriand, en la conclusión del Génie du christianisme, reconoció haber tomado muchas de sus ideas de Pascal, de cuyo libro hizo este magnífico elogio: "Hay un monumento curioso de la filosofía cristiana y de la filosofía actual: los Pensées de Pascal, comentados por sus editores. Créese ver las ruinas de Palmira, restos soberbios del genio y del tiempo, al pie de las cuales, el árabe ha construido su miserable choza." Ni será ocioso advertir que a Pascal debe Taine sus fAmosas teorías estéticoliterarias del modele ideal y de la faculté maîtresse. Newman, el más alto y original representante de la psicología y de la filosofía religiosas en el pasado siglo, confesaba haberse inspirado en Pascal en todo lo concerniente a la cuestión de la creencia, a las relaciones entre la razón y la fe, al problema de la revelación y de lo sobrenatural, y a los diferentes órdenes de conocimiento y de certidumbres. ¿Qué más? La teoría de la evolución, tal como la concibieron Wallace, Spencer y Darwin, se halla condensada en la fórmula de Pascal, según la cual "la naturaleza no es más que un primer hábito, como el hábito es una segunda naturaleza". Y, como nota Giraud, es muy notable ver a Pascal pronunciarse contra la concepción del progreso rectilíneo, tan cara a los filósofos del siglo XVIII, y llegar por una intuición genial, a las doctrinas enteramente contemporáneas de nuestros evolucionistas sobre la "regresión" (itus et reditus).

Dos años antes de su muerte (1660), Pascal leyó en Port-Royal los primeros fragmentos de su obra, e indicó a los jansenistas su plan, que, como ya sabemos, no era otro que continuar su labor hasta dejar escrita una apología completa de la religión cristiana. Diez años después (1670), los jansenistas reunieron varios de los fragmentos inéditos en un pequeño volumen, pero corregidos, retocados, atenuados, por espíritu de secta, lo que les quita a veces mucho de su fuerza admirable. La erudición posterior, penetrada de sentido crítico, reconstruyó muchos textos desfigurados, y agregó muchos pensamientos inéditos. Aparte los comentaristas favorables o adversos, y prescindiendo también de traductores y editores sin pretensiones de crítica, los Pensées fueron publicados con apostillas repetidas veces. Los mejores críticos tomaron a cargo suyo sacar a luz ediciones cada vez mejoradas. Sucesivamente fueron apareciendo las adiciones críticas de Filleau de la Chaise (1677), Condorcet (1777), Frantin (1835), Faugère (1844), Havet (1852), Louandel (1866), Molimée (1877), Vialard (1886), Brunschvicg (1896), Michaud (1896), Garier (1907) y Giraud (1928). Y sobre esta última edición, la más completa y la mejor de todas, está hecha la versión presente, que hoy ofrece la Librería Bergua al público de habla española.

EDMUNDO GONZALEZ-BLANCO

BLAISE PASCAL

PENSAMIENTOS
(O PENSÉES)

I

DEL TALENTO Y DEL ESTILO

1.—Existen notables diferencias entre el talento geométrico y el talento fino, delicado, sutil. En el primero, los principios son palpables, pero se hallan tan alejados del común uso, que a los no ejercitados en la ciencia de la extensión les cuesta mucho trabajo volver la cabeza hacia ellos. En cambio, no bien se ha vuelto la cabeza, vense los principios en su diáfana plenitud. Muy imbuido en falsedad hay que tener el espíritu para razonar mal sobre dichos principios, cuyas consecuencias rigurosas es casi imposible que escapen a la mente. Pero en el talento fino los principios son de común uso y están presentes ante los ojos de toda clase de personas. No requieren que se vuelva la cabeza hacia ellos, ni que se haga uno violencia, y basta que se tenga buena vista, porque los principios son tan numerosos y están tan desleídos que es casi imposible que escapen a la penetración individual. Sin embargo, como la omisión de un solo principio conduce al error, es preciso tener la vista muy clara para percibir directa e íntegramente todos, y un talento muy justo para no razonar erróneamente sobre principios conocidos. Todos los geómetras, pues, serían talentos finos si tuviesen buena vista, por cuanto nunca razonan con falsedad sobre los principios que conocen, y los talentos finos serían geómetras si pudiesen plegar su vista sobre los principios de la geometría, que no se hallan acostumbrados a ejercitar. Por ende, lo que hace que ciertos talentos finos no sean geómetras, es que no pueden concentrar su inteligencia en los principios de la geometría, y lo que hace que ciertos geómetras no sean talentos finos es que no ven lo que tienen delante de los ojos, y que, habituados a los principios netos y groseros de la geometría, que familiarmente manejan, se confunden al tocar las cosas tenues y primorosas, en que los principios no se dejan dominar así. Estas cosas más se sienten que se ven, y cuesta mucho trabajo hacerlas sentir a quienes por sí mismos no las sientan ya. Son cosas tan numerosas y están tan desleídas, que es menester un sentido muy fino y muy sutil para percibirlas y para juzgarlas rectamente conforme a esta percepción, sin poder a menudo demostrarlas por su orden, como en geometría, porque los principios no se poseen en tal orden, y dárselo sería una empresa imposible por lo enorme. Es necesario ver la cosa de un modo intuitivo, es decir, con una sola mirada y de una sola vez, y no por progreso de razonamiento, a lo menos hasta cierto grado. Y así es raro que los geómetras sean talentos finos, a causa de que quieren tratar geométricamente cosas sutiles, con que se tornan ridículos, pues pretenden comenzar por las definiciones y continuar por los principios, con relación a una clase de razonamiento en que no cabe proceder de manera semejante. No es que el talento fino no razone. Es que lo hace tácitamente, naturalmente y sin arte, porque la expresión de las cosas es patrimonio de todos los hombres y el sentimiento de las cosas pertenece a muy pocos, y estos pocos son hombres superiores. Por ello los talentos finos; ejercitados en juzgar intuitivamente las cosas, se admiran y fruncen el ceño con disgusto cuando se les presentan proposiciones que no conocen lo más mínimo, y para llegar a las cuales es preciso pasar por definiciones y por principios estériles, que no están acostumbrados a ver en detalle. Pero los espíritus falsos no son jamás ni geómetras ni talentos finos. Los geómetras, que no son más que geómetras, poseen un sentido recto de las cosas, siempre que expliquen éstas por definiciones y por principios bien esclarecidos. Donde no, tórnanse espíritus falsos e insoportables. Y los talentos finos, que no son más que talentos finos, no tienen paciencia bastante para descender hasta los primeros principios de las cosas especulativas y de imaginación, que no han visto jamás en el mundo y que se hallan completamente fuera de su alcance.

2.—El sentido recto puede ser de varias clases, algunas de las cuales radican en cierto orden de cosas y no en los demás órdenes, en que se extravagan. Unos muestran sentido recto sacando bien las consecuencias de pocos principios, y otros sacando bien las consecuencias de cosas en que los principios son muchos. Por ejemplo, unos comprenden bien los efectos del agua, tema de física en que hay pocos principios. Pero las consecuencias son tan sutiles que sólo puede alcanzarlas una extremada rectitud de espíritu. Y ésos no serían acaso grandes geómetras, porque la geometría comprende un gran número de principios, y una índole de talento puede ser tal que penetre pocos principios hasta el fondo y que sea inhábil en absoluto para penetrar las cosas en que se dan muchos principios. Hay, pues, dos clases de talentos: el talento de precisión, que penetra viva y profundamente las consecuencias de los principios, y que es fuerza y rectitud de espíritu, y el talento de geometría, que abarca gran número de principios, sin confundirlos, y que es comprensión y amplitud de espíritu. Ahora bien: cabe que uno de estos talentos exista sin el otro, pues el talento puede ser fuerte al propio tiempo que estrecho, y también ser amplio a la vez que débil.

3.—Los que están acostumbrados a juzgar por el sentimiento, no comprenden absolutamente nada en las cosas de razonamiento, porque no habiéndose habituado a buscar los principios, quieren penetrar aquellas cosas por intuición y como de golpe. Y, por el contrario, los que están acostumbrados a razonar por principios, no comprenden absolutamente nada en las cosas de sentimiento, porque, buscando principios en ellas, quedan inhabilitados para verlas por intuición.

4.—La verdadera elocuencia se burla de la elocuencia, y la verdadera moral se burla de la moral. Quiero decir que la moral del juicio se burla de la moral del talento, la cual carece de reglas. Porque el juicio pertenece al sentimiento, y las ciencias al talento. El juicio es precisión, el talento geometría, y, en este concepto, burlarse de la filosofía, es verdaderamente filosofar.

5.—Los que juzgan de una obra sin regla racional, convencional, fijada de antemano, pero fiándose de su sentir natural y de su propio discernimiento, son, con respecto a los otros, como los que tienen un reloj con respecto a los otros también. Uno afirma: "Son las dos." Otro rectifica: "No son más que la una y tres cuartos." Yo miro mi reloj y respondo a uno y a otro: "Os engañáis, y el tiempo corre para ambos demasiado veloz, porque no es más que la una y media. Y me burlo de los que pretenden que soy yo quien me engaño y quien juzgo por fantasía. No saben que juzgo por mi reloj, es decir, por una regla secreta y segura, que niego posean los otros. Pueden éstos permitirse contradecir los juicios abstractos y *a priori* de los demás, y poco importa el desprecio pedantesco con que no dejarán de abrumarles. Tales pedantes ignoran que el hombre de buen juicio ha consultado su reloj y que ha tenido la intuición de un *orden* de belleza y de verdad que permanecerá siempre cerrado para ellos[1].

6.—Como se deteriora el talento, se deteriora el sentimiento asimismo. Talento y sentimiento se forman o se deterioran por las conversaciones, según que estas sean buenas o malas. Importa, pues, saber elegirlas, para que ejerzan efecto formador y no deteriorador. Lo triste es que no cabe hacer semejante elección sino cuando ya el talento y el sentimiento se han formado o se han deteriorado. Así, esto constituye un fatal círculo vicioso, de donde son harto felices los que salen.

7.—A medida que un hombre acrecienta su talento, encuentra que existen más hombres originales de los que había supuesto al principio. Únicamente las gentes del vulgo no encuentran diferencia entre los hombres.

8.—Hay muchas personas que escuchan un sermón en lengua vulgar de la misma manera que escuchan el canto latino de las vísperas.

9.—Cuando uno quiere reprender con utilidad y mostrar a otro que se engaña, conviene que observe por qué lado mira éste la cosa, porque ordinariamente es verdadera por ese lado, y ha de reconocerle esta parte de verdad, pero descubriéndole a la vez el lado por el que es falsa. Si debe contentarse con esto, es por advertir que el otro no se engaña, y que le falta solamente ver todas las aristas de la verdad. Ahora bien: si a nadie le disgusta no verlo todo, tampoco nadie quiere ser engañado, y quizá ello proviene de que, naturalmente, el hombre no puede verlo todo, y de que, naturalmente asimismo, no puede engañarse por lo tocante al lado que mira. En tal

---

[1] He reconstruido este notable e ingenioso pensamiento conforme a la interpretación presentada en 1898 por Arnould-Delatouche, confirmada en 1905 por Calvet, y refrendada en 1928 por Giraud, el último editor crítico de Pascal, que se basa en las notas comunicadas por aquellos autores. (*Nota del Traductor*)

concepto, hasta las alucinaciones de los sentidos son siempre verdaderas en gran parte.

10.—Comúnmente, queda uno mejor persuadido por las razones que en sí mismo ha encontrado, que por las que le llegan a través de la inteligencia de otro.

11.—Todas las grandes diversiones son peligrosas para la vida cristiana. Pero, entre todas las que el mundo ha inventado, no conozco ninguna que sea más de temer que la comedia. Es una representación tan natural y tan delicada de las pasiones, que las convulsiona y las hace nacer en nuestro corazón, principalmente la del amor, y, sobre todo, si lo figura muy casto y muy honesto. Cuanto más inocente parece a las almas inocentes, tanto más éstas son capaces de recibir su conmoción. Su violencia place a nuestro amor propio, el cual siente muy pronto el deseo de producir los mismos efectos que se contemplan tan bien representados, y al mismo tiempo se forma en el espectador una conciencia fundada sobre la honradez de los sentimientos que se ven puestos en accion, y que desvanecen todo temor en las almas puras, las cuales no sienten que hiera su pudor un amor que les parece tan noble. Así, de la comedia sacan el corazón tan lleno de todas las bellezas y de todas las dulzuras del amor, y el espíritu tan persuadido de su inocencia, que quedan perfectamente preparadas para recibir sus primeras impresiones, o dígase mejor, para buscar la ocasión de hacerlas nacer en el alma de alguien, transmitiéndole la emoción de los mismos placeres y de los mismos sacrificios que ha visto tan bien pintados en escena[2].

12.—Escaramuza de quien no piensa más que en una cosa es la del doctor que habla un cuarto de hora después de haberlo dicho todo, por hallarse plenamente poseído del deseo de hablar.

13. La pasión de Cleobulina[3] simboliza la afición del pensamiento a contemplar el error, cuando no lo conoce. A buen seguro que semejante contemplación le desagradaría en extremo, si no estuviese engañado.

14.—Cuando un discurso natural pinta una pasión o un afecto, se encuentra en él la verdad de lo que se oye, la cual no se sabía que allí estuviese, de suerte que se inclina uno a amar a quien nos la hace sentir, porque no nos ha mostrado su bien, sino el nuestro. Así, este beneficio nos

---

[2] Esta fina y penetrante condenación del teatro, que recuerda las de Nicole y de Bossuet, no pertenece al texto impreso de Pascal, y no figura más que en la copia, hecha por los editores de Port-Royal. Giraud consigna que había sido publicada en 1678, en las *Maximes* de la marquesa de Sablé, como siendo de esta autora. Probablemente, el autógrafo de Pascal había sido conservado entre los papeles de la marquesa. (*N. del T.*)

[3] Alusión a un personaje del *Grand Cyrus,* de made moiselle de Saudery. Cleobulina era una reina de Corinto, que amaba a uno de sus súbditos, "sin pensar que le amaba" (*sans penser l'aimer*). (*N. del T.*)

torna amable al autor del discurso, fuera de que esa comunidad de inteligencia que con él tenemos, también nos conduce necesariamente a amarle.

15.—Positiva elocuencia es la que persuade por dulzura no por imperio, o sea, como rey, no como tirano.

16.—La elocuencia es un arte de decir las cosas de tal modo que aquellos a quienes se habla puedan oírlas sin trabajo, fatiga y dificultad, antes bien, con placer y con interés suficientes para que el amor propio les lleve de buen grado a reflexionar sobre ellas. Consiste, pues, en una correspondencia que se trata de establecer entre el alma de los oyentes y los pensamientos y las expresiones de que el orador se sirve, lo que implica que éste haya de antemano estudiado muy bien el corazón del hombre, para conocer sus resortes y para encontrar luego las justas proporciones del discurso que a esos resortes quiere adecuar. Preciso le es al orador ponerse en el lugar de sus oyentes y ensayar en su propio corazón el giro que ha de dar a su discurso, para ver si una cosa consuena con la otra, y si puede asegurarse de que el auditorio se verá como obligado a rendirse a su elocuencia. Preciso le es también encerrarse lo más posible en lo sencillo y en lo natural, no haciendo grande lo que es pequeño, ni pequeño lo que es grande. No basta que una cosa sea bella, y hay que procurar que sea apropiada al asunto, de suerte que nada le sobre ni nada le falte[4].

17.—Los ríos son caminos que marchan, y que llevan adonde se quiere ir.

18.—Cuando no se conoce la verdad de una cosa conviene haya un error común, que fije la mente de los hombres, y tal es, por ejemplo, el caso de la luna, a quien se atribuye el cambio de las estaciones, el progreso de las enfermedades, etc. Porque la dolencia principal del hombre es la curiosidad inquieta por las cosas que no puede saber, y más le vale permanecer en el error que prolongar esa curiosidad inútil.

18. bis.—La manera de escribir de Epicteto, de Montaigne y de Salomón de Tultie[5] es lo más usual, la que se insinúa mejor, la que se retiene con más facilidad y con más fidelidad en la memoria, y la que a las citas más se presta, porque se halla compuesta en su totalidad de pensamientos surgidos en las conversaciones ordinarias de la vida. Así, cuantas veces se hable del común error en que está el mundo de ser la luna causa de todo, no se dejará nunca de añadir que Salomón de Tultie dice que, cuando no se conoce la verdad de

---

[4] Tampoco este pensamiento pertenece, en rigor, a Pascal, pues procede de un doble arreglo hecho por Besoigne y por Bossut sobre algunas reflexiones emanadas del gran pensador. Pero tiene un giro tan *pascaliano*, que Giraud ha juzgado conveniente conservarlo aquí. *(N. del T.)*

[5] El que haya leído el prólogo, recordará que *Salomón de Tultie* es el anagrama de *Louis de Montalte*, pseudónimo que Pascal escogió para publicar las *Provinciales*. *(N. del T.)*

una cosa, conviene haya un error común, etc., que es el mismo pensamiento generalizado a otros asuntos[6].

19.—Al componer una obra, la última cosa que se encuentra es saber la que hubiera debido tomarse por primera.

20.—¿Qué pensar del *orden* como norma del mundo ético?[7]. ¿Por qué dividiría mi moral en seis mejor que en cuatro órdenes? ¿Por qué establecería la virtud en cuatro, mejor que en dos o en uno? ¿Por qué en *abstine et sustine*[8], mejor que en "seguir a la naturaleza", o en "realizar los negocios privados sin injusticia", como Platón, o en otra cosa? Se me argüirá que cada una de esas fórmulas ofrece la ventaja indiscutible de encerrar todo el mundo ético en una sola frase. No lo niego, pero respondo que ello es inútil, si no se explica, y que cuando se empieza a explicarlo, no bien se determina el precepto que contiene todos los otros, surge la primera confusión que se quería evitar. Así, desde el momento en que todos quedan encerrados en uno, permanecen allí ocultos y baldíos, como pudieran estarlo en un cofre, y no aparecen nunca más que en su confusión espontánea. Pero la naturaleza los ha establecido todos sin encerrar los unos en los otros.

21.—La naturaleza ha hecho que las verdades todas existan cada una en sí y por sí misma. Nuestro arte las encietra las unas en las otras, pero esto no es natural. Cada una tiene su lugar adecuado e independiente.

22.—No se me acuse de no haber dicho nada nuevo. La disposición de las materias es nueva, y esto es lo importante. En el juego de pelota, una misma es la pelota que lanzan los jugadores, pero unos la dirigen y la manejan mejor que otros. Ni me asusta tampoco el reproche de haberme servido de palabras antiguas. ¡Como si los mismos pensamientos no formasen distintos cuerpos de discurso, por una disposición diferente, bien como las mismas palabras forman distintos pensamientos, por su diferente disposición!

23.—Las palabras diversamente colocadas forman diverso sentido, y los sentidos diversamente ordenados producen diferentes efectos.

24.—En materias del espíritu y del pensamiento, conviene no desviar la inteligencia y la atención de un asunto a otro más que para descansar, pero en tiempo oportuno, y no a capricho. Quien descansa fuera de sazón, cansa, y quien cansa fuera de sazón, fastidia, y no consigue nada de nadie. ¡Hasta tal

---

[6] La segunda parte de este pensamiento no es de Pascal, y no figuraba en las ediciones anteriores a la de Faugère. Trátase, con toda probabilidad, de una glosa de madame Périer, glosa que le habría inspirado el pensamiento mismo. A lo menos, ésa es la opinión de Bedier, quien cree haber puesto fuera de duda que Pascal sólo escribió (o dictó) la primera parte, y que el resto es invención de la autora francesa. Pero Giraud experimenta algún escrúpulo en arrebatar a Pascal ese pensamiento, de inspiración tan propia suya, para atribuírselo a madame Périer. *(N. del T.)*

[7] Alusión a Malebranche, que ponía el fundamento de la moral en el orden. *(N. del T.)*

[8] "Abstente y aguanta". *(Nota del Presentador)*

punto la malicia de la concupiscencia se complace en hacer todo lo contrario de lo que se quiere obtener de nosotros, sin darnos gusto, que es la moneda por la cual damos todo lo que se nos pide!

25.—En el ejercicio de la elocuencia hay que unir lo agradable a lo real, pero con el bien entendido de que lo agradable sea a la vez verdadero.

26.—La elocuencia es una pintura del pensamiento, y así los que, después de haber pintado, añaden algo todavía, hacen un cuadro en lugar de un retrato.

27.—Los que hacen antítesis forzando las palabras son como los que hacen falsas ventanas pintadas, para conservar la simetría. Su regla no es hablar con exactitud, sino hacer figuras artificialmente exactas.

28.—Quien funda la simetría en lo que se ve de una ojeada, en lo que no hay razón para hacer de otra manera, y en la figura del hombre, no quiere la simetría más que en anchura, no en altura ni en profundidad.

29.—Cuando se lee un libro escrito en estilo natural, queda uno sorprendido y encantado, porque esperaba habérselas con un autor, y se encuentra con un hombre. Caso opuesto al de aquellos que tienen buen gusto, y que, creyendo, al leer un libro, habérselas con un hombre, se admiran de no encontrar más que a un autor. *Plus poetice quam humane locutus est*[9]. Aquellos honran la naturaleza, que logran que pueda hablar de todo, hasta de teología.

30.—Léanse los razonamientos de las cartas segunda, cuarta y quinta del Jansenista, y se advertirá que aquello es elevado y serio. Odio por igual al bufón y al engreído, y no amistaría ni con el uno ni con el otro. La regla de nuestras acciones debe ser la probidad. Pero los que, faltos de corazón, sólo consultan por ministerio del oído, prefieren ser poetas a hombres honrados. Después de mi carta octava, yo creía haber respondido suficientemente a mis adversarios, en este punto. ¡Belleza de omisión y de juicio![10].

31.—Todas las falsas bellezas que censuramos en Cicerón tienen admiradores, y en gran número.

32.—Hay cierto modelo de goce y de belleza que consiste en cierta conexión entre nuestra naturaleza, débil o fuerte, tal como es, y la cosa que nos agrada. Todo lo que se forma con arreglo a este modelo nos satisface, sea lo que fuere: casa, habitaciones, trajes, canción, verso, prosa, discurso, mujer, pájaros, árboles, ríos, etc. De contrario, todo lo que no se forma con arreglo a dicho modelo, desplace a los que tienen buen gusto. Y así como existe una relación perfecta entre una casa y una canción, por ejemplo, porque están hechas sobre el buen modelo y porque se parecen a ese modelo único, así también existe una relación perfecta entre las cosas hechas sobre el mal

---

[9] "Has hablado más poéticamente que humanamente". *(N. del P.)*
[10] Alusiones a las *Provinciales*. Parece que, en el manuscrito, Pascal las borró. *(N. del T.)*

modelo. No es que el mal modelo sea único, porque los malos modelos son infinitos. Pero cada mal soneto, verbigracia, hágase sobre el mal modelo que se haga, se asemeja perfectamente a una mujer aderezada conforme a tal modelo. Nada hace comprender mejor hasta qué punto es ridículo un mal soneto, que considerar el modelo que lo inspiró, e imaginar después una casa o una mujer hechas conforme a modelo semejante.

33.—Como se habla de belleza poética, parece que debería hablarse de belleza geométrica y de belleza medicinal. Sin embargo, no se habla de tales cosas, y la razón es que se conoce perfectamente el objeto de la geometría, el cual consiste en pruebas, y el objeto de la medicina, el cual consiste en la curación, pero se ignora en qué consiste el placer desinteresado, que es el objeto de la poesía. Se ignora lo que es este modelo natural, que hay que imitar, y a falta de tan deseable conocimiento, se han inventado ciertos terminos extraños, como "siglo de oro", "maravilla de nuestros días", "fatal", etc., y a esta jerga ridícula se la llama belleza poética. Ahora bien: quien imaginase una mujer cortada al patrón de semejante modelo, que consiste en decir pequeñas cosas con grandes palabras, se figuraría una bonita damisela, llena de afeites y de joyas, de la que se reiría, porque se sabe mejor en qué consiste la gracia de una mujer que la gracia de unos versos. Pero los que no la conociesen la admirarían en tal equipo, y, en muchas aldeas, la tomarían por la reina. Este es el motivo por el que denominamos a los sonetos hechos sobre modelo tan burdo *reinas de aldea*.

34.—Nadie pasa por el mundo para darse a conocer en verso o en prosa, si no lleva la insignia de poeta, de matemático, etc. Pero las personas de calidad universal no apetecen insignia alguna, y apenas establecen diferencia entre el oficio de vate o de geómetra y el de tejedor o de albanil A las personas de calidad universal no se las llama ni poetas, ni matemáticos, etc., pero son todo esto, y jueces de todos aquéllos. No se les adivina siquiera como caracteres insólitos, ni se señala en ellas una cualidad con más relieve que otra, fuera de la necesidad de ponerla en práctica. Pero en este caso es cuando se las recuerda, porque entonces no se dice de ellas que hablan bien, si no se trata de hablar, y se dice que hablan bien, si de hablar se trata. Por ende, es un falso elogio dado a un hombre afirmar de él que es muy hábil en poesía, y es una mala señal recurrir a él, si se trata de juzgar algunos versos.

35.—No hay que decir de una persona que es "matemático", ni "predicador", ni "elocuente", sino que es "hombre honrado". Esta calidad universal es la única que me gusta. Mala señal es que, al ver a un hombre, se acuerde uno de su libro. Yo quisiera que no se reconociese a nadie una cualidad especial más que cuando se presentase ocasión de hacer uso de ella, no sea que esa cualidad conduzca forzosamente a darle un apodo. No debe pensarse que habla bien, sino cuando se trata de hablar, y sólo entonces.

36.—El hombre está lleno de necesidades, y sólo gusta de los que pueden satisfacérselas todas. "Es un buen matemático", se me dice. Pero yo no tengo por qué hacer de matemáticas, pues se me tomaría por una proposición. "Es un buen guerrero". Se me tomaría por una plaza sitiada. Necesito un hombre honrado, que pueda acomodarse a todas mis necesidades de un modo genérico.

37.—Puesto que no cabe conseguir la universalidad absoluta y saber todo lo que se puede saber sobre todo, hay que limitarse a saber de todo un poco. Vale más saber alguna cosa de todo que saberlo todo de una cosa. La primera universalidad es la más bella, sin duda. Si se pudieran tener las dos, mejor todavía. Pero, obligados a elegir, debe elegirse la primera, y el mundo lo siente y lo practica así, porque el mundo es a menudo un buen juez.

38.—Poeta y no hombre honrado: he aquí la divisa de muchos[11].

39.—Si el rayo cayese sobre los lugares bajos, y no sobre los altos, los poetas y los que no saben razonar más que sobre las cosas de índole estética, carecerían de pruebas para desarrollar sus asuntos.

40.—Si, en los ejemplos que se eligen para probar ciertas cosas, se quisieran probar los ejemplos mismos, se tomarían dichas cosas para ser los ejemplos, porque, como se cree siempre que la dificultad está en lo que se quiere probar, se encuentran los ejemplos más claros y más idóneos para ayudar a mostrarlo. Así, cuando se quiere mostrar una cosa general, es preciso dar la regla particular de un caso. Pero cuando se quiere mostrar un caso particular, es preciso comenzar por la regla general. Y es que se encuentra siempre oscura la cosa que se quiere probar, y clara la que se emplea en la prueba. Al someter a ésta una cosa, se proyecta sobre ella la fantasía de que es oscura, y de que por lo contrario, la que debe probarla es clara, y la hará más fácilmente inteligible.

41.—Leyendo los epigramas de Marcial, se advierte que el hombre ama la malignidad, mas no dirigida contra los desgraciados, ni contra los que padecen algún defecto físico (los tuertos, verbigracia), sino contra los dichosos soberbios. Ello depende de que la concupiscencia es el origen de todos nuestros movimientos personales, por lo que es preciso complacer a los que poseen sentimientos humanos y tiernos. Pero la concupiscencia de los infelices y defectuosos no vale nada, porque no les consuela, y no hace más que dar sabor picante a la gloria del autor. Todo lo que no es más que para el autor, no vale nada. *Ambitiosa recidet ornamenta*[12].

42.—Oírse llamar *príncipe*, place a un rey, porque disminuye su calidad.

43.—Ciertos autores, al hablar de sus obras, dicen: *Mi libro, mi comentario, mi historia*, etc. Parécense a esos burgueses que tienen casa propia y un *mi*

---

[11] En el texto original, este pensamiento formaba parte de las anotaciones reunidas bajo el número 30. Giraud opina que Brunschvicg lo ha aislado con bastante arbitrariedad. Yo opino lo mismo, pero me veo obligado a ajustarme a la edición crítica que me sirve de norma. (*N. del T.*)

[12] "Suprimirá los ornamentos ambiciosos". (*N. del P.*)

domicilio siempre en los labios. Mejor harían en decir: *Nuestro libro, nuestro comentario, nuestra historia*, etc., puesto que de ordinario las ideas propias abundan menos, en sus obras, que las ajenas.

44.—¿Queréis que se os tenga en buen concepto? No aludáis a ello nunca.

45.—Las lenguas son cifras donde (a diferencia de en las matemáticas) no se cambian las letras en letras, sino las palabras en palabras, lo que explica que una lengua desconocida sea descifrable.

46.—Decidor de palabras buenas, carácter malo.

47.—Hay hombres que hablan bien, y que no escriben bien. Es que el lugar y la compañía les acalora y les entusiasma, haciéndoles sacar de su mente, más que lo que encuentran en ella sin ese calor y sin ese entusiasmo.

48.—Cuando en un discurso se ponen o emplean palabras repetidas, y, al intentar corregirlas, se halla que sin ellas quedaría estropeado el discurso, es menester dejarlas intactas. La envidia crítica, que es ciega, no sabe que semejante repetición no es una falta en aquel lugar, por no haber regla general para ciertos casos.

49.—Es frecuente disfrazar y enmascarar la naturaleza. No se dice *rey*, sino *augusto monarca*, ni *París*, sino *capital del reino*. Hay ocasiones en que conviene llamar París a París, y otras en que conviene llamarle capital del reino.

50.—Un mismo sentido cambia según las palabras que lo expresan. Los sentidos reciben de las palabras su dignidad, en vez de dársela. Abundan los ejemplos que lo comprueban.

51.—Pirroniano o escéptico se toma a veces por terco o testarudo.

52.—Nadie dice *cortesano*[13], más que los que no lo son; *pedante*, más que un pedante; *provincial*, más que un provincial; y yo apostaría que fue el impresor quien puso título a las *Lettres au provincial*.

53.—Carruaje *vertido o volcado*, según la intención. *Repartir o derramar*, según la intención[14]. (Alegato del Señor Maestro sobre el franciscano por fuerza).

54.—Pura manera de hablar es la del que dice: *Yo hubiera querido dedicarme a esto*.

---

[13] *Courtisan* (cortesano) es la lección generalmente admitida, y que Giraud adopta. Brunschvicg ha creído leer *cartesien* (cartesiano), lo que me parece menos satisfactorio. (*N. del T.*)

[14] Estas dos frases son juegos de palabras intraducibles con plena propiedad al idioma español. El texto francés reza: *Carrosse "versé" ou "renversé", selon l'intention. "Répandre" ou "verser", selon l'intention*. Las palabras francesas *versé* y *renversé* corresponden, en nuestra lengua, a los mismos significados: *vertido, volcado, derribado, tumbado, trastrocado, derramado, revuelto*. Igual ocurre con las palabras francesas *répandre y verser*, que valen por *repartir, derramar, verter, esparcir, volcar*. (*N. del T.*)

55.—Virtud *aperitiva* de una llave, *atractiva* de un garfio.

56.—Adivinar: *La parte que yo tomo en vuestro disgusto.* El señor Cardenal no quería ser adivinado[15].

56 bis.—*Tengo el espíritu lleno de inquietud,* se dice a menudo. Mejor y más sencillamente se diría: *Estoy lleno de inquietud.*

57.—Encuentro mal cumplimientos como estos: *Lamento haberos afligido; deploraría enojaros; temo ser demasiado prolijo.* Finuras que constriñen negativamente la voluntad del interlocutor, le irritan por modo inevitable.

58.—Poca gracia hace el que dice: *Excusadme, si os place.* Sin esta excusa, no me hubiera dado cuenta de que hubo injuria. Nada hay peor que una excusa de ese género.

59.—*Apagar la llama de la sedición.* ¡Demasiado recargado! *La inquietud de su genio.* ¡Exceso de palabras atrevidas!

---

[15] Alusión a Richelieu. *(N. del T.)*

II

MISERIA DEL HOMBRE SIN DIOS

60.—Miseria del hombre sin Dios implica felicidad del hombre con Dios. Para mejor aclararlo, lo diré en otros términos. Que la naturaleza está corrompida, lo sabemos por la naturaleza misma, y que hay un reparador, lo sabemos por la Escritura. Tales son las dos partes de mi tesis.

61.—Hubiera deseado disponer mi discurso en un orden riguroso, que mostrase primero la vanidad de toda clase de condiciones, vale decir, la vanidad de las vidas comunes, y después la vanidad de las vidas filosóficas, ya pirronianas, ya estoicas. Pero comprendí muy luego que semejante orden no habría sido guardado. Sé algo sobre este punto, que pocas personas entienden. Ninguna ciencia humana puede guardar tal orden. Santo Tomás no lo guardó. Las matemáticas lo guardan, pero ellas resultan inútiles al efecto, por su misma profundidad.

62.—Como prefacio de la primera parte de mi tesis, procedería hablar de los que han tratado del conocimiento de sí mismo; de las divisiones de Charron, que entristecen y enojan; de la confusión de Montaigne; de la conciencia que este autor tenía de la falta de un método recto, que evitaba saltando de asunto en asunto, y buscando temas a capricho. ¡Necio proyecto el de pintarse a sí propio! Y esto, no al pasar y contra sus máximas, en lo que suele delinquir todo el mundo, sino en virtud de sus propias máximas y obedeciendo a un designio primario y principal. Porque decir necedades por albur o por debilidad, es un mal ordinario. Pero decirlas advertidamente y con deliberado propósito no es ya soportable en modo alguno[16].

63.—Los defectos de Montaigne son enormes. El uso de palabras lascivas es lo de menos, a pesar de los reproches de mademoiselle de Gournay. Es crédulo, al hablar de las *gentes sin ojos*. Es ignorante, al considerar la *cuadratura del círculo* como base de un *mundo más extenso*. Desagradan sus opiniones sobre la muerte y sobre el suicidio. Inspira descuido e incuria hacia la salvación, de la que excluye *el temor y el arrepentimiento*. No escribió su libro para conducir a la piedad, y no estaba obligado a ello. Pero todo autor cristiano está siempre obligado a no desviar de los senderos de la piedad a sus lectores. Cabe excusar sus sentimientos un tanto libres y voluptuosos sobre algunos trances de la vida. Pero no cabe excusar sus sentimientos enteramente paganos sobre

---

[16] Giraud presume que este pensamiento debía reunirse al pensamiento primero del capítulo IV (número 242), por ir a continuación de él en el cuaderno autógrafo. (*N. del T.*)

la muerte, porque es imposible renunciar a toda piedad, si se quiere, a lo menos, morir cristianamente. Ahora bien: a través de todo su libro, Montaigne sólo piensa en morir de un modo muelle y flojo.

64.—No es en Montaigne, sino en mí, donde encuentro todo lo que en mí veo.

65.—Lo que en Montaigne hay de bueno, no se adquiere sino con dificultad suma. Lo que hay de malo y de extraño a las costumbres rectas, podía haber sido corregido en un instante, si se le hubiese advertido que se extendía en demasiadas historias, y que hablaba demasiado de sí.

66.—Es preciso conocerse a sí mismo. Cuando esto no sirviese para encontrar la verdad, serviría a lo menos para ordenar la vida, y no creo haya nada más justo ni más provechoso.

67.—Grande es la vanidad de las ciencias. La de las cosas exteriores no me consolará, en tiempos de aflicción, de la ignorancia de la moral. Pero la ciencia de las costumbres me consolará siempre de la ignorancia de las ciencias físicas.

68.—No se enseña a los hombres a ser honrados, y se les enseña el resto. Y ellos no se vanaglorian nunca tanto de no saber nada del resto, como de ser hombres honrados. No se vanaglorian de saber más que la única cosa que no se les enseña.

69.—Cuando se lee demasiado aprisa o demasiado parsimoniosamente, no se entiende nada.

70.—La naturaleza nos ha puesto en tal fiel, que, si cambiamos un platillo de la balanza, cambiamos también el otro. Esto me hace creer que en nuestro cerebro hay resortes tan estrictamente dispuestos, que, tocando el uno, tocamos asimismo el contrario.

71.—Por dar a un hombre demasiado o demasiado poco vino, no se le hará encontrar la verdad. Es preferible, en todo caso, darle demasiado.

72.—He aquí adonde nos conducen los conocimientos naturales. Si no son verdaderos, no hay verdad en el hombre. Si lo son, el hombre encuentra en ellos un enorme motivo de humillación, y se ve obligado a rebajarse de una o de otra manera. Y, puesto que no puede subsistir sin creerlos, yo desearía que, antes de entrar en las más grandes investigaciones de la naturaleza, contemplase a ésta seriamente, y se contemplase también a sí mismo, para conocer la proporción y la desproporción mutuas de ambos. La primera cosa que se ofrece al hombre, cuando se contempla a sí mismo, es su cuerpo, es decir, una cierta porción de materia que le es propia. Mas para comprender lo que es, ha de compararla con todo lo que está por encima de él, y con todo lo que está por debajo, a fin de reconocer sus justos límites. No se detenga a considerar simplemente los bajos objetos que le rodean, y considere la naturaleza entera en su elevada y plena majestad. Mire ese brillante luminar, puesto como una lámpara eterna para alumbrar el universo. La tierra le parecerá entonces como un punto al lado de la gigantesca vuelta diurna que ese astro describe, y esa gigantesca vuelta le parecerá, a su vez, como un punto al lado de los demás astros que ruedan en la inmensidad del firmamento. Pero si nuestra vista se detiene aquí, la imaginación pasa mucho más allá, y antes se cansará de concebir que la naturaleza debe suministrarle nuevos y constantes motivos de admiración. Todo ese mundo visible no es más que un punto-imperceptible en el vasto seno de la naturaleza, a la que idea alguna nos aproxima. Vémonos obligados a ensanchar nuestras concepciones más allá de los espacios imaginables, e inventamos átomos a costa de la realidad de las cosas. El universo es una esfera infinita cuyo centro está en todas partes, y la circunferencia en ninguna. El mayor carácter sensible de la omnipotencia de Dios es que nuestra imaginación se pierde en pensamiento tamaño. Así, el hombre, vuelto a sí mismo, considera lo que es a costa de lo que existe fuera de él, y se mira como extraviado en este remoto cantón de la naturaleza, y, partiendo del universo visible, pequeño calabozo en que so encuentra encarcelado, aprende a estimar la tierra, los reinos, las ciudades y a sí mismo en su justo valor. ¿Qué es un hombre en lo infinito?... Mas, para que se presente otro prodigio tan sorprendente, bástale buscar lo infinitamente pequeño en las cosas más delicadas que conoce. Un insecto le ofrece, en la pequeñez de su cuerpo, partes incomparablemente más pequeñas, piernas con coyunturas, venas cn esas piernas, sangre en esas venas, humores en esa sangre, gotas en esos humores, vapores en esas gotas. Y, divisando todavía en estas cosas últimas, agota sus fuerzas en nuevas, concepciones, sin que llegue nunca al postrer objeto de ellas. Pensará acaso que se halla en la extrema pequeñez de la naturaleza, y abocará a un nuevo abismo. Yo quiero pintarle, no solamente el universo visible, sino la inmensidad que cabe concebir de la naturaleza en el cerco de ese átomo abreviado. En tan extrema pequeñez verá una infinidad de universos, cada uno con su firmamento, sus planetas, su tierra, en la misma proporción que en el mundo visible; y en esa tierra, animales e insectos, en los cuales él volverá a encontrar lo que los primeros le han mostrado; y encontrando aún en los demás la misma cosa sin fin y sin descanso, que se pierda en esas maravillas, tan sorprendentes en su pequeñez como las otras en su magnitud, porque, ¿quién no admirará el que nuestro cuerpo, que ha poco era imperceptible en el seno del universo, sea ahora un coloso, un mundo, más bien un todo, con respecto a la nada, a que se puede llegar? Quien se considere así, se espantará de sí mismo, y, mirándose sostenido en la materia que le ha dado la naturaleza, entre los dos abismos del infinito y de la nada, temblará ante tales prodigios, y creo que su curiosidad se cambiará en admiración, y antes tenderá a contemplar aquéllos en silencio que a buscarlos presuntuosamente. Porque ¿qué es, al fin, el hombre en la naturaleza? Nada, comparado con el infinito; todo, comparado con la nada: un término medio entre nada y todo. Infinitamente lejos de comprender ambos extremos, el principio y el fin de las cosas están ocultos para él, en un secreto impenetrable, y es igualmente incapaz de ver la nada de que ha salido y el infinito que le absorbe. ¿Qué puede, pues, hacer sino ver algo de lo que hay en el medio de las cosas, en su desesperanza eterna de conocer ni el principio ni el fin? Todas las cosas han salido de la nada y han sido llevadas al infinito. ¿Quién seguirá esas maravillosas trayectorias? El autor de esos prodigios los comprende, mas ningún otro lo puede comprender. A falta de haber contemplado esos infinitos, los hombres se han entregado temerariamente a la investigación de la naturaleza, como si guardasen con ella alguna proporción. Es extraño que el hombre haya querido conocer los principios de las cosas y llegar a conocerlo todo, porque es indudable que no se puede formar tal designio sin una presunción o sin una capacidad infinita, como la naturaleza. Es comprensible, para el docto, que habiendo la naturaleza grabado su imagen y la de su autor en todas las cosas, participen casi todas de su doble infinitud. Por eso es por lo que vemos que todas las ciencias son infinitas en la extensión de sus investigaciones, porque ¿quién duda que la geometría, por ejemplo, tiene una infinidad de infinidades de proposiciones que exponer, y que son también infinitas en la multitud y la delicadeza de sus principios, puesto que cada uno de ellos se apoya en otros que, necesitando a su vez sustentarse en unos nuevos, no llegan jamás al último? Pero nosotros llamamos "últimos" a los que así parecen a la razón, igual que en los objetos materiales, donde decimos que un punto es indivisible cuando sus sucesivas divisiones (infinitas por naturaleza) dejan de ser percibidas para nuestros sentidos. De esos dos infinitos de las ciencias, es el de la extensión mucho más sensible, y por eso pocas personas han pretendido conocer todas las cosas. "Voy a hablar de todo", decía, no obstante, Demócrito. Pero el infinito de lo pequeño es mucho menos visible. Los filósofos han querido llegar a ese fin, y es ahí donde todos han tropezado. Por eso son tan comunes títulos como estos: *De los principios de las cosas, De los principios de la filosofía,* tan pretenciosos en realidad, aunque no en apariencia, como este otro: *De omni re scibili.* Y es que parece mucho más fácil llegar al centro de las cosas que abarcar su contorno. La extensión visible del orbe nos es notoriamente superior, pero como nosotros somos superiores a las cosas pequeñas, creemos ser más capaces de poseerlas. Sin embargo, tanta capacidad se requiere para ir hasta la nada como para ir hasta el todo, pues para lo uno y lo otro es necesario lo infinito. Opino que quien hubiera podido comprender los últimos principios de las cosas comprendería también el infinito. Lo uno depende de lo otro y éste conduce a aquél. Los extremos se tocan y se reúnen de puro alejados, si bien se encuentran en Dios, y en él solamente. Conocemos, pues, nuestra situación. Somos algo, pero no somos todo. Lo que tenemos de *ser* nos roba el conocimiento de los principios últimos o primordiales, que surgen de la nada, y lo poco que tenemos de *ser* nos impide comprender el infinito. Nuestra inteligencia tiene en el orden de las cosas inteligibles el mismo rango que nuestro cuerpo en la extensión de la materia.

Limitado en todo, ese estado de medio entre los extremos se encuentra en todas nuestras potencias. Nuestros sentidos no perciben nada extremo. Mucho ruido nos asorda; mucha luz nos ciega; excesiva distancia, tanto como excesiva proximidad, nos impiden ver; la mucha longitud y la mucha brevedad de un discurso lo oscurecen; demasiada verdad nos asombra (hay quien no puede comprender que quien de cero quita cuatro deja cero); los principios básicos tienen para nosotros demasiada evidencia; el exceso de placer desplace; el exceso de sonidos disgusta en la música; muchos beneficios irritan, porque queremos tener con qué pagar con exceso la deuda (*beneficia eo usque laeta sunt dum videntudr exsolvi pose, et ubi multum antevenere, pro gratia odium, redditur)*[17]. No sentimos ni el extremo de frío ni el extremo de calor. Las cualidades excesivas nos son odiosas y no las comprendemos: nos enojan. Mucha juventud y mucha vejez embarazan el espíritu, así como la poca y la extremada cultura. En fin, las cosas extremas son para nosotros como si no existiesen, ya que se escapan a nosotros, o nos escapamos a ellas. He aquí nuestro verdadero estado, que nos hace incapaces de saber con certidumbre y de ignorar absolutamente. Flotamos sobre un vasto término medio, siempre inciertos y lanzados de un extremo a otro. Si queremos afirmarnos en un punto, nos abandona, y si le seguimos, se aleja de nosotros en una huida eterna. Nada se detiene para nosotros. Es el estado que nos es propio, a la vez que el más contrario a nuestra inclinación, puesto que ardemos en deseos de encontrar una base firme en la que edificar una torre que llegue al infinito, pero nos falta el suelo, y la tierra se abre a nuestros pies. No busquemos, pues, punto de apoyo. Nuestra razón está siempre combatida por la inconstancia de las apariencias, y nada puede fijar lo finito entre los infinitos que lo encierran y lo huyen. Comprendido esto, procede mantenerse en reposo allí donde la naturaleza nos ha colocado. En este término medio que nos ha correspondido en suerte, estando siempre distantes de los extremos, ¿qué importa que un hombre tenga un poco más de inteligencia de las cosas? Si la tiene, las unirá un poco más desde arriba. ¿No está siempre infinitamente alejado del fin, como la duración de nuestra vida no está siempre igualmente lejos de la eternidad porque dure diez años más o menos? Ante estos infinitos, todos los finitos son iguales, y no veo por qué fijar la imaginación mejor sobre uno que sobre otro. La sola comparación que hagamos de nosotros con lo infinito, nos apena. Si el hombre se estudiase, vería que es imposible conocer más. ¿Cómo una parte podrá conocer el todo? ¿Podrá aspirar, al menos, a conocer aquello con que guarda proporción? Pero las partes del mundo se encadenan de tal forma, que creo imposible conocer la una sin la otra y sin el todo. El hombre se relaciona con todo lo que conoce. Necesita espacio para contenerle, tiempo

---

[17] "Los beneficios parecen agradables mientras podemos devolver y cuando pasan de ahí su gracia se convierte en odio". *(N. del P.)*

para durar, movimiento para vivir, elementos que le compongan, labor y alimentos que le nutran, aire para respirar, ver la luz y sentir los cuerpos. Es preciso, pues, para conocer al hombre, saber de dónde le viene la necesidad del aire para subsistir, y para conocer el aire, saber por qué tiene relación con la vida del hombre, etcétera. La llama no subsiste sin el aire, y para conocer el uno se ha de conocer la otra. Siendo, pues, todas las cosas causadas y causantes, mediatas e inmediatas, y estando todas unidas por un lazo común que junta las más distintas y remotas, considero imposible conocer las partes sin conocer el todo, pero no más que conocer el todo sin conocer las partes. (La eternidad de las cosas, en sí mismas o en Dios, debe sorprender a nuestra breve existencia. La inmovilidad constante de la naturaleza, comparada al cambio continuo que se opera en nosotros, debe causar igual efecto.) Y lo que concluye que somos impotentes para conocer las cosas es que éstas por sí son simples, y nosotros somos compuestos de dos naturalezas opuestas y de género distinto: alma y cuerpo. Porque es imposible que la parte que en nosotros razona sea otra cosa que espiritual, y si se pretendiera que somos simplemente materiales, eso nos excluiría pronto del conocimiento de las cosas, ya que no hay nada tan inconcebible como decir que la materia se conoce a sí misma, y no nos es posible conocer como ella se conocería. De modo que si somos puramente materiales, no no podemos conocer de ninguna manera, y si nos componemos de espíritu y materia, no podemos conocer con perfección las cosas simples, espirituales o materiales. De donde viene que casi todos los filósofos confunden las ideas de las cosas y hablan de las cosas corporales espiritualmente y corporalmente de las espirituales, diciendo atrevidamente que los cuerpos tienden a su centro, que repelen su destrucción, que temen el vacío, que tienen inclinaciones, simpatías y antipatías, que son cosas que sólo pertenecen al espíritu. Y al hablar del espíritu le consideran como en un lugar y le atribuyen movimientos de un sitio a otro, que son cosas que sólo al cuerpo pertenecen. En vez de recibir las ideas de las cosas puras, las matizamos de nuestras cualidades, e impregnamos de nuestro ser compuesto todas las cosas simples que vemos. ¿Quién dejaría de creer, viéndonos componer todas las cosas de cuerpo y de espíritu, que esta mezcla nos es comprensible? Sin embargo, nada hay que comprendamos menos. El hombre es el objeto más prodigioso de la naturaleza, porque no puede concebir lo que es cuerpo, y aún menos lo que es espíritu, y mucho menos cómo un cuerpo puede estar unido a un espíritu. Es este el colmo de sus dificultades, y, no obstante, es su propio ser (*modus quo corporibus adhaerent spiritus comprehendi ab hominibus non potest, et hoc tamen homo est*)[18]. Para redondear la prueba de nuestra debilidad, terminaré por dos consideraciones...

---

[18] "El modo por el cual el cuerpo está unido al cuerpo, no puede ser comprendido por los hombres y esto también es el hombre". *(N. del P.)*

73. Puede ser que este asunto a que me refiero exceda de los límites de la razón. Examinemos, pues, sus invenciones sobre las cosas que le atañen. Si hay algo que más debiera preocuparle, es la busca de su supremo bien. Veamos, pues, dónde esas almas fuertes y clarividentes lo han situado, y si están de acuerdo. Uno dice que el soberano bien es la virtud; otro, que la voluptuosidad; uno lo pone en la ciencia de la naturaleza; otro en la verdad (*felix qui potuit rerum cognoscere causas!*)[19]; el otro, en la ignorancia total; el otro en la indolencia; en resistir a las apariencias aquél; éste en no admirar nada (*nihil mirari propre res una quoe possit facere et servare beatum*)[20]; los verdaderos pirronianos en su *ataraxia*, duda y suspensión perpetuas; otros, más prudentes, piensan encontrar algo mejor. ¡He aquí que vamos bien servidos!

Trasponer después las leyes al título siguiente.

Puesto que es preciso reconocer que esta bella filosofía no ha adquirido nada de cierto para un trabajo tan largo, quizá al menos el alma se conocerá a sí misma. Escuchemos a los doctores. ¿Qué han pensado de la sustancia del alma? ¿Han sido más felices en situarla? ¿Qué han hallado sobre su origen, su existencia y su partida? ¿Es, pues, que el alma es un objeto demasiado noble para sus débiles luces? Descendamos, pues, a la materia, y veamos si ella sabe de qué está hecho el propio cuerpo que anima y los otros que mira y mueve a su grado. ¿Qué saben esos grandes dogmáticos que no ignoran nada? *Harum sententiarum,*[21]. Esto bastaría, sin duda, si la razón fuese razonable. Lo es lo bastante para confesar que no ha logrado aun hallar nada firme, pero no desespera de conseguirlo. Al contrario, está más empeñada que nunca en esta busca, y cree tener en sí fas fuerzas necesarias para tal conquista. Precisa, pues, tras haber examinado sus potencias en sus efectos, reconocerlas, en sí mismas. Veamos si cuenta con fuerzas, para alcanzar la verdad.

74.—Una carta, de la *locura de la ciencia humana y de la filosofía*. Esta carta antes de *la diversión del felix qui protuit* [22] y del *nihil admirari*[23]. Doscientas ochenta clases de soberanos bienes registra Montaigne.

75. Citando la parte I, 1, 2, capítulo I, sección 4 de la obra *Tratado del vacío*[24] no sería difícil hacerla descender un grado más, y hacerla aparecer ridícula. Para comenzar con ella misma, ¿hay algo más absurdo que decir que los cuerpos inanimados tienen pasiones, temores, horrores? ¿Que los cuerpos insensibles, sin vida e incapaces de ella, tienen pasiones, que presuponen un alma, lo bastante sencible al menos para sentirlas? ¿Que el objeto de sus

---

[19] "Feliz el que puede conocer las causas". *(N. del P.)*
[20] "No te sorprendas nada que una sola cosa pueda hacerte y mantenerte feliz". *(N. del P.)*
[21] Estas citas son remisiones a algunos pasajes de Montaigne. *(N. del T.)*
[22] "Dichoso el que puede". *(N. del P.)*
[23] "Nada le admira". *(N. del P.)*
[24] Alusión a la obra de Descartes que lleva ese título. *(N. del T.)*

horrores es el vacío? ¿Pues qué hay en el vacío que les pueda dar miedo? ¿Cabe algo más ridículo? Pero no es todo. Porque esos cuerpos sin vida tengan un principio de movimiento para evitar el vacío, ¿tienen brazos, piernas, músculos, nervios?

76. Escríbase contra los que profundizan demasiado las ciencias como Descartes.

77.—No puedo perdonar a Descartes. En toda su filosofía hubiera querido prescindir de Dios, pero no ha podido prescindir de hacerle dar un papirotazo para poner al mundo en movimiento. Después de eso, no le deja a Dios nada que hacer.

78.—Descartes, como filósofo, es inútil e incierto.

79.—Se puede decir en voz alta: "Eso se hace por figura y movimiento", porque es verdad. Pero decir cuáles, y componer la máquina, es ridículo. Porque es inútil, penoso e incierto. Y si fuere verdad, estimamos que toda la filosofía no valdría una hora de preocupación.

80.—¿Por qué ocurre que un cojo no nos irrita y un espíritu cojo sí? Porque un cojo reconoce que nosotros andamos bien y un espíritu cojo dice que somos nosotros los que cojeamos. Sin eso, nos inspiraría piedad, y no cólera. Epicteto pregunta más enérgicamente: "¿Por qué no nos enfadamos si se dice que tenemos dolor de cabeza y nos enfadamos si se asegura que razonAmos mal y escogemos lo erróneo?" Porque estamos ciertos de no tener dolor de cabeza o de no ser cojos, pero no estamos tan seguros de escoger lo que es verdadero. De suerte que no teniendo seguridad más que en aquello que ven nuestros ojos, cuando otro ve con los suyos todo lo contrario, esto nos asombra y sorprende, y más cuando son muchos los que se burlan de nuestra elección, porque debemos preferirla a las de tantos otros, y eso es audaz y difícil. Ante un cojo no hay nunca tales contradicciones.

81.—El espíritu cree naturalmente, y la voluntad ama naturalmente, de modo que, falta de objetos verdaderos, necesariamente le atraen los falsos.

82.—La imaginación, parte engañosa del hombre, es maestra de error y de falsedad, y tanto más cuanto que no lo es siempre, porque sería regla infalible de verdad si lo fuese infalible de mentira. Pero generalmente es falsa y no da ninguna señal que pueda indicar cuándo es verdadera y cuándo falsa. No hablo de los locos, sino de los más sabios, ya que ellos tienen el don de persuadir a los hombres. La razón habla bien, pero no avalora las cosas. Su enemiga, la imaginación, que la domina e inspecciona, para mostrarse en todo su poder, ha dado al hombre una segunda naturaleza. Ella tiene sus felices, sus desgraciados, sus sanos, sus enfermos, sus ricos, sus pobres. Hace creer, dudar, negar la razón, sorprender los sentidos, hacerlos sentir, tener sus locos y sus discretos. Nada nos duele tanto como ver que llena a sus devotos de una satisfacción harto más grande que la de la razón. Los hábiles por imaginación se complacen a sí mismos mucho más que los prudentes se pueden razonablemente complacer. Miran a las gentes con imperio; disfrutan con audacia y confianza; los otros, con temor y desconfianza, y su alegría de rostro les da a menudo la razón ante el auditorio: que tanto favor gozan los sabios imaginativos ante jueces de su misma especie. Puede la imaginación no hacer sabios a los locos, pero les hace felices, mientras que la razón sólo hace miserables a sus amigos. Una cubre de gloria y otra de vergüenza. ¿Quién otorga la fama? ¿Quién presta respeto veneración a los personajes, a las obras, a las leyes, a los grandes, sino esta facultad imaginativa? Todas las riquezas de la tierra son insuficientes sin su consenso[25]. ¿No diríais que ese magistrado, cuya ancianidad venerable impone respeto a todo un pueblo, se gobierna por una razón pura y sublime, y que juzga las cosas en su naturaleza sin detenerse en las varias circunstancias que sólo hieren la imaginación de los débiles? Vedle entrar a un sermón, donde le lleva el celo de su devoción acendrada, reforzando la solidez de su razón por el ardor de su caridad. Hele aquí presto a escuchar con ejemplar respeto. Aparece el predicador, y si la naturaleza le ha dado una voz ronca y una fisonomía rara, y si de añadidura su barbero le ha rasurado mal, aunque grandes verdades anuncie, yo apuesto a que pierde la compostura nuestro senador. El mayor filósofo, si está sobre una tabla más ancha de lo preciso, pero suspendida sobre un abismo, aunque su razón le diga que está seguro, su imaginación podrá más, y habrá alguno que no pueda ni aun pensar en ello sin palidecer y sudar. ¿Quién no sabe que la vista de ratones o escuchar crujir un carbón sacan la razón de quicio? El tono de voz impone a los más discretos, y hace cambiar la fuerza de un poema o de un discurso. El odio y el afecto hacen cambiar la faz de la justicia. ¡Cómo un abogado, pagado bien y anticipadamente, encuentra más justa la causa que defiende! ¡Cómo su gesto atrevido le hace parecer mejor ante los jueces! ¡Triste razón, que cualquier viento arrastra en cualquier sentido! Yo diría que casi todas las acciones de los hombres se producen por sacudidas, ya que la razón ha tenido que ceder, y el más prudente adopta por sus principios aquellos que la imaginación de los hombres ha introducido temerariamente en todas partes. (Quien quisiera guiarse sólo por la razón, pasaría por loco ante el común de los hombres. Hay que opinar como la mayoría. Hay, porque así les plugo, que trabajar todo el día por bienes reconocidos como imaginarios, y apenas el sueño nos ha librado de las fatigas de nuestra razón, es preciso levantarse presurosos para ir a correr tras las primeras y experimentar las impresiones que produce la imaginación, dueña del mundo. He aquí uno, pero no el único, de los principios de error.) Nuestros magistrados conocen bien este misterio. Sus trajes rojos, sus armiños, los palacios en que juzgan, las flores de lis, todo ese atuendo

---

[25] Pascal había ya escrito: "¡Qué poder ejerce sobre cuerpos y almas! ¡Cuántas enfermedades curadas! ¡Cuánta salud alterada! ¡Cuánta riqueza inútil para el que se figura no tener bastante! *(N. del T.)*

augusto es muy necesario, y si los médicos no llevasen sotanas y mulas y los clérigos bonetes cuadrados y amplios mantos, no habrían logrado engañar al mundo, incapaz de resistir a esas muestras tan auténticas de sabiduría. Si se hiciese verdadera justicia y se ejerciese el verdadero arte de curar, no harían falta exterioridades, y la venerabilidad de estas ciencias se impondría por sí misma. Mas no siendo sino ciencias imaginarias, preciso es que adopten un exterior capaz de infundir respeto. Sólo las gentes de guerra no van disfrazadas cuando van de tal manera, porque, en efecto, ellas tienen la fuerza, mientras los demás sólo tienen el artificio. Por eso es por lo que nuestros reyes no han buscado disfraces tales. Para parecer reyes no se han cubierto de trajes extraordinarios, sino que se rodean de guardias y alabardas. Esas armadas fantasmas que sólo para ellos tienen fuerza y manos, los tambores que van a vanguardia, las legiones que los rodean, hacen temblar a los más firmes. No sólo poseen el hábito, pero también la fuerza. Precisaríase una razón harto sutil para considerar como un hombre cualquiera al Gran Turco, guardado, en su soberbio serrallo, por cuarenta mil jenízaros. Es indudable que en cuanto vemos un abogado con birrete y toga tenemos una alta idea de su suficiencia.

La imaginación dispone de todo: crea la belleza, la justicia, la dicha, que son el todo del mundo. De buena gana quisiera yo ver el libro italiano del que sólo conozco el título, que vale por sí solo por muchos libros: *Della opinione regina del mondo*. Lo suscribo sin conocerlo, salvo en lo malo que tenga. He aquí, pues, los efectos de esa facultad mentirosa que parece habernos sido dada para llevarnos al error necesariamente. Mas hay aún muchos otros principios de este jaez. Las impresiones antiguas no son las únicas capaces de equivocarnos, y los encantos de la novedad tienen su mismo poder. De esto provienen todas las disputas de los hombres, que se reprochan, o de seguir las falsas impresiones de la infancia o de correr temeraria mente tras las novedades. ¿Dónde está el justo medio? ¿Quién puede enseñárnoslo y acreditarle de tal? No hay principio, por natural que pueda ser, aunque a la infancia se remonte, que no haya pasado por el trance de una falsa impresión, sea de la instrucción, sea de los sentidos.

"Porque (se dice) vosotros habéis creído en la infancia que un cofre estaba vacío, cuando nada veíais en él. Habéis creído el vacío posible, pero se trata de una ilusión de vuestros sentidos, fortalecida por la costumbre, y que es preciso que la ciencia corrija." Y otros afirman: "Porque se os ha dicho en la escuela que no hay nada vacío, se ha corrompido vuestro sentido común, que lo comprendía claramente antes de esa mala impresión, la cual hay que corregir, recurriendo a vuestra primera naturaleza." ¿Quién se engaña? ¿Los sentidos o la instrucción?

Hay otro principio de error, las enfermedades que nos marchitan el juicio, y si las grandes lo alteran sensiblemente, no hay duda de que las pequeñas lo hacen en proporción. Nuestro propio interés es un instrumento más, y maravilloso, para cegarnos gratamente. Al hombre más equitativo no se le permite ser juez de su causa, hasta asegurarse de que, para no caer en este amor propio, se han hecho injusticias, y que el medio infalible de perder un pleito justo es hacerlo recomendar por los más cercanos parientes. La justicia y la verdad son dos puntos tan sutiles, que nuestros instrumentos son demasiado toscos para apreciarlos exactamente. Si los tocan, lo aplastan o lo protegen todo en su derredor, y más en lo falso que en lo verdadero. El hombre está, pues, tan admirablemente hecho que no tiene ningún principio justo de verdad, y varios excelentes de lo falso. Veamos cuántos... sentando primero que la causa más fuerte de los errores es la guerra que existe entre los sentidos y la razón.

83.—Hay que empezar por el capítulo de las potencias engañosas. El hombre es un sujeto lleno de error, natural e ineficaz sin la gracia, y al que nada le muestra la verdad. Todo le ofusca, y los dos principios de verdad, la razón y los sentidos, se engañan recíprocamente el uno al otro. Los sentidos engañan a la razón con falsas apariencias, y ella se desquita a su vez. Las pasiones del alma engañan a los sentidos, causándoles impresiones falsas. Unos y otros se engañan y mienten a porfía. Más errores hay aún que tienen facultades heterogéneas y que llegan por albur o por escasez de inteligencia.

84.—La imaginación agranda los pequeños objetos hasta que llenan nuestra alma en virtud de una fantástica estima que de ellos se hace, y con temeraria violencia, aminora los grandes hasta su medida, como ocurre hablando de Dios.

85.—Las cosas que más nos privan no son frecuentemente casi nada. A lo sumo, un átomo que nuestra imaginación trueca en montaña. Otro golpe de imaginación nos lo hace ver fácilmente.

86.—Mi fantasía me hace odiar a aquel que grazna o al que silba durante una comida. La fantasía pesa mucho. ¿Qué sacamos de esto? ¿Aguantar ese peso porque es natural? No. Pero lo soportaremos.

87.—*Quasi quidquam infelicius sit homine cui sua figmenta dominantur*[26], sentenció Plinio.

88.—Los niños que se asustan del rostro que ellos han pintarrajeado, esos son niños. Pero el mayorcito que tiene esta debilidad, siendo niño, la tendrá mayor cuando más edad tenga. No se hace más que cambiar de fantasía. Todo lo que por el progreso se perfecciona, por el progreso perece. Lo que es débil nunca podrá ser auténticamente fuerte. Es fácil decir: *ha crecido o ha cambiado,* pero en realidad es el mismo.

89.—La costumbre es nuestra naturaleza. Quien se acostumbra a la fe cree en ella, y no puede dejar de creer en el infierno, ni creer en otra cosa. Quien se acostumbra a creer que el rey es terrible..., etc. ¿Quién duda, pues,

---

[26] "¿Hay algún hombre que sea infeliz sino aquel que es dominado por sus ficciones?". *(N. del P.)*

de que nuestra alma, acostumbrada a ver espacio, número, movimiento, cree en eso, y en eso tan sólo?

90. *Quod crebro videt non miratur, etiamsi cur fiat nescit, et quod ante non viderit, id si evenerit, ostentum esse censet,*[27] observa Cicerón en su carta 583.

Nae iste magno conatu magnas nugas dixet[28].

91.—*Spongia Solis...* Cuando vemos que un hecho ocurre siempre igual, concluimos que es una necesidad natural, como que mañana amanecerá otro día, etc. Pero a veces la naturaleza nos desmiente y deja de sujetarse a sus propias reglas.

92.—¿Qué son nuestros principios naturales sino principios a los que nos hemos acostumbrado? ¿Y qué, en los niños, sino aquellos a que los padres les han acostumbrado, como a los animales, cuando los cazan? Diferentes costumbres nos darían diferentes principios, cosa que se ve por experiencia, y hay algo de indeleble en la costumbre, refractario a la naturaleza y a una segunda costumbre, lo que varía según la disposición.

93.—Los padres temen que el amor natural de sus hijos se borre. ¿Qué naturaleza es ésta, sujeta a borrarse? La costumbre es una segunda naturaleza, que destruye la primera. Pero ¿qué es la naturaleza? ¿Por qué la costumbre no ha de ser natural? Mucho me temo que esa naturaleza no sea más que una primera costumbre, como la costumbre es una segunda naturaleza.

94. La naturaleza del hombre es toda natural (*omne animal*)[29]. No hay nada que no sea natural. No hay nada natural que no se pueda perder.

95.—La memoria y la alegría son sentimientos, e incluso las proposiciones geométricas se convierten en sentimientos, porque la razón hace los sentimientos naturales, y los sentimientos naturales se borran por la razón.

96.—Cuando se está acostumbrado a reírse de malas razones para probar efectos de la naturaleza, no se quiere admitir las buenas razones, cuando se descubren. De esto hubo un ejemplo en el descubrimiento de la circulación de la sangre, respecto a cómo la vena se infla por encima de la ligatura.

97.—La cosa más importante en la vida, la elección de oficio, la dispone el acaso. La costumbre hace albañiles, o soldados, o fontaneros. "Es un excelente fontanero", se dice, y, hablando de los soldados: "Son locos de remate", se dice, mientras los otros aseguran: "No hay nada más grande que la guerra, y el resto de los hombres son gentuza". A fuerza de oír loar unos oficios y despreciar otros durante la infancia, se elige en consecuencia, porque, naturalmente, se ama la verdad y se odia la demencia. Estas palabras nos conmueven, y sólo se yerra en su aplicación. Tan grande es la fuerza de la

---

[27] "Aquello que frecuentemente ve no le sorprende aunque desconoce cuál fue su causa, y ante lo que no vio, si se produjera, lo considerará ostensivamente". *(N. del P.)*
[28] "Probablemente ese contará con gran esfuerzo grandes hazañas". *(N. del P.)*
[29] "Todo animal". *(N. del P.)*

costumbre, que de aquellos que la naturaleza no ha hecho más que hombres, se hacen todas las clases de hombres, y países hay donde todos son soldados, y otros donde son albañiles, etc. Sin duda la naturaleza no es tan uniforme. Es la costumbre quien hace esto, contradiciendo a la naturaleza. Mas a veces la naturaleza triunfa, y torna el hombre a su instinto, pese a las costumbres, buenas o malas.

98.—Deplorable es ver cómo los hombres se ocupan sólo de los medios, y nada del fin. Cada hombre piensa cómo aprovechará su condición, pero en cambio es la suerte quien se encarga de darnos condición y patria. Es lamentable ver tantos turcos, herejes o paganos, seguir la religión de sus padres sólo porque se les ha dicho que es la mejor. Igualmente cada uno es impulsado a ejercer cualquier oficio.

99.—Hay una diferencia universal y esencial entre las acciones de la voluntad y las otras. La voluntad es uno de los principales órganos de la creencia, no porque forme la creencia, sino porque las cosas son falsas o verdaderas, según el color del cristal con que se miren, o del lado por el cual se las ve. La voluntad, por estimar uno de estos lados más que otros, impide al espíritu apreciar las cualidades de aquel aspecto que le desplace, y así, el espíritu, marchando de acuerdo con la voluntad, se detiene a mirar aquel lado que ella ama, y juzga por lo que ve.

100.—La naturaleza del amor propio y del *yo* humano es no amar ni considerar más que a sí mismo. ¿Qué puede hacer, si no? No podría impedir que el objeto de su amor esté lleno de miserias y defectos; quiere ser grande, y se ve pequeño; feliz, y se ve miserable; perfecto, y se ve lleno de imperfecciones; objeto del amor y estima de los hombres, y se ve despreciado por sus defectos. Esta dificultad en que se halla le origina la más injusta y criminal pasión que pueda imaginar, porque concibe un odio mortal contra esta verdad que le reprende sus faltas. Desearía aniquilarla, y, no pudiendo, la destruye en lo que puede ante su conocimiento y el de los demás, es decir, que pone todo su celo en tapar sus defectos a los demás y a sí mismo, sin que pueda sufrir que se le vean, o se los hagan ver. Sin duda es un gran malestar lleno de defectos, pero aun es mayor el estarlo y no quererlo ver, puesto que es añadir a ellos el de una ilusión voluntaria. No queremos que los demás nos engañen, ni estimamos justo que quieran ser más estimados de lo que merecen, y no es, pues, justo tampoco que los engañemos queriendo que nos estimen en más de nuestro valor. Cuando los demás nos descubren vicios e imperfecciones que, en efecto, tenemos, es notorio que no nos hacen ningún agravio, puesto que ellos no tienen la culpa, y aun nos hacen un bien, puesto que nos ayudan a librarnos de un mal: la ignorancia de nuestras imperfecciones. No debe disgustarnos que las conozcan y nos desprecien, porque, si somos despreciables, es justo. Estos serían los sentimientos que saldrían de un corazón equitativo. ¿Qué diremos del nuestro, en el que anida una disposición tan al contrario? ¿No es cierto que odiamos la verdad y a los que nos la dicen, y que deseamos que se engañen a nuestro respecto, queriendo ser más estimados que aquello a que somos merecedores? He aquí una prueba que me espanta. La religión católica no obliga a descubrir los pecados a cualquiera, y autoriza que se oculten a todos, excepto a uno, a quien es preciso abrir el pecho y hacérselo ver tal cual es. No hay más que un hombre en el mundo que nos pueda ordenar que no nos engañemos, y la Iglesia le obliga a un secreto inviolable, que hace que lo que él sepa sea inútil. ¿Puede imaginarse ley más dulce y caritativa? Y sin embargo, la corrupción humana es tal, que aun halla dureza en tal ley, y ésta es una de las principales razones que ha hecho revolucionarse contra la Iglesia una gran parte de Europa... ¡Qué injusto e irrazonable es el corazón del hombre cuando encuentra malo que se le obligue a hacer ante un solo individuo lo que debía hacer ante todos! ¿Acaso es justo que los engañemos? Hay varios grados en esta aversión por la verdad, pero en grado mayor o menor existe en todos, porque es inseparable del amor propio. Es esa misma perniciosa delicadeza la que obliga a aquellos que deban reprender a los otros a buscar tantos rodeos para no enfadarlos, disminuyendo sus defectos, fingiendo excusarlos, mezclando expresiones de estimación y afecto. Y, aun así, ello es agrio para el amor propio. Se admite eso lo menos posible, siempre con disgusto y a menudo con un secreto despecho contra el represor, de donde ocurre que quien quiere hacerse amar por nosotros se aleja de hacer esto que sabe ha de desagradar, y nos trata como queremos ser tratados; odiamos la verdad, y nos la oculta; queremos ser adulados, y nos adula; queremos ser engañados, y nos engaña. Esto produce que cada peldaño que la fortuna nos tiende en el mundo, nos aleja otro tanto de la verdad, porque se cuida más de no herir a aquellos cuyo afecto es útil y cuyo odio es peligroso. Un príncipe será el hazmerreír de Europa, sin que él sepa nada. No me sorprendo, pues la verdad es útil a quien se le dice, pero no a los que la dicen, porque se hacen odiar. Y los que viven con un príncipe, aman, más que los intereses de éste, los suyos propios, por lo que se guardan muy bien de prestarle un servicio, perjudicándose ellos. Esta desgracia es mayor y más corriente en los grandes afortunados. Pero los demás no están de ella exentos, porque hay siempre algún interés en hacerse amar de los hombres. La vida no es, así, más que una ilusión perpetua, y no se hace más que entrengañarse y entreadularse. Nadie habla de nosotros en nuestra cara como en nuestra ausencia. La unión entre los hombres se funda en esta mutua mentira, y pocas amistades subsistirían si cada amigo supiese lo que el otro habla de él cuando él no está presente y puede hablar aquél sin pasión y con sinceridad. El hombre no es, en fin, más que disfraz, mentira e hipocresía, ante sí mismo y ante los demás. No quiere que se le diga la verdad, evita decirla a los otros, y estas disposiciones, tan fuera de la razón y de la justicia, tienen una raíz natural en su corazón.

101.—Aseguro que si todos los hombres supiesen lo que hablan los unos de los otros, no habría cuatro amigos en el mundo, y lo confirman las querellas que surgen cuando a veces se hace un relato indiscreto. Yo digo bien: todos los hombres serían...

102.—Hay vicios que se mantienen en virtud de otros, y que, al salir del que es su tronco, se comportan como sus ramas.

103.—El ejemplo de la castidad de Alejandro no ha hecho tantos continentes como el de su embriaguez ha hecho intemperantes. No es vergonzoso el no ser lo virtuoso que él era. Se cree no estar incluido en los vicios del común de los hombres cuando se imitan los vicios de los hombres grandes, sin ver que los vicios pertenecen a todos en común, y que, por algún punto, los más grandes están siempre en contacto con los más pequeños. No están suspendidos en el aire, ni se escapan de nuestro ámbito. No: si parecen mayores que nosotros, es que tienen la cabeza más arriba, pero los pies tan abajo como los nuestros. Están a nuestro nivel, se apoyan en la misma tierra, y por su inferior extremidad son tan bajos como los más chicos, como los niños y como los animales.

104.—Cuando la pasión nos lleva a hacer alguna cosa, olvidamos el deber, y cuando nos gusta un libro, lo leemos, aunque tengamos que hacer cosa distinta. Pero, para acordarse de lo que se debe, es preciso proponerse hacer algo que enoja, y entonces se deja de hacer, con la excusa de que hay que hacer otra cosa, y se acuerda uno de su deber por este medio.

105.—¡Qué difícil es someter una cosa al juicio de otro, sin pervertir el juicio de la cosa por la forma de proponerla! Si se dice de algo: "Lo encuentro bien, o mal", o cosa parecida, se arrastra la imaginación del otro, o se la irrita. Vale más no decir nada, y entonces el otro juzga según lo que él es, es decir, según lo que es entonces, con prescindencia de lo que pudieran influirle otras circunstancias de las que no es autor. Verdad que el silencio puede también influirle, según la interpretación que esté en humor de darle, o según lo que crea ver en el aire, en el rostro o en el tono de voz. ¡Tan difícil es exponer un juicio sobre una base natural, o, mejor dicho; tan difícil es hallarle una que sea estable!

106.—Conociendo la pasión dominante de cada uno, se está seguro de complacerte, y, no obstante, cada uno tiene sus fantasías, contrarias a su propio bien, incluso dentro de la idea que él se ha forjado del bien. ¡Es una extravagancia que encocora!

107.—*Lustravit lampade terras...*[30] El tiempo y mi humor guardan poca relación. Yo tengo mis tormentas y mi buen tiempo en mi interior, y el bien y el mal en mis propios asuntos. Yo reniego a veces contra la mala fortuna, y la gloria de dominarla me la hace aceptar alegremente otras veces. Y en ocasiones me incomodo contra la buena fortuna.

---

[30] "Con la luz purificó las naciones". *(N. del P.)*

108.—Aunque las personas no tengan interés en lo que dicen, no deduzcamos de ahí que no mienten, puesto que hay gentes que mienten por el gusto de mentir.

109.—Cuando se está sano, se admira uno de poder vivir estando enfermo, y cuando se enferma se aceptan alegremente las medicinas, hasta que el mal se aleja. No se sienten los deseos de paseos y diversiones que la salud da, y que son incompatibles con las necesidades de la dolencia. La naturaleza da entonces pasiones y deseos conforme al estado presente. Sólo existen, a veces, los temores que nos damos nosotros mismos, y no la naturaleza, y que nos turban, porque unen al estado en que estamos las pasiones del estado en que no estamos.

109 bis.—Como la naturaleza los hace siempre desgraciados en todos los estados, nuestros deseos nos muestran un estado feliz, porque unen al estado en que estAmos los placeres del estado en que no estamos, y cuando alcanzásemos esos placeres, no seríamos por eso más felices, porque tendríamos nuevos deseos, conforme a ese nuevo estado. Hay que particularizar esta proposición general.

110.—El sentimiento de la falsedad de los placeres presentes y la ignorancia de la vanidad de los placeres ausentes causan la inconstancia.

111.—Se cree tocar órganos corrientes tocando el hombre. Órganos son, en verdad, pero raros, variables (cuyos tubos no siguen una alineación normal), y de estos órganos no sacarán acordes los que estén acostumbrados a manejar órganos corrientes. Hay que saber dónde están las teclas.

112.—Las cosas tienen diversas cualidades y el alma diversas inclinaciones, porque nada de lo que se ofrece al alma es simple, y el alma no se ofrece nunca simple a ningún objeto. Por eso se llora y se ríe de una misma cosa.

113.—No vivir más que del propio trabajo y reinar sobre el más poderoso Estado del mundo, son cosas muy opuestas. Y están unidas en la persona del Gran Señor de los turcos.

114.—La diversidad es tan amplia, que todos los tonos de voz, las maneras de andar, de toser, de estornudar, de sonarse... Entre las frutas se distinguen las uvas; entre ellas, las moscateles, luego las de Condrieu; entre ellas, las de mi maestro el geómetra Desargues, y aun entre éstas, las injertas. ¿Es esto todo? ¿Hay dos racimos iguales, ni, en un racimo, dos granos idénticos?

Yo no sabría juzgar de una misma cosa exactamente lo mismo. No puedo juzgar de rni obra haciéndola, y he de proceder como los pintores: alejándome de ella, pero no demasiado. ¿Cuánto, pues? Adivinadlo.

115. La teología es una ciencia, pero al mismo tiempo, ¿cuántas ciencias? Un hombre es un ente, pero si se le anatomiza, ¿lo serán la cabeza, el corazón, el estómago, las venas, cada vena, la sangre y cada humor de la sangre? Una ciudad, un campo, son de lejos un campo, una ciudad; pero

según uno se acerca, son casas, árboles, hojas, hierbas, hormigas, patas de hormiga..., hasta el infinito. Todo se encierra bajo un nombre: el campo.

116.—Todo es uno y todo es diverso. ¡Cuántas naturalezas en la del hombre! ¡Qué de vocaciones! ¡Y por qué albur cada uno elige, de ordinario, lo que ha oído estimar! Un tacón bien torneado...

117.—"¡Oh, qué tacón tan bien torneado! He ahí un hábil obrero. ¡Qué bravo militar!" Así se orientan nuestras inclinaciones y elegimos las condiciones de existencia. "¡Qué bien bebe aquél! ¡Qué poco bebe éste!" He aquí lo que hace gentes sobrias y ébrias, soldados, vagos, etc.

118.—Talento básico es aquel que guía a los demás.

119.—La naturaleza se imita: un grano arrojado en buena tierra, produce; un principio, arrojado en un buen espíritu, produce; los números imitan el espacio, aunque son de distinta naturaleza. Todo lo hace y conduce un solo amo: la raíz, la rama, los frutos, los principios, las consecuencias.

120.—La naturaleza diversifica e imita, mientras que el artífice imita y diversifica.

121.—La naturaleza recomienza siempre las mismas cosas: los años, los días, las horas, los espacios y los números van siempre detrás uno de otro. Así se forma una especie de infinito y de eterno. Nada de ello es eterno e infinito, pero esos seres perecederos se multiplican infinitamente. No hay nada, a lo que me parece, que sea infinito más que el número que los multiplica.

122.—El tiempo cura los dolores y las querellas, porque nos cambia, y no se es nunca la misma persona. Ni ofendido ni ofensor son, tiempo después, los mismos. Es como a los pueblos que guerrean, y que se ven pasadas dos generaciones. Serán aún franceses o lo que sean, pero no los mismos:

123.—Fulano no ama a la persona que amaba hace diez años. Ni ella es la misma, ni él. Eran jóvenes y no lo son. Se amarán quizá aún, pero tal como eran entonces.

124.—No sólo miramos las cosas por otro lado, sino con otros ojos, y jamás las encontraremos iguales.

125.—El hombre es naturalmente crédulo, incrédulo, tímido, temerario.

126.—Descripción del hombre: dependencia, deseo de independencia, necesidad.

127.—Condición del hombre: inconstancia, disgusto, inquietud.

128.—Disgusto que se sigue de dejar las ocupaciones a que se está habituado. Un hombre vive tranquilo en su hogar. Que vea una mujer que le guste y viva cinco o seis días en el placer, y vedle miserable si vuelve a su primera ocupación. Nada más corriente que esto.

129.—Nuestra naturaleza está en el movimiento, y el reposo completo sería la muerte.

130.—Cuando un labrador o un soldado se quejan del trabajo que tienen, basta, para corregir su pesimismo, obligarles a no hacer nada.

131.—Nada es más insoportable al hombre que estar en completo reposo, sin pasiones, sin negocios, sin diversiones. Entonces siente su nulidad, su abandono, su insuficiencia, su dependencia, su impotencia, su vacío. En el acto, del fondo de su alma saldrán la tristeza, el disgusto, el despecho, la desesperación.

132.—Creo que César era demasiado viejo para ir a divertirse conquistando el mundo. Esta diversión estaba bien para jóvenes como Augusto o Alejandro, pero César debió mostrarse más maduro.

133.—Dos caras semejantes, ninguna de las cuales haga reír en particular, hacen reír, si están juntas, por su parecido.

134.—¡Qué vana es la pintura, que atrae la admiración por la semejanza de cosas, cuyos originales no se admiran!

135.—Nada gusta como el combate, mas no la victoria. Gusta ver los combates de fieras, mas no al vencedor encarnizándose en el vencido. ¿Qué se quiere, pues, ver, si no es el fin de la victoria? Agrada ver, en las disputas, el combate de las opiniones, pero no examinar la verdad hallada, pues, para verla con placer, hay que verla nacer de la discusión. Lo mismo ocurre con las pasiones. Hay placer en ver cómo chocan dos contrarias, pero, cuando una es superior, no queda más que brutalidad. No buscamos nunca las cosas, sino la averiguación de las cosas. Así, en las comedias, las escenas alegres no valen nada, si no existe un algo de dolor, ni las miserias sin esperanza, ni los amores brutales, ni las severidades ásperas.

136.—Poca cosa nos consuela, porque poca cosa nos aflige.

137.—Sin examinar todas las ocupaciones particulares, basta comprenderlas desde el punto de vista de la diversión.

138.—Los hombres que son naturalmente fontaneros o de otras vocaciones, están fuera de todo solar conocido.

139.—Cuando me he puesto a veces a considerar las diversas agitaciones de los hombres, y los peligros o trabajos a que se exponen, en la corte y en la guerra, y de dónde nacen tantas querellas, pasiones, empresas atrevidas y a menudo malvadas, etc., he descubierto que toda la desgracia de los hombres viene de una sola cosa, que es de no saber vivir en reposo, en una habitación. Un hombre que tenga lo bastante para vivir, si sabe vivir en su casa con gusto, no saldrá nunca para ir a navegar o a sitiar una plaza. No se compraría tan caro un cargo en el ejército, si no se encontrase insoportable el no moverse de la ciudad, y, si se buscan las conversaciones y las diversiones de los juegos es porque no se vive a gusto en casa. Pero cuando he pensado más aún, y después de haber hallado la causa de nuestros males, he querido descubrir su razón, he encontrado que hay una bien efectiva, que consiste en la desgracia natural de nuestra condición mortal y débil, y tan miserable, que nada puede consolarnos, cuando pensamos en ella. En cualquier condición que se imagine, y si se reúnen todos los bienes de que podemos disfrutar, la realeza es el más bello puerto del mundo, y, sin embargo, aunque se la vea acompañada de todas las satisfacciones que le pueden corresponder, si reflexionamos sobre lo que es, veremos los peligros que la cercan, las revoluciones que pueden surgir, y, en fin, inevitablemente las enfermedades y la muerte, de modo que, sin diversiones, he aquí al rey desgraciado, y más que el menor de sus súbditos, que puede divertirse y gozar. De ahí viene que sean tan buscados el juego, la conversación de las mujeres, la guerra y los grandes empleos. No es que haya, en efecto, felicidad en tener el dinero que se gane al juego o en correr una liebre. No se busca eso, ni los peligros de la guerra, ni la responsabilidad de los empleos, más que porque ello nos impide pensar y nos divierte. Por eso aman tanto los hombres el ruido y el movimiento; por eso es la prisión un suplicio tan horrible; por eso el placer de la soledad es una cosa incomprensible; por eso, en fin, la felicidad de los reyes consiste en que constantemente se procura divertirlos y rodearlos de placeres. El rey está siempre rodeado de gentes que sólo se ocupan en divertirle y que le impiden pensar. Porque todo rey que piensa, es desgraciado. He ahí todo lo que los hombres han podido inventar para hacerse felices. Y los filósofos que creen poco razonable pasar el día corriendo tras una liebre, no conocen bien la humana naturaleza. Esa liebre no nos impide la vista de la muerte y las miserias, pero la caza nos las hace olvidar. El consejo que se daba a Pirro de tomar el reposo que merecía por sus fatigas, no era poco dificultoso. Decir a un hombre que vive tranquilo, es decirle que vive feliz; es aconsejarle tener una condición feliz en la que pueda holgar sin afligirse; es aconsejarle... ¡Es no entender la naturaleza! Los hombres que sienten naturalmente su condición nada evitan tanto como el reposo, ni nada hay que no hagan por entrar en el olvido. No significa nada el que tengan un instinto que les haga conocer que la verdadera dicha... La vanidad, el placer de mostrarle a los otros. Se hace, pues, mal en censurarle. Su falta no estaría en que buscasen el bullicio, si no lo buscasen más que como una diversión. Pero el mal estriba en que lo buscan como si la posesión de las cosas que persiguen les fuese a hacer verdaderamente felices, de suerte que ni los que censuran, ni los que son censurados, entienden la verdadera naturaleza del hombre. Y así, cuando se les reprocha que lo que buscan con tanto ardor no bastaría para satisfacerles, si ellos respondiesen como debían hacerlo, y si pensasen bien que no buscan más que una ocupación violenta e impetuosa que les impida pensar en sí, dejarían sin réplica a sus adversarios. Pero no contestan eso, porque ellos mismos no lo saben. Ignoran que es la caza, y no la presa, lo que buscan. La danza: hay que pensar en dónde poner los pies. El gentilhombre cree sinceramente que la caza es un gran placer, pero el picador o el montero no comparten tal opinión. Los que imaginan que, si hubiesen obtenido tal o cual cargo, descansarían placenteramente, creen buscar sinceramente el descanso, y no buscan en realidad más que la agitación. Un instinto secreto, que proviene del sentimiento de sus miserias, les hace buscar la diversión, y otro instinto secreto que proviene de la grandeza de nuestra naturaleza primera, les hace conocer que la dicha está sólo en el descanso, y no en el tumulto, y estos dos contrapuestos instintos forman en ellos un designio confuso, que se oculta en el fondo de su alma, y en cuya virtud tienden al reposo por la agitación, imaginando que la satisfacción de que no gozan les llegará cuando, vencidas algunas dificultades que se les ofrecen, puedan abrirse la puerta del descanso. Y así transcurre la vida. Se busca el reposo combatiendo algunos obstáculos, y si se vencen, el reposo resulta insoportable, porque se piensa en las miserias que se sufren y en las que nos amenazan. Y aun cuando se viese incluso al abrigo de todas, el fastidio, por su propia autoridad, no dejaría de salir del fondo del corazón, en el que tiene raíces naturales, para llenar el espíritu con su veneno. El hombre es tan desgraciado que se aburriría sin causa alguna de fastidio, por el estado propio de su complexión, y es tan necio, que, estando cargado de motivos de enojo, la menor cosa, como un billar o una pelota, bastan para divertirle. Pero diréis: ¿qué objeto persigue en todo eso? El de enorgullecerse ante sus amigos de haber jugado mejor que Fulano. Otros sudan en su cuarto para probar a los sabios que han resuelto un problema de álgebra irresoluble hasta entonces; y otros se exponen a los máximos peligros para envanecerse de haber tomado una plaza, tan tontamente como aquéllos; y los demás, en fin, se matan por destacar todas estas cosas, no por hacerse más sabios, sino para probar que las saben; y éstos son los más tontos de todos, puesto que lo son a conciencia, y los otros no lo serían si tal conciencia tuviesen. Hay quien pasa su vida sin fastidio, jugando todos los días una pequeña suma. Dadle cada mañana el dinero que pueda ganar en todo el día, a condición de que no juegue nada, y le haréis desgraciado. Se dirá que es que busca la diversión del juego, y no la ganancia. Hacedle jugar sin que se cruce nada, y no se acalorará, y acabará aburriéndose. No es, pues, sólo el entretenimiento lo que busca, puesto que un entretenimiento lánguido y sin pasión le hastiaría. Necesita apasionarse imaginándose que sería feliz ganando lo que rechazaría si se le diera a condición de no jugar, a fin de hallar un objeto de emoción sobre el que excitar su deseo, su cólera, su temor, como los niños que se espantan de la cara que han embadurnado.

¿Por qué este hombre que ha perdido ha pocos meses a su hijo único, y que, abrumado de procesos y querellas, estaba esta mañana tan preocupado, no lo está ya ahora? No os extrañéis: está muy ocupado en ver por dónde pasará ese jabalí que persiguen los perros con tanto ardor hace seis horas. Basta con eso. El hombre, por mucha tristeza que tenga, si se logra hacerle asistir a cualquier diversión, será feliz ésta mientras dure, y el mismo hombre, por feliz que sea, si no está ocupado por alguna pasión o entretenimiento, se sentirá muy pronto desgraciado. Sin diversión no hay alegría, y con diversión no hay tristeza. Esto es lo que produce la dicha de algunos hombres, que pueden *mantener* a varias personas que les diviertan. Porque, ¿qué representa el ser superintendente, canciller, ministro, sino estar en una situación en la que, durante todo el día, surgen multitud de gentes que vienen de todas partes para no dejarle, durante toda la jornada, tiempo a pensar en sí mismo? Y cuando estos personajes caen en desgracia y se les envía a sus propiedades, aunque no faltan en ellas criados ni bienes, no por eso dejan de ser desgraciados y miserables, puesto que nadie les veda el pensar en sí mismos.

140.—¿Por qué este hombre, tan dolorido de la muerte de su mujer y de su hijo, no está triste en este instante? No hay que sorprenderse; acaban de enviarle una pelota, y es preciso que la reexpida a su compañero; ¿cómo, pues, puede ocuparse de otro asunto, si tiene éste entre manos? He ahí una ocupación digna de un espíritu superior, hasta el punto de impedirle pensar en otra. Ved a tal otro, nacido para regir un Estado o para conocer el universo, enteramente ocupado en cazar una liebre. Y si no desciende a esto no será más que un tonto, porque quería elevarse sobre el nivel de la humanidad, y, al fin, no es más que un hombre, capaz de poco y de mucho, de todo y de nada; ni ángel ni bestia: solamente un hombre.

141.—Los hombres se ocupan en perseguir una liebre o una pelota, y este mismo placer tienen los reyes.

142.—¿No no es la dignidad real bastante grande por sí misma para hacer feliz al que la posee? ¿Habrá que distraerle de este pensamiento, como a la gente vulgar? Yo veo claro que hacer pensar a un hombre en bailar bien, distrayéndole de sus miserias domésticas, es hacerle feliz. ¿Pero será más dichoso un rey con estas frivolidades que con la sola contemplación de su grandeza? ¿Qué objeto más placentero puede brindarse a su espíritu? ¿No es ofender su alegría hacerle ajustar sus movimientos a la cadencia de un paso de baile, o a devolver una pelota, en vez de entregarse a la contemplación de la gloria majestuosa que le rodea? Hágase la prueba, déjese a un rey solo, sin ninguna satisfacción de los sentidos, sin compañía, sin distracciones, y se verá que un rey sin diversiones es un hombre lleno de miserias. Por eso, se evita tan cuidadosamente privarle de ellas, y siempre cerca de los reyes hay gran número de personas que trabajan por que las reales distracciones sucedan a las ocupaciones regias, y que llenan sus ocios de juegos y ocupaciones, para que ni un momento les quede vacío. De modo que los reyes están rodeados de gentes que se cuidan, afanosas, de que no queden solos y en situación de pensar en sí mismos, sabiendo bien que será miserable todo monarca, si piensa. En esto no hablo de los reyes cristianos como cristianos, sino como reyes.

143.—Se encarga a los hombres, desde niños, del cuidado de su honor, de sus bienes, de sus amigos y aun de los bienes y del honor de sus amigos. Se les carga de negocios, del aprendizaje de lenguas y ejercicios, y se les hace ver que no serán felices sin que su salud, su honor, su fortuna y las de sus amigos estén en buen estado, y que si una cosa sola de éstas falta, no serán dichosos. Así se les dan una serie de trabajos que les hacen afanarse desde que despunta el día. ¡Extraña manera, diréis, de tornarles felices! ¿Qué más podría hacerse para tornarles desgraciados? ¿Qué se podría hacer? Quitarles todos sus cuidados, porque entonces pensarían qué son, de dónde vienen y adonde van. Por eso, luego de abrumarles de ocupaciones, se les recomienda que después, el tiempo que tengan libre, se diviertan. ¡Qué oscuro y qué lleno de inmundicia está el corazón del hombre!

144.—He pasado largo tiempo estudiando las ciencias abstractas, y lo poco que se puede estar en comunicación con ellas, me disgustaba. Cuando he comenzado a estudiar al hombre, he visto que aquellas ciencias no cuentan con el hombre para nada, y que yo me salía de mi condición, penetrando lo que los otros ignoraban. Pero, al menos, he creído encontrar muchos compañeros en el estudio del hombre, ya que este estudio les es a los hombres propio. Y me he engañado. Menos estudian al hombre que a la geometría. ¿No será quizá que al hombre le conviene ignorarse para ser feliz?

145.—Un solo pensamiento nos ocupa, y no podemos pensar a la vez en dos cosas: lo que nos es útil a los ojos del mundo, no a los de Dios.

146. Visiblemente, el hombre está hecho para pensar. Este es todo su mérito y su dignidad toda, y todo su deber está en pensar bien. El orden del pensamiento es empezar por sí mismo, y por su autor y su fin.

¿Pero en qué piensa el mundo? Nunca en eso, sino en jugar, en cantar, en componer versos, en batirse y en hacerse rey sin pensar en lo que es ser rey y en lo que es ser hombre.

147.—No nos contentamos con la vida que tenemos en nuestro propio ser. Queremos en la mente de los otros vivir una vida imaginaria, y nos esforzamos por aparentarla. Trabajamos incesantemente en embellecer el ser imaginario, y descuidAmos el verdadero. Y, si somos serenos, generosos o fieles, nos cuidAmos de traspasar esas virtudes a nuestro ser imaginario. De buena gana seríAmos cobardes con tal de adquirir reputación de valientes. Buena señal de la nada de nuestro ser es el no estar nunca satisfecho de una cosa sin la otra, y de cambiar a menudo la otra por la una. Aquel que no muriera por conservar su honor, sería infame.

148.—Somos tan presuntuosos que quisiéramos ser conocidos en todo el orbe, e incluso de las gentes que vivan cuando no vivamos nosotros. Y somos tan vanos, que la estimación de cinco o seis personas que nos rodeen nos divierte y nos contenta.

140.—No nos curAmos de ser estimados en las ciudades por donde pasAmos. Pero sí nos curAmos de ello allí donde vamos a estar algún tiempo. ¿Cuánto? Un tiempo proporcionado a nuestra vana existencia.

150.—La vanidad está tan arraigada en el corazón del hombre, que un soldado, un cocinero, un mozo de cuerda, se envanecen y quieren tener sus admiradores; los mismos filósofos quieren esto; y los que escriben quieren la gloria de haber escrito bien; y los que leen, la de haber leído bien; y yo, que esto escribo, quizá siento ese deseo, y quizá lo sientan quienes esto lean.

151.—La admiración lo estropea todo desde la infancia, ¡Oh, qué bien dicho! ¡Oh, qué bien hecho! ¡Qué discreto!, etcétera. Los niños de Port-Royal, que no reciben tal estímulo, caen en el abandono y la pereza.

152.—La curiosidad no es más que vanidad. Se quiere saber para poder hablar. No se viajaría por mar para no decirlo nunca, por el sólo placer de verlo, sin comunicarlo.

153.—El orgullo nos posee naturalmente, en medio de nuestras miserias y errores. Hasta la vida perdemos alegremente, con tal que se hable de ello.

Vanidad: juego, caza, visitas, comedias, falsa perpetuidad del nombre.

154.—En beneficio vuestro, yo no tengo ningún amigo.

155.—Un verdadero amigo es una cosa muy útil, hasta para los grandes señores, para que hable bien de ellos y les guarde las ausencias. Pero han de elegir bien, porque, si eligen tontos, será inútil lo bien que de ellos hablen, y hasta no hablarán bien, si comprenden ser los más débiles.

156. *Ferox gens, nullam esse vitam sine armis rati*[31]. Unos quieren mejor la muerte que la paz, y otros prefieren la muerte a la guerra. Toda opinión puede ser preferible a la vida, cuyo amor parece tan fuerte y natural.

157.—Contradicción: desprecio de nosotros mismos; morir por nada; odio de nuestro ser.

158.—La dulzura de la gloria es tanta que se la ama con cualquier objeto, incluso la muerte, que se la una.

159.—Las buenas obras ocultas son las más estimables. Cuando veo algunas en la historia, me complacen. Pero no han sido, en verdad, del todo ocultas, puesto que se han sabido. En ellas, lo más bello es haberlas querido ocultar.

160.—Un estornudo absorbe todas las funciones del alma tanto como el trabajo, pero no ofrece las mismas consecuencias contra la grandeza humana, porque se produce contra nuestra voluntad. Aunque se le busque, también se busca involuntariamente, no por la cosa en sí, sino con otro fin, por lo que no demuestra la debilidad del hombre. No es vergonzoso al hombre sucumbir bajo el dolor, pero sí sucumbir bajo el placer. No pasa esto porque el dolor nos venga involuntariamente y el placer lo busquemos, puesto que se puede buscar el dolor y sucumbir a él sin bajeza. ¿Por qué, pues, le es a la razón glorioso rendirse al dolor y vergonzoso al placer? Es porque no es el dolor quien nos atrae, sino que voluntariamente lo buscamos, somos dueños de él, y si sucumbimos es a nosotros mismos, mientras que en el placer es a él a quien sucumbimos. Porque nada empequeñece la gloria sino el dominio, y nada la avergüenza sino la servidumbre.

161.—Que una cosa tan visible como la vanidad del mundo sea tan poco conocida que parezca sorprendente decir que es una simpleza el buscar las grandezas: he aquí algo admirable.

---

[31] "El pueblo salvaje piensa que sin armas nada es vida". *(N. del P.)*

162.—Quien quiera conocer enteramente la vanidad del hombre, no haga más que considerar las causas y efectos del amor. La causa es, según Corneille, un *no sé qué,* y los efectos son espantables. Ese *no sé qué,* tan poca cosa que ni aun se le puede precisar, revuelve los ejércitos, los príncipes, el mundo entero. Si la nariz de Cleopatra hubiera sido más corta, habríase cambiado la faz de la tierra.

163.—La causa y los efectos del amor: Cleopatra.

164.—Bien vano es quien no vea la vanidad del mundo. ¿Quién no la ve, excepto los jóvenes, que sólo piensan en el bullicio, en la diversión y en el porvenir? Pero quitadles sus diversiones y los veréis marchitarse de disgusto, sintiendo su nulidad sin conocerla, porque es ser muy desgraciado sufrir una tristeza insoportable y no estar divirtiéndose.

165.—*In omnibus requiem quaesivi*[32]. Si nuestra condición fuese la de ser felices, no necesitaríamos divertirnos para serlo.

166.—Más fácil es aguantar la muerte, sin pensar en ella, que el pensamiento de morir.

167.—Como se ha visto todo esto, se ha elegido la diversión.

168.—Los hombres, no pudiendo curar la muerte, la miseria y la ignorancia, han decidido no pensar.

169.—A pesar de sus miserias, el hombre quiere ser feliz, y no más que feliz, para lo cual habría de hacerse inmortal, mas como esto es imposible, ha resuelto no pensar.

170.—Si el hombre fuera feliz, tanto más lo sería cuanto menos se divirtiera, como los santos y Dios. ¿Es que no es feliz, puesto que puede divertirse? No, porque eso es algo exterior, sujeto a mil turbaciones, que hacen las aflicciones inevitables.

171.—Lo único que nos consuela de nuestras miserias es divertirnos, y ésta es la mayor miseria, porque nos impide pensar en nosotros, y nos pierde insensiblemente. Sin la diversión nos disgustaríamos, disgusto que nos llevaría a buscar un medio más sólido de salir de él. Pero la diversión nos lleva insensiblemente hacia la muerte.

172.—No estamos nunca en tiempo presente. Nos anticipamos al porvenir, que nos parece lento, y lloramos el pasado, que nos parece rápido en su transcurso. Vivimos en los tiempos que no son nuestros, y olvidamos el único que nos pertenece. Pensamos en los que no existen y dejamos escapar el que tenemos. Y es que el presente, en general, nos hiere. Le ocultamos nuestra vista, si nos aflige, y si es agradable, nos condolemos de verle escapar. Pensamos en el porvenir, queriéndole poner cosas que no están en nuestra poder para su tiempo, que ignorAmos si hemos de alcanzar.

Examine cada cual sus pensamientos y los verá ocupados en el pasado y en el porvenir. Casi nunca pensamos en el presente, y si pensamos es con

---

[32] "En todas las cosas he buscado paz". *(N. del P.)*

vistas al porvenir. Nunca el presente es nuestro fin. Él y el pasado son nuestros medios, y nuestro fin, el porvenir. Así que nunca vivimos, sino que esperamos vivir, y disponiéndonos siempre a ser dichosos, es inevitable que nunca lo seamos.

173.—Se dice que los eclipses presagian desgracia, por lo frecuentes que las desgracias son, por lo que a menudo aciertan los que eso vaticinan. Si dijesen que presagiaban felicidad, mentirían a menudo.

174.—Salomón y Job son los que mejor han conocido y hablado de la miseria del hombre; uno fue el más feliz: y otro el más desgraciado; uno, por experiencia, conocía la vanidad de los placeres; otro, la realidad de los males.

175.—Nos conocemos tan poco, que muchos piensan que van a morir cuando se encuentran muy bien, y muchos piensan que se encuentran bien cuando están próximos a morir, sin sentir la fiebre cercana, o el acero que amenaza.

176.—Cromwell iba a asolar la cristiandad. La familia real hubiera estado perdida y la suya, más pujante que nunca, sin un pequeño grano de arena que se instaló en su uretra. Roma misma temblaba ante su nombre, pero, al atravesarse allí aquella piedrecilla, él murió, se arruinó su familia, el rey fue restaurado, y la paz restablecida.

177.—Tres huéspedes. Quien tuviese la amistad del rey de Polonia, del de Suecia y del de Inglaterra, ¿podría decir que no tenía asilo en el mundo?

178.—Habla Macrobio de los inocentes muertos por Herodes.

179.—Y afirma que cuando Augusto supo que entre los niños muertos por Herodes estaba el propio hijo de éste, dijo que era mejor ser cerdo que hijo de Herodes.

180.—Los grandes y los chicos tienen iguales accidentes y pasiones idénticas, pero unos están en lo alto de la rueda y otros en el centro, por lo que sienten menos los mismos movimientos.

181.—Somos tan desgraciados que no podemos disfrutar con una cosa, si no es enfadándonos cuando sale mal, lo que mil hechos pueden causar y causan constantemente. Quien hallase el secreto de alegrarse de lo bueno sin disgustarse por lo malo, habría descubierto el movimiento continuo.

182.—Los que en malos negocios tienen siempre buenas esperanzas y se regocijan con los acaecimientos venturosos, si no se afligen con los desdichados, son sospechosos de desear la pérdida de sus asuntos, y celebran hallar pretextos de esperanza para ocultar con su alegría de un momento el deseo que tienen de ver fracasado el negocio.

183.—Corremos ciegamente al precipicio, una vez que nos hemos puesto ante los ojos algo que nos lo impida ver.

III

DE LA NECESIDAD DE LA APUESTA

184.—Carta para llevar a buscar a Dios, y hacerle luego buscar entre los filósofos, pirrónicos y dogmáticos.

185.—Dios, que lo dispone todo por la dulzura, pone la religión en el espíritu por las razones, y en el corazón por la gracia. Pero quererla introducir por la fuerza y por las amenazas, no es introducir la religión, sino el terror *(terrorem potius, quam religionem)*[33].

186.—*Ne si terrerentur et non docerentur, improba quasi dominatio videretur*[34], advierte San Agustín, en el tomo IV de su *Contra mendacium ad Consentium*.

187.—Los hombres desprecian la religión, porque tienen odio y miedo a que sea verdad. Esto se evita demostrando que la religión no es contraria a la razón, haciéndola venerar, haciéndola amar, haciendo desear a los buenos que fuese verdadera, y luego mostrar que lo es. Es venerable, porque conoce al hombre, y amable, porque promete el verdadero bien.

188.—Es preciso que en todo diálogo se pueda decir a los que se ofenden: "¿De qué se queja usted?"

189.—Comencemos por compadecer a los incrédulos, que ya por ello son asaz desgraciados, sin injuriarles más que si eso fuera útil.

190.—¿Compadecerse de los otros? No, sino dirigir invectivas al alarde que hacen de su discernimiento.

191.—¿Y aquél se mofará del otro? ¿Quién debe mofarse? Y sin embargo, aquél no se burla del otro, sino que le tiene piedad.

192. Repróchese a Miton por no moverse, como Dios se lo reprochará.

193.—*Quid fiet hominibus qui minima contemnumt, majora non credunt?*[35].

194. Sepan al menos qué religión combaten, antes de combatirla. Si esta religión se vanagloriase de tener una clara visión de Dios y de poseerla sin velo, podría combatírsela diciendo que nada en el mundo nos lo muestra con evidencia. Pero, puesto que dice, por el contrario, que los hombres están en tinieblas y en alejamiento de Dios, que se esconde a su conocimiento, según las mismas Escrituras *(Deus absconditus)*, y, en fin, puesto que trabaja por establecer dos cosas: que Dios ha puesto en la Iglesia señales sensibles para hacerse reconocer de quienes le busquen con sinceridad, y que las ha velado

---

[33] "El terror es más poderoso que la religión". *(N. del P.)*
[34] "Si son atemorizados y no son educados, es parecido a un poder absoluto". *(N. del P.)*
[35] "¿Qué sucederá a los hombres que desprecian las cosas pequeñas y no creen en las grandes cosas?". *(N. del P.)*

de tal suerte que sólo serán, desveladas por quienes le busquen de corazón, ¿qué ventaja pueden extraer de gritar que nada les muestra la verdad, si la oscuridad en que están, y que ellos reprochan a la Iglesia, no hace más que confirmar uno de los principios que ella misma defiende, y que ratifica su doctrina, lejos de derribarla?

Para combatir la religión, se precisaría decir que se han hecho todos los esfuerzos, incluso los que la Iglesia ofrece, para instruirse, y sin resultado. Si hablasen así, tendrían en verdad un argumento. Pero espero probar aquí que ninguna persona razonable puede hablar de tal guisa, y hasta oso decir que ninguna lo ha hecho. Ya se sabe cómo hablan los que están en tren de ateísmo. Creen haber hecho grandes esfuerzos para instruirse cuando han dedicado varias horas a leer algún libro de las Escrituras, y cuando han interrogado a algún eclesiástico sobre las verdades de la fe. Después de eso, ya se envanecen de haber buscado, sin éxito, en los libros y entre los hombres. Pero yo les diría que esa negligencia no es soportable. No se trata del interés de algún extraño: se trata de nosotros mismos y de nuestro todo.

La inmortalidad del alma es una cosa que nos importa tanto, y que nos afecta tan directamente, que hay que haber, perdido todo sentimiento para sentir indiferencia al respecto suyo. Son tan diferentes los caminos que han de tomar nuestras acciones y pensamientos de que haya vida eterna a que no la haya, que es imposible hacer nada con juicio, si no lo adaptamos a las consecuencias de que los bienes eternos existan o no, por lo que nuestro primer interés y nuestro deber primero es esclarecer ese punto de que depende toda nuestra conducta. Por eso, en los que no están convencidos, hago una gran distinción entre los que trabajan por instruirse y los que no se preocupan de ello. Sólo compasión siento hacia los que gimen en esa duda, y tratan de salir de ella. Mas, para los que pasan su vida sin pensar en el fin último de ella, y que, por no hallar en sí la fe que les persuada, descuidan buscarla fuera, y examinar a fondo si esta cuestión es de las que el pueblo admite por crédula simplicidad, o tiene un fundamento más sólido, para ésos he de tener una consideración muy diferente.

Este descuido en un asunto en que se trata de sí mismos, de su eternidad, de su todo, me irrita más que me conmueve; me sorprende y me espanta; es monstruoso para mí. No digo esto por celo piadoso, sino que creo que se debe tener este sentimiento por un principio de interés humano y de amor propio, no hay nada que ver en esto que no vean los más torpes. Sin tener un alma muy elevada, se comprende que no hay aquí satisfacción verdadera y sólida, que nuestros placeres son sólo vanidad, infinitos nuestros males, y que la muerte, que constantemente nos amenaza, infaliblemente y en pocos años nos hará, o desgraciados, o aniquilados.

Nada más real ni terrible que esto. Hagámonos tan fan farrones como queramos, ése es el fin que espera a la más hermosa vida. Reflexiónese y se verá que no hay más bien en esta vida que la esperanza de otra; que se es más feliz cuanto más a ella nos acercamos; y que, así como no habrá más desgracias para quienes creen en la eternidad, no habrá felicidad alguna para aquel que no cree.

Si es gran mal estar en la duda es también un deber investigar, porque quien duda y no busca es harto infeliz e injusto. Pero que de eso se haga ostentación y alarde, y que de tal estado se derive satisfacción y alegría, es cosa que no encuentro términos para calificar. ¿Qué alegría puede haber en no tener más que miserias sin esperanzas? ¿Qué vanidad puede haber en verse envuelto en tinieblas impenetrables, y cómo tal razonamiento puede caber en un hombre razonable?

"No sé quién me ha puesto en el mundo, ni qué es el mundo, ni qué soy yo mismo; estoy en una terrible ignorancia de todo; ignoro qué son mi cuerpo, mis sentidos, mi alma, ni esta parte de mí que piensa y reflexiona sobre todo y sobre sí propia. Veo esos enormes espacios del universo que me encierra, y me encuentro situado en un rincón de esa inmensidad, sin saber por qué estoy aquí y no en otra parte, ni por qué en ese corto tiempo que tengo de vida se me ha asignado en este punto más bien que en otro de la eternidad que me antecede y me sigue. Por todas partes miro infinitudes que me encierran, como a un átomo, como a una sombra que dura un solo instante y no vuelve. Sólo sé que pronto debo morir, pero lo que más ignoro es qué es esa muerte que no sabré evitar. Como no sé de dónde vengo, ni a dónde voy, sólo sé que al salir de este mundo caigo para siempre en la nada o en las manos de un Dios irritado, sin saber qué suerte me cabrá. He aquí mi pobre e incierto estado. Y de todo eso concluyo que debo pasar mi vida sin pensar en buscar lo que debe ocurrirme. Quizá pudiera hallar alguna luz en mis dudas, pero no quiero molestarme en buscarla, y, por ende, tratando con desprecio a quienes se ocupan de tal labor, quiero ir, sin temor ni previsión, a tentar tan gran suceso: dejándome muellemente ir a la muerte, en la incertidumbre de la eternidad de mi condición futura."

¿Quién desearía tener por amigo al que discurriera así? ¿Quién le elegiría para confiarle negocios? ¿Quién se uniría a él en las aflicciones? ¿A qué uso de la vida se le podría destinar En verdad, glorifica a la religión tener enemigos tan irrazonables, y su oposición le es tan poco peligrosa que sólo contribuye a la ratificación de sus verdades. Porque la fe cristiana no quiere probar casi más que estas dos cosas: la corrupción de la naturaleza y la redención de Jesucristo. Y si aquellos de quienes me ocupo no sirven para demostrar la verdad de la redención por la santidad de sus costumbres, sirven al menos para demostrar la corrupción de la naturaleza por sus sentimientos tan antinaturales.

Nada es tan importante para el hombre como su estado, y nada le es tan temible como la eternidad. Por eso, que se encuentren hombres indiferentes a la pérdida de su ser y al peligro de una eternidad de miserias, no es natural. Se preocupan, en cambio, por mil otras cosas: sienten, temen y prevén hasta las más pequeñas; el hombre que pasa días y noches en la rabia y la desesperación por la pérdida de un empleo o por una imaginaria ofensa a su honor, es el mismo que sabe que va a perderlo todo por la muerte, y no siente inquietud ni emoción. Es monstruoso cómo un mismo corazón tiene esa sensibilidad para las cosas chicas y esa extraña insensibilidad para las más grandes. Es un embrujamiento y un embotamiento incomprensibles, que señalan que su causa es una fuerza sobrenatural y omnipotente. Preciso es que haya un gran cambio en la naturaleza humana para gloriarse de tal estado, que parece increíble. Sin embargo, la experiencia me ha hecho ver que hay personas tan numerosas en tal situación, que maravillaría si no supiésemos que la mayoría se enmascaran y no son tales como se muestran. Se trata muchas veces de gentes que han oído decir a algunos que han sacudido el yugo y tratan de imitarles. Pero habría que decirles cuánto se engañan buscando así la estimación ajena, ni aun entre las gentes de mundo que juzgan las cosas con sensatez, y que saben que el modo de triunfar es hacerse parecer honrado, fiel, juicioso y capaz de servir a los amigos, puesto que los hombres no aman más que lo que les puede ser útil. ¿Y qué ventaja podemos tener en oír a un hombre que ha sacudido el yugo, que no cree que haya un Dios que vigile sus actos, y que sólo piensa rendir cuentas ante sí mismo? ¿Piensa por eso inclinarnos a confiar en él y a esperar sus consuelos, consejos y socorros en todas las necesidades de la vida? ¿Pretende regocijarnos diciéndonos con aire alegre y orgulloso que el alma es viento y humo? ¿Es algo como para decirlo alegremente? ¿No es más bien cosa que se haya de decir con tristeza, como lo más triste del mundo? Si pensasen seriamente, verían que todo eso está tan mal enfocado, y es tan contrario al buen sentido, tan opuesto a la honradez y tan alejado del buen tono que buscan, que másse inclinaría uno a corregirse que a corromperse escuchándoles. En fin: hacedles dar cuenta de las razones y sentimientos que les impulsan a no creer en la religión, y os alegarán argumentos tan endebles y bajos, que os convencerán de lo contrario. Sobre esto decía un día a un descreído de ésos cierta persona: "No siga usted, que me convertirá." Y tenía razón, porque ¿quién no sentiría horror de verse compañero de sentimientos con gentes tan despreciables? Los que no hacen sino fingir esos sentimientos, si en el fondo de su corazón sienten el disgusto de no ver la luz verdadera, no lo disimulen, pues su declaración no será vergonzosa. Nada acusa tanto una extrema debilidad de espíritu como no conocer la desgracia de un hombre sin Dios; nada indica tan mala disposición del corazon como no desear la verdad de las promesas eternas; nada hay más cobarde que hacerse el valiente contra Dios. Déjense esas impiedades para los mal nacidos, que son verdaderamente capaces de ellas, y séase, si no se puede ser cristiano, hombre honrado, y reconozcase que no hay más que dos clases de personas que se puedan llamar razonables: los que sirven a Dios de corazón porque le conocen, y los que le buscan de corazón porque no le conocen.

Pero aquellos que viven sin conocerle y sin buscarle, se juzgan a sí mismos tan poco dignos de atención que no son dignos de la de los demás. Preciso es tener toda la caridad de la religión que desprecian para no despreciarlos, abandonándolos en su locura. Pero, como esta religión nos ordena mirarlos siempre, mientras perseveren en su camino, como capaces de la gracia, que puede iluminarlos, y creer que pueden en cualquier momento tener más fe que tenemos nosotros, y que nosotros, en cambio, podemos caer en su misma ceguera, necesario es hacer por ellos lo que quisiéramos que se hiciera por nosotros si estuviéramos en su caso, y exhortarles a tener piedad de sí mismos y a buscar alguna luz. Dediquen a esta lectura el tiempo que pierdan en otra cosa y, por aversión que experimenten hacia ella, pueden hallar algo, y, si no, no habrán perdido mucho. Pero quienes tengan sinceridad perfecta y deseo de hallar la verdad, espero que serán convencidos de las pruebas de una religión verdaderamente divina, que yo he recogido aquí.

195.[36]—Antes de entrar en las pruebas de la religión cristiana, encuentro necesario representar la injusticia de los hombres que viven en la indiferencia de buscar una cosa tan importante y que tan de cerca les toca. De todos sus extravíos, es por éste por el que más fácilmente se les confunde, siguiendo las vías del sentido común y de los sentimientos naturales. Porque es indudable que el tiempo de nuestra vida es un solo instante, que el estado de la muerte es eterno, sea el que fuere, y que, así, nuestras acciones y pensamientos deben tomar caminos tan diferentes según el estado de esa eternidad, que es imposible hacer nada con juicio, sino regulándolo en vista de ese punto que debe constituir nuestro último objeto. Tan visible es esto dentro de la razón, que la conducta de los hombres es irrazonable si toman otra vía. Júzguese, pues, de aquellos que viven sin pensar en ese último fin de la vida, que se entregan a sus placeres e inclinaciones sin reflexión y sin inquietud, y que, como si pudieran anular la eternidad no pensando en ella, sólo piensan en la felicidad de un instante. Pero la eternidad existe, y la muerte que debe abrirla, y que amenaza siempre, les pondrá inevitablemente en el terrible trance de ser, o desdichados, o aniquilados, sin que puedan saber cuál de estas eternidades les está deparada.

He aquí una duda de terribles consecuencias. Están en peligro de una eternidad de miserias, y, como si la cosa no valiese la pena, descuidan examinar esas opiniones que el pueblo recibe con facilidad harto crédula, o aquellas que, siendo oscuras, tienen una base sólida, aunque oculta. Así que no saben si hay verdad o mentira en la cosa, ni si son fuertes o endebles las pruebas. Las tienen ante los ojos y se niegan a mirarlas, y en esta ignorancia adoptan el partido de esperar a hacer la prueba en la muerte, de permanecer

---

[36] Probable variante del pensamiento anterior. Segun Giraud, no se ha conservado más que por copias. *(N. del T.)*

satisfechos en este estado, y de hacer de él profesión y vanidad. ¿Se puede pensar en esto seriamente sin horrorizarse de tan extravagante conducta?

Descansar en esta ignorancia es una cosa monstruosa, y hay que hacer sentir su extravagancia y su estupidez a aquellos que pasan así su vida, para confundirles con la imagen de su locura. Porque he aquí cómo razonan los hombres cuando escogen el vivir en esta ignorancia, sin buscar esclarecimiento alguno. "Yo no sé", dicen.

196.—Tales gentes carecen de corazón, y yo no sería su amigo.

197.—¡Ser insensible a las cosas interesantes, y sobre todo, al punto que nos interesa más!

198.—La sensibilidad del hombre para lo chico y su insensibilidad para lo grande marca una extraña inversión.

199.—Imagínese un número de hombres encadenados y condenados a muerte, y varios de los cuales son cada día ahorcados a la vista de los demás, quienes ven su propia condición en la de sus semejantes y se miran unos a otros con dolor y sin esperanzas, aguardando su vez. Esta es la imagen de la condición del hombre.

200.—Un hombre que está en un calabozo y no sabe si su prisión es definitiva, no teniendo más que una hora para saberlo, y bastando esta hora, si lo sabe, para hacer revocar su condena, es un ser *contra natura*, que en vez de emplear esa hora en informarse de lo que le importa, la emplee en jugar al piqué. Así es sobrenatural que el hombre, etc. Hay que ver en esto la mano de Dios, de modo que no sólo prueba a Dios el celo de los que lo buscan, sino la ceguera de los que no le buscan.

201.—Todas las objeciones de unos y otros van contra sí mismos y no contra la religión. Todo lo que dicen los impíos...

202. A los que conocen la desgracia de sentirse sin fe, se nota que Dios no les alumbra, pero a los otros se ve que hay un Dios que les ciega.

203.—*Fascinatio nugacitatis*[37]. Para que las pasiones no nos torturen, obremos como si sólo contásemos con ocho días de vida.

204.—Si se deben dar ocho días de vida, se deben dar cien años.

205.—Cuando considero la corta duración de mi vida, absorbida en la eternidad precedente y siguiente, y el pequeño espacio que ocupo, y veo, abismado en la infinidad de espacios que ignoro y me ignoran, yo me espanto y sorpren do de verme aquí y no acullá, porque no hay razón para que yo esté aquí y no acullá, y ahora y no entonces. ¿Quién me ha puesto aquí y ahora? ¿Por qué orden y por la voluntad de quién, este tiempo y este lugar me han sido reservados? *Memoria hospitis unius diei praetereuntis*[38].

206.—El silencio eterno de esos espacios infinitos me es panta.

207.—¡Cuántos reinos nos ignoran!

---

[37] "Encantador de frivolidad". *(N. del P.)*
[38] "La memoria del huésped pasa de largo el mismo día". *(N. del P.)*

208.—¿A qué se debe lo limitado de mi conocimiento? ¿A mi talla? ¿A que mi existencia tiene un máximo de cien años, más bien que de mil? ¿Qué razón ha tenido la naturaleza para dármela tal y para elegir esa cifra mejor que otra en la infinidad de las cuales no hay más razón para elegir a la otra que a la una?

209.—¿Eres menos esclavo porque tu amo te quiera y te trate bien? Ahora te halaga, mas pronto te golpeará.

210.—Por bella que sea la comedia, el último acto es terrible. Se arroja tierra encima de la cabeza, y ahí está para siempre.

211.—Nos complace estar en la sociedad de nuestros semejantes, pero son miserables como nosotros, impotentes como nosotros, y nada nos ayudarán; se muere solo. ¿Habrá, pues, que hacer tal como si estuviese solo? Pero entonces, ¿se construirían casas soberbias, etc.? Se buscaría la verdad sin titubear, y si se la niega se atestigua tener en más la estima de los hombres que la busca de la verdad.

212.—Es horrible sentir cómo se va todo lo que se tiene.

213.—Entre nosotros, y el cielo o el infierno, no hay más que la vida, que es la cosa más frágil de todas.

214.—Horrible injusticia es que la presunción vaya unida a la miseria.

215.—Temed la muerte fuera del peligro, y no en el peligro, porque hay que ser hombres.

216.—Sólo es de temer la muerte súbita, porque los confesores viven entre los grandes.

217.—Supongamos que un heredero encuentra los títulos de su propiedad. ¿Dirá que "quizá son falsos", y descuidará examinarlos?

218.—Encuentro bien que no se profundice la opinión de Copérnico, ¡pero esto!... Importa a toda la vida saber si el alma es mortal o inmortal.

219.—Es indudable que de que el alma sea mortal a que no lo sea, va una diferencia absoluta en la moral. Sin embargo, los filósofos han llevado su moral independientemente de esto, y diríase que tratan de pasar el rato.

Para disponer al cristianismo, Platón.

220.—Falsedad de los filósofos que no discuten la inmortalidad del alma. Falsedad de su dilema en Montaigne.

221.—Los ateos deben decir cosas perfectamente claras. Ahora que no es perfectamente claro que el alma sea material.

222.—¿Qué razón tienen los ateos para decir que no se puede resucitar? ¿Qué es más difícil, nacer o resucitar? ¿Que sea lo que nunca fue, o que lo que ha sido sea de nuevo? ¿No es más difícil venir que volver? La costumbre hace fácil concebir el nacer, la falta de costumbre hace lo otro imposible. ¡Chabacana manera de juzgar! ¿Por qué no puede parir una virgen? ¿No da una gallina huevos sin gallo? ¿Quién los distingue por fuera de los demás? ¿Y quién nos dice que la gallina no puede formar ese germen tan bien como el gallo?

223.—¿Qué pueden alegar contra la resurrección? ¿Y qué contra el alumbramiento de la Virgen? ¿Qué es más difícil producir un hombre o un animal, o reproducirle? Y si no hubiesen visto nunca una especie de animales, ¿podrían adivinar si se producen sin la compañía unos de otros?

224.—¡Qué despreciable tontería no creer en la Eucaristía, etc.! Si el Evangelio es verdad, y Cristo es Dios, ¿qué dificultad hay en ello?

225.—El ateísmo indica fuerza de espíritu, pero sólo hasta cierto punto.

226.—Los impíos que hacen profesión de seguir la razón, deben ser extraordinariamente fuertes en ella. ¿Que dicen, pues? "¿No vemos (afirman) morir y vivir las bestias como los hombres, y los cristianos como los turcos? Estos tienen también sus ceremonias, sus profetas, sus doctores, sus santos, sus religiosos." (¿Esto es contrario a la Escritura? ¿No dice ella lo mismo?) Si no os cuidáis de la verdad, he aquí bastante para dejaros en paz. Pero si de corazón queréis conocerla, no basta: mirad al detalle. Sería bastante para una cuestión de filosofía, pero aquí se trata de todo... Informaos de la religión misma, si no os da razón de sus oscuridades, y quizá os lo enseñe.

227.—"¿Qué debo hacer? Por todas partes veo tinieblas. ¿Creeré que no soy nada? ¿Creeré que soy Dios? Todo cambia y se sucede." Os engañáis: hay...

228.—Objetan los ateos: "Pero no vemos ninguna claridad".

229.—He aquí lo que yo también veo y me conturba. Miro y sólo hallo tinieblas por todos lados. Nada me ofrece la naturaleza que no sea objeto de duda e inquietud. Si yo no viese nada que indicase una divinidad, me determinaría a la negativa y, si viese en todo el dedo del Creador, descansaría en paz en la fe. Pero viendo demasiado para negar, y demasiado poco para asegurarme, estoy en un lamentable estado, y he deseado cien veces que, si existe un Dios, se señalase sin equívoco, y si sus indicios son engañosos, desapareciera; que la Naturaleza dijese "todo o nada"; que yo pudiese tomar un partido. En vez del estado en que estoy, ignorando lo que soy y lo que debo hacer, sin conocer mi deber ni mi condición. Mi corazón tiende a saber dónde está el bien verdadero, para seguirle, y nada me sería más caro que la eternidad. Me sorprenden aquellos que viven en la fe con tanto descuido, y hacen tan mal uso de un don del que me parece que yo haría bien diferente uso.

230.—Es incomprensible que Dios exista, e incomprensible que no exista; que el alma esté en el cuerpo; que no tengamos alma; que el mundo sea creado; que no lo sea; que el pecado original exista, o que no haya existido.

231.—¿Creéis que es imposible que Dios sea infinito sin partes? Sí. Quiero, pues, haceros ver una cosa infinita e indivisible: un punto moviéndose en todos sentidos con una velocidad infinita, porque está en todos sitios y está entero en cada sitio. Que este efecto natural, que antes os parecía imposible, os haga ver que puede haber otros que no os sean conocidos aún. No saquéis de su instrucción la consecuencia de que nada os queda por saber, sino que os quedan por saber infinitas cosas.

232.—El movimiento infinito, el punto que lo llena todo, el momento de reposo: infinito sin cantidad, indivisible e infinito.

233.—Nuestra alma está en el cuerpo, donde encuentra número, tiempo, dimensiones, etc. Razona, y llama a eso naturaleza, necesidad, y no puede creer otra cosa.

La unidad sumada al infinito no le aumenta nada, como nada aumenta un pie a una medida infinita. Lo finito se anula ante lo infinito y se convierte en pura nada. Así nuestro espíritu ante Dios, y así nuestra justicia ante la justicia divina. Entre nuestra justicia y la de Dios ha de haber una desproporción comparable a la que hay entre la unidad y el infinito. Preciso es que la justicia de Dios sea enorme, como su misericordia. Ahora bien: la justicia hacia los réprobos es menos enorme que la misericordia hacia los elegidos.

Sabemos que hay un infinito, e ignoramos su naturaleza. Como sabemos que es falso que los números sean finitos, puesto que es verdad que hay un infinito en números. Pero no sabemos lo que es: es falso que sea par, y falso que sea impar; porque, al añadirle la unidad, no cambia de naturaleza; sin embargo, es un número, y todo número es par o impar (bien es verdad que esto se entiende de un número finito). Así se puede conocer que hay un Dios, sin saber lo que es. ¿No habrá una verdad sustancial viendo tantas cosas que no son la verdad misma?

Conocemos la existencia de lo finito, porque somos finitos y extensos, como él. Conocemos la existencia del infinito e ignoramos su naturaleza, porque tiene extensión, como nosotros, pero no límites, como nosotros tenemos. No conocemos la existencia ni la naturaleza de Dios, porque no tiene extensión ni límites. Pero por la fe conocemos su existencia, y por la gloria conocemos su naturaleza. He demostrado que se puede conocer la existencia de una cosa sin conocer su naturaleza. Hablemos ahora según las luces naturales.

Si hay un Dios, es infinitamente incomprensible, puesto que, no teniendo ni partes ni límites, no tiene relación alguna con nosotros. Somos incapaces de saber ni cómo es, ni si es. Siendo así, ¿quién osará resolver esta cuestión? No nosotros, que no tenemos relación alguna con él. ¿Quién podrá increpar a los cristianos de no poder justificar su creencia, si profesan una religión que no pueden desentrañar? Precisamente no tendrían palabra si la demostrasen, pero careciendo de pruebas es como no carecen de sentido. "Sí, pero aunque eso excuse a los que la proponen, no excusa a los que la reciben." Examinemos este punto y digamos: "Dios es, o no es." ¿De qué lado inclinarnos? La razón nada puede decidir, pues hay de por medio un caos infinito, que nos separa. Trátase de tirar a cara o cruz, a través de esa distancia infinita. ¿Qué elegiréis? Por razón, ni una cosa ni otra. Pero tampoco por razón podéis rechazar a ambas. No tachéis de mentirosos a quienes eligen una, porque vosotros no sabéis nada. "No, pero yo les censuraré de haber hecho, no tal elección, sino una elección, porque aunque incurren en falta parecida el que elige cruz y el que elige cara, en falta están los dos, lo justo es no apostar nada." Sí, pero hay que apostar. Eso no es voluntario: se está embarcado en el asunto. ¿Qué partido tomaréis? Puesto que hay que elegir, veamos cuál nos interesa menos. Tenéis dos cosas que perder: la verdad y el bien, y dos cosas que empeñar: vuestra razón y vuestra voluntad, vuestro conocimiento y vuestra dicha; y vuestra naturaleza tiene dos cosas de que huir: el error y la miseria. Vuestra razón no tiene más molestia eligiendo una que otra, puesto que ha de elegir necesariamente. He aquí un punto resuelto. Pero ¿y vuestra dicha? Veamos la pérdida y la ganancia y apostemos cruz a que Dios existe. Estimemos los dos casos: si ganáis, lo ganáis todo; si perdéis, no perdéis nada. Apostad, pues, a que existe, sin titubeos. "Admirable: sí, hay que apostar; pero quizá yo apuesto demasiado." Veamos. Puesto que hay igual probabilidad de pérdida y ganancia, si no tuvieseis a ganar más que dos vidas por una, ya podríais apostar. Pero, si hubiese tres a ganar (y ya que el jugar es forzoso), sería preciso ser muy imprudente para no arriesgar una vida para ganar tres, habiendo igual probabilidad de pérdida que de ganancia. Pero hay una eternidad de vida y de dicha. Y siendo así que obraríais con acierto jugando uno para tener dos, y haríais mal negándoos a jugar una vida contra tres, ¿qué decís de. esto, en que hay una probabilidad de ganar una vida infinita contra algo finito, que jugáis? Esto quita toda razón de tomar otro partido, y nada hay que dudar, sino apostarlo todo. Y así, cuando se está forzado a jugar, hay que renunciar a la razón para salvar la vida, exponiéndola a una ganancia infinita contra la pérdida de nada. Porque no monta el decir que es incierto si se ganará y que es cierto que se expone, y que la infinita distancia que hay entre la *certidumbre* de lo que se expone y la *incertidumbre* de lo que se gana, iguala el bien finito, que se expone de cierto al infinito, que es incierto. Esto no quiere decir nada. También todo jugador arriesga algo cierto para ganar algo problemático, y ese algo finito que arriesga es para ganar un algo finito, y no peca contra la razón. Es falso que haya distancia infinita entre la certidumbre de lo que se juega y la incertidumbre de la ganancia. Hay, a la verdad, distancia infinita entre la certeza de ganar y la de perder. Pero la incertidumbre de ganar es proporcionada a la certidumbre de lo que se expone, según la proporción de los albures de pérdida y ganancia. Y por eso, si hay tantas probabilidades de un lado como de otro, el partido va de igual a igual, y ya la certidumbre de lo que se arriesga iguala a la incertidumbre de lo que se gana. Nuestra proposición es, pues, de una fuerza infinita cuando se trata de arriesgar lo finito en un juego en que existen las mismas posibilidades de pérdidas que de ganancias, y hay el infinito a ganar. Si los hombres son capaces de comprender alguna verdad, será ésta. "Lo confieso, pero ¿no hay medio de ver el revés del juego?" Sí, la Escritura, etc.

"Sí,. pero yo tengo las manos atadas y la boca muda. Se me obliga a elegir, y no estoy en libertad. No se me alivia en nada, y estoy hecho de tal modo que no puedo creer. ¿Qué queréis que haga?"

Es verdad. Pero reconoced al menos vuestra impotencia para creer, puesto que la razon os lo aconseja, y, sin embargo, no podéis hacerlo. Trabajad, pues, no en convenceros por aumento de las pruebas de que Dios existe, sino por la disminución de vuestras pasiones. Queréis ir a la fe y no sabéis el camino; queréis curar vuestra incredulidad y no sabéis el remedio; aprended de aquellos que han estado atados como vos, y que han decidido su elección; esas gentes conocen el camino que queréis seguir, y están curadas de lo que os queréis curar. Imitadles: haced lo que ellos cuando comenzaron: tomad agua bendita, oíd misa, etcétera. Eso mismo os hará creer, y os embotará. "¡Pues eso es lo que temo!..." ¿Y por qué? ¿Qué perderéis con ello? Pero, en cambio, eso os llevará a disminuir las pasiones que son vuestros grandes obstáculos. ¿Qué mal os vendrá adoptando este partido? Seréis fieles, honrados, humildes, agradecidos, altruistas, buenos amigos, sinceros. No estaréis, en verdad, en medio de los placeres de la gloria y otras delicias, pero ¿no encontraréis otros placeres? Os aseguro que ganaréis en esta vida, y que a cada paso que deis en ese camino veréis más certidumbre de ganar, y tan nulo lo que arriesgáis que reconoceréis al fin que os habéis decidido por una cosa cierta e infinita, por la que nada habéis dado.

"¡Oh!, ese discurso me transporta, me encanta, etc."

Si este discurso os gusta y os parece bien, sabed que lo ha hecho un hombre que se ha arrodillado antes y después para rogar a ese Ser infinito, al que somete todo el suyo, que sometiera también el vuestro, por vuestro propio bien y por su gloria, y que así la fuerza concuerde con esta humildad.

234.—Si nada hubiera de hacerse más que por lo cierto, nada habría que hacer por la religión, porque no es una cosa cierta y concreta. ¡Pero cuánto se hace inciertamente: los viajes por mar, las batallas! Yo digo que nada habría que hacer, porque nada es cierto, y que hay más certeza en la religión que no en que veamos el día de mañana, porque no es nada cierto que lo veamos, pero es ciertamente posible que no lo veamos. No se puede decir lo mismo de la religión. No es cierto que sea cierta, pero ¿quién osará decir que es ciertamente posible que no lo sea? Y cuando se trabaja por el mañana y por lo incierto, se obra con razón, porque se debe trabajar por lo incierto, por la regla de los partidos a tomar, que hemos demostrado. San Agustín ha visto que se trabaja por lo incierto en el mar, en los combates, pero no ha visto esa regla que demuestra que se debe trajabar así. Montaigne ha visto que nos ofende un espíritu cojo, y que todo lo puede la costumbre, pero no ha visto la razón de este efecto. Todos éstos han visto los efectos, pero no las causas, y son, respecto a los que han descubierto las causas, como aquellos que sólo tienen ojos respecto a aquellos que tienen espíritu, porque los efectos son sensibles y las causas sólo visibles al espíritu. Y, aunque estos efectos se ven espiritualmente, ese espíritu es, respecto al que ve las causas, como los sentidos corporales respecto al espíritu. *Res viderunt, causam non viderunt*[39].

235.—Por la regla de partidos a adoptar, debéis poneros en condiciones de buscar la verdad, porque si morís sin adorar el verdadero principio, estáis perdidos. "Pero (diréis) si él hubiera querido que le adorase, me habría dado signos de su voluntad." Y lo ha hecho, pero los descuidáis. Buscadlos, pues. Es lo mejor.

236.—Hay que vivir distintamente en el mundo según estas diversas suposiciones: 1) si se viviese siempre; 2) si es seguro que no se vivirá mucho, y dudoso si será más de una hora. Esta última suposición es la nuestra.

237.—¿Qué me prometéis, en fin, sino diez años de amor propio, tratando de gozar, sin lograrlo, además de las penas ciertas?

238.—Objetaréis: los que esperan su salvación son felices, pero tienen por contrapeso el miedo al infierno.

239.—Respondo: ¿quién puede temer más al infierno, el que vive en la ignorancia de si existe, y en la certeza de condenarse, si lo hay, o el que está en cierta persuasión de que hay infierno y en la esperanza de ser salvado?

240.—"Yo pronto habría dejado los placeres (dicen) si tuviese fe." Y yo os digo: "Tendréis pronto la fe, si dejáis los placeres." En vosotros está el empezar. Si yo pudiese, os daría la fe. No puedo hacerlo, ni aun probaros la verdad de lo que os digo. Pero vosotros podéis dejar los placeres, y ver si lo que digo es verdad.

241.—Más miedo tendría yo de engañarme, y encontrar que la religión cristiana es cierta, que no de engañarme, creyéndola verdadera.

---

[39] "Han visto el efecto, pero no han visto la causa". *(N. del P.)*

IV

DE LOS MEDIOS DE CREER

242.—Admiro a las personas que se han lanzado audazmente a hablar de Dios. Dirigiendo sus discursos a los impíos, su primer capítulo consiste en probar la Divinidad por las obras de la naturaleza. No me sorprendería si dirigiesen sus discursos a los creyentes, porque todos los que llevan la fe en el corazón ven en seguida que cuanto existe no es más que la obra del Dios que adoran. Pero para aquellos en quienes esa luz está apagada y hay que hacerla revivir, para esas personas desprovistas de la fe y la gracia, que, buscando con todas sus luces cuanto les puede llevar al conocimiento, sólo ven tinieblas, para ésos, decirles que no tienen más que mirar cualquiera de las cosas que les rodean, para ver palpablemente a Dios, y darles, por única prueba de tan grande e importante verdad, el curso de la luna y de los planetas, y pretender haber acabado la prueba con semejante discurso, es darles motivo a creer que las pruebas de nuestra religión son harto débiles, y yo veo, por la razón y la experiencia, que nada es más propio para hacer nacer el menosprecio.

No es así como habla la Escritura, que conoce mejor las cosas que son propias de Dios. Dice, al contrario, que Dios es un Dios oculto, y que, desde la corrupción de la naturaleza, ha dejado a los hombres en una ceguera de que sólo pueden salir por Jesucristo, fuera del cual toda comunicación con Dios está vedada. *Nemo novit Patrem nisi Filius, et cui voluerit Filius revelare*[40]. Esto es lo que nos marca la Escritura cuando dice en tantos pasajes que los que buscan a Dios lo encuentran. No habla para nada de esa "luz meridiana". No dice que los que buscan el día en plena mañana o el agua en el mar, lo encontrarán. Preciso es que no sea tanta la evidencia de Dios en la naturaleza. También nos dice: *Vere tu es Deus absconditus*[41].

243. Es admirable que ningún autor canónico se haya servido de la naturaleza para probar a Dios. Todos tienden a hacer creer en Él. David, Salomón, etc., no han dicho nunca: "No existe la nada, luego hay un Dios." Era preciso que fuesen más hábiles que los más hábiles que han venido después.

244. "¿Qué? ¿No sostienes que el cielo y los pájaros prueban a Dios?" No. "Pero ¿no lo dice así nuestra religión?" No. Porque aunque eso es cierto en

---

[40] "Nadie conoce al Padre ni al Hijo sino aquél a quien el Hijo lo quiere revelar". *(N. del P.)*
[41] "Ciertamente tú eres el Dios escondido". *(N. del P.)*

un sentido para algunas almas a quienes Dios da esta luz, es falso para la mayoría.

245. —Hay tres medios de creer: la razón, la costumbre, la inspiración. La religión cristiana no admite por verdaderos hijos suyos a los que creen sin inspiración, y no porque excluya la razón y la costumbre. Al contrario: hay que abrir el espíritu a las pruebas y confirmarse por la costumbre, pero ante todo ofrecerse por las humillaciones a las inspiraciones, únicas que pueden hacer un efecto verdadero y saludable. *Ne evacuetur crux Christi*[42].

246. —Después de la carta de "que hay que buscar a Dios", hay que hacer la carta de "remover los obstáculos", y de "preparar la máquina para buscar por razón".

247. —Una carta a un amigo para exhortarle a buscar. Y él contestará: "¿De qué me servirá buscar? Nada encontraré." Respondedle: "No desesperes." Y él contestará que sería feliz en hallar alguna luz, pero que, según la religión misma, no le serviría de nada, y que por eso prefiere no buscar. Contestadle a eso con la preparación de la máquina.

248. —La fe es diferente de la prueba: una es humana, otra es un don de Dios. *Justus ex fide vivit*[43]. Es de esa fe que Dios pone en el corazón de la que la prueba es a menudo el instrumento, *fides ex auditu*[44]. Pero esta fe está en el corazón, y hay que decir, no *scio*, sino *credo*.

249. —Es ser supersticioso poner la esperanza en las formalidades, pero es ser soberbio no querer someterse a ellas.

250. —Hay que unir lo exterior a lo interior para lograr acercarse a Dios, esto es, ponerse de rodillas, orar con los labios, etc., a fin de que el orgullo humano, que no ha querido someterse a Dios, sea ahora sometido a la criatura. Esperar de lo exterior el socorro es ser supersticioso, y no querer adoptarlo, es ser soberbio.

251. —Las otras religiones, como las paganas, son más vulgares. Tienen más exterior, pero no son para gentes inteligentes. Una religión puramente intelectual serviría para los inteligentes, pero no valdría para el pueblo. Sólo la religión cristiana es asequible a todos, ya que en ella se conjuntan lo exterior con lo interno. Eleva al pueblo a lo interior y humilla a los soberbios a lo exterior, y no es perfecta sin ambas partes, porque es preciso que el pueblo entienda el espíritu de la letra y que los inteligentes sometan la letra al espíritu.

252. —... Porque no hay que desconocerse: somos tanto autómatas como espíritus, y de ahí que el instrumento por el que la persuasión se hace no baste sólo para la demostración. ¡Qué pocas cosas hay demostradas! Las pruebas no convencen más que al espíritu. La costumbre crea nuestras

---

[42] "Que no sea desvirtuada la cruz de Cristo". *(N. del P.)*
[43] "El justo vive por la fe". *(N. del P.)*
[44] "La fe viene por la audición". *(N. del P.)*

pruebas más fuerte y más creíble. Inclina al autómata y éste arrastra al espíritu sin pensarlo. ¿Quién ha demostrado que mañana amanecerá otro día o que moriremos? ¿Y hay algo en que se crea más? Es, pues, la costumbre quien nos persuade de ello, y ella es quien hace tantos cristianos, y quien hace los turcos, los paganos, los obreros, los soldados, etc. (Hay más cristianos que turcos.) En fin, aun es preciso recurrir a ella cuando el espíritu ha visto dónde está la verdad, para empaparnos de esa creencia, que se nos escapa a toda hora, porque tener siempre presentes las pruebas es mucho engorro. Preciso es adquirir una creencia más fácil: la de la costumbre, que, sin violencia, sin arte, sin argumentos, nos hace creer las cosas, e inclina todas nuestras potencias a creer, de suerte que nuestra alma tiende a ello naturalmente. Cuando no se cree más que por la fuerza de la convicción y el autómata es inclinado a creer lo contrario, no basta. Han de creer nuestras dos partes: el espíritu, por las razones, que le basta haber visto una vez en la vida; y el autómata, por la costumbre, que no le permite inclinarse a lo contrario. *Inclina cor meum, Deus.*

La razón obra con lentitud, y con tantos principios que han de estar siempre presentes, que a toda hora se aduerme y se extravía, falta de la presencia de alguno de esos principios. El sentimiento no obra así, sino en un instante, y siempre está pronto a obrar. Hay, pues, que poner nuestra fe en el sentimiento, porque, si no, sería vacilante.

253.—Dos extremos: excluir la razón y no admitir más que la razón.

254.—No es raro tener que reprender al mundo por excesiva docilidad. Es un vicio tan natural y tan pernicioso como la incredulidad: la superstición.

255.—La piedad es distinta de la superstición. Sostener la piedad hasta la superstición, es destruirla. Los herejes nos reprochan esa sumisión supersticiosa, y no hay que hacer lo que nos reprochan.

Impiedad es no creer en la Eucaristía por aquello de que no se la ve. Superstición de creer en las proposiciones, fe, etc.

256. Hay pocos cristianos verdaderos, por la fe. Hay muchos que creen, pero por superstición, y hay bastantes que no creen por libertinaje. Sin embargo, entre todos, son relativamente pocos. No comprendo entre ellos a los que tienen verdadera piedad en sus costumbres, ni a aquellos que creen por un sentimiento emanado del corazón.

257.—Hay tres clases de personas: unas que sirven a Dios porque le han encontrado; otras que intentan buscarle, porque no le han encontrado; y otras que viven sin encontrarle, ni haberle buscado. Los primeros son razonables y felices, los últimos son locos y desgraciados, los de en medio son desgraciados y razonables.

258.—*Unusquirque sibi Deum fingit*[45].

---

[45] "Cada uno se finge Dios a sí mismo". *(N. del P.)*

259.—El mundo ordinario tiene el poder de no pensar en lo que no quiere pensar. "No penséis en los pasajes del Mesías", dicen los judíos a sus hijos. Así hacen los nuestros con frecuencia. Así se conservan las falsas religiones, incluso la verdadera, respecto a no pocas gentes. Pero hay quienes no tienen el poder de impedirse pensar, y que piensan tanto más, cuanto más se les prohibe. Estos se desentienden de las religiones, incluso de la verdadera, sino encuentran en ellas razonamientos sólidos.

260. Se ocultan y llaman al número en su ayuda. Tumulto.

Tan común es oír decir que una cosa sea la regla de nuestra creencia, que no debéis creer nada sin antes poneros en un estado tal como si nunca hubieseis nada oído. Vuestra propia voluntad y la voz constante de vuestra razón es lo que debe haceros creer.

¡Es tan importante creer! Desaparecerían cien contradicciones. Si la antigüedad fuere la regla de la creencia, ¿no tendrían regla tal los antiguos?

Falsa humildad equivale a orgullo.

Corred la cortina. Es preciso creer o negar o dudar. ¿No tendremos regla? Juzgamos de los animales que hacen bien lo que hacen. ¿No habrá, pues, una regla para juzgar a los hombres? Negar, dudar y creer son a los hombres lo que el correr al caballo.

Castigo de los que pecan es el error.

261.—Los que no aman la verdad toman por pretexto la multitud de los que la niegan. Su error viene, pues, de que no aman la verdad o la caridad, por lo que no tienen disculpa.

262.—Superstición y concupiscencia. Escrúpulos, malos deseos. Mal temor: esto es temer, no lo que se cree que viene de Dios, sino lo que se duda si viene o no. El temor saludable viene de la fe, y el erróneo viene de la duda. El temor saludable se une a la esperanza, porque nace de la fe, y se espera en el Dios en que se cree, y el erróneo se une a la desesperación, porque se teme a un Dios en el que no se tiene fe. Unos temen perderlo, y otros temen encontrarlo.

263.—"Un milagro (se dice) afirmaría mi creencia." Esto se dice cuando no se le ve. Las razones que, vistas de lejos, parecen limitar nuestra mirada, una vez próximas nos conducen a dirigirla más allá. Nadie detiene la volubilidad de nuestro espíritu. No hay, se afirma, regla sin excepcion, ni verdad tan general que no flaquee por algún punto. Basta que no sea absolutamente universal para que apliquemos la excepción al asunto presente, y digamos: "Esto no es verdad, ya que hay casos en que no lo es." Sólo hay que probar que esto es así, y es bien desgraciado quien no lo encuentra algún día.

264.—No molesta comer y dormir todos los días, porque el hambre renace así como el sueño. Si no, molestarían. Así las cosas espirituales molestan, cuando no se tiene "hambre" de ellas. Hambre de justicia: octava bienaventuranza.

265.—La fe dice lo que no dicen los sentidos, pero no lo contrario de lo que ven. Está por encima de ellos, pero no contra ellos.

266.—¡Cuántos astros desconocidos para los filósofos de antaño nos han descubierto los anteojos! La Sagrada Escritura se comprometía francamente, cuando decía del gran número de estrellas: "Sólo hay mil veintidós: nos consta."

Existen hierbas sobre la tierra, y las vemos. Desde la luna no se las vería: Y sobre la hierba, pelusa, y sobre ella minúsculos animales, pero después, nada. ¡Oh, presuntuoso! Los mixtos se componen de elementos, y los elementos, no. ¡Oh, presuntuoso, y qué delicado tema! No hay por qué decir que exista lo que no se ve. Hay que decir lo que los otros, pero no pensar como ellos.

267.—La última etapa de la razón es reconocer que hay infinidad de cosas que la sobrepasan. Muy débil es, si no llega a comprender esto.

Y si las cosas naturales la exceden, ¿qué decir de las sobrenaturales?

268.—Hay que saber dudar cuando es preciso, asegurar cuando es preciso, someterse cuando es preciso. Quien así no lo hace, no comprende la fuerza de la razón. Hay quienes yerran contra esos tres principios, o asegurándolo todo como demostrable, aunque no se conozca su demostración, o dudando de todo, sin saber a qué hay que someterse, o sometiéndose a todo, sin saber qué hay que juzgar.

269.—En el uso de la sumisión, y en la razón, consiste el verdadero cristianismo.

270.—Dice San Agustín: "La razón no se sometería nunca, si no juzgase que hay ocasiones en que debe someterse." Justo es, pues, que se someta cuando juzga que se debe someter.

271.—La sabiduría nos devuelve a la infancia. *Nisi efficiamini sicut parvuli*[46].

272.—Nada hay tan conforme a la razón como esa retractación de ella.

273.—Si se somete todo a la razón, nuestra religión no tendrá nada de misterioso y sobrenatural. Si se rodea con los principios de la razón, nuestra religión será absurda y ridícula.

274.—Todo nuestro razonamiento se reduce a ceder al sentimiento. Pero la fantasía es semejante y contraria al sentimiento, de modo que no se puede distinguir entre estos contrarios. Uno dice que mi sentimiento es fantasía; el otro, que su fantasía es sentimiento. Sería precisa una regla. Tenemos la razón, pero es plegable a todo, y así no tenemos nada.

275.—Los hombres toman a menudo su imaginación por su corazón, y creen haberse sometido cuando piensan en convertirse.

276.—Dice Roannez: "Las razones no vienen porque sí, sino que primero la cosa me agrada o me desplace sin saber por qué, y no me sorprende por la razón que viene después." Pero yo creo que no sorprende por las razones

---

[46] "Si no llegáis a ser como niños". (N. del P.)

que vienen después, sino que no se encuentran esas razones más que porque aquello extraña.

277.—El corazón tiene sus razones, que la razón no conoce. Yo afirmo que el corazón ama al Ser universal naturalmente, y a sí mismo a medida que a sí se dedica, y se endurece contra uno u otro a su elección. Habéis arrojado uno y conservado otro. ¿Es por la razón por lo que os amáis a vosotros mismos?

278.—El corazón y no la razón es quien siente a Dios. Eso es la fe: Dios sensible al corazón y no a la razón.

279.—La fe es un don de Dios, y no creáis al que diga que es un don del razonamiento. Las otras religiones no dicen nada de su fe. Para llegar a ellas sólo dan el razonamiento, que, sin embargo, no conduce a nada.

280.—¡Qué lejos está el amor de Dios de su conocimiento!

281.—Corazón, instinto, principios.

282.—Conocemos la verdad, no sólo por la razón, sino, a más, por el corazón. Y por este último modo es por el que conocemos los primeros principios, y vano es que el razonamiento intente combatirlos. Los pirrónicos, que sólo tenían eso por objeto, han trabajado en balde. Sabemos que no soñamos, y, si no podemos probar algo por la razón, sabemos que eso sólo concluye la debilidad de nuestra razón, pero no la incertidumbre de todos nuestros conocimientos, como ellos pretenden. Porque el conocimiento de los principios primordiales, como el de que hay espacio, tiempo, movimientos y números, es más firme que ninguno de los que nuestros razonamientos nos dan. Y sobre esos conocimientos del corazón y del instinto es preciso que la razón se fundamente y apoye. (El corazón siente que hay tres dimensiones en el espacio y que los números son infinitos, y la razón demuestra inmediatamente que no hay dos números cuadrados de los cuales el uno no sea doble del otro. Se sientan los principios, se concluyen las proposiciones, y se llega al todo, si bien por distintas vías:) Y tan ridículo e inútil es que la razón pida al corazón pruebas de sus primeros principios como que el corazón pidiese a la razón sentimientos de las proposiciones que demuestra, antes de admitirlos.

Esta impotencia debe, pues, servir para humillar a la razón, que quiere juzgar de todo, pero no para combatir nuestra certidumbre, como si no hubiese nada más que la razón capaz de instruirnos. ¡Pluguiese a Dios, al contrario, que nunca de ella precisásemos, y que siempre pudiésemos obrar por instintos o sentimientos! Pero la naturaleza nos ha negado este bien, y nos ha dado pocos conocimientos de este género, dejando que adquiriésemos por razonamiento los demás.

Por eso, son harto felices y bien legítimamente convencidos aquellos a quienes Dios ha dado la fe por sentimiento del corazón. Pero a los que no están en tal caso, no podemos dársela más que por razonamiento, esperando que Dios se la dé por sentimiento del corazón, sin lo cual la fe es sólo humana e inútil, para la salvación.

283.—El corazón tiene su orden, y el talento el suyo, que es por principio y demostración. Otro es, pues, el del corazón. No se prueba que se debe ser amado, exponiendo el orden de las causas del amor, lo cual sería ridículo.

Jesucristo y San Pablo tienen el orden de la caridad, no del talento, porque quieren inflamar, no instruir. Lo mismo ocurre con San Agustín. Este orden consiste siempre en la digresión sobre cada punto que se refiere al fin, para mostrarlo siempre.

284.—No os extrañéis de ver a personas sencillas creer sin razonar. Dios les da su amor y el odio de sí mismos, e inclina su corazón a creer. No se creerá nunca con una creencia útil si Dios no inclina a ello, y se cree siempre que a ello incline. Bien lo sabía David cuando decía: *Inclina cor meum, Deus, in testimonia tua*[47].

285.—La religión es proporcionada a todo linaje de espíritus. Los unos se detienen en su solo establecimiento, y esta religión es tal que su solo establecimiento basta para probar la verdad. Los otros llegan hasta los apóstoles. Los más instruidos van hasta el principio del mundo. Los ángeles la ven mejor aún y de más lejos.

286.—Los que creen sin haber leído los Testamentos, es porque tienen en sí una disposición interior a la santidad, y aceptan cuanto oyen decir de nuestra religión. Sienten que un Dios les ha creado, y no quieren amar más que a Dios, ni odiar más que a sí mismos. Sienten que son incapaces de ir a Dios, y que si Dios no viene ellos no podrán tener con él comunicación alguna. Oyen decir en nuestra religión que hay que amar a Dios y despreciarse a sí mismos, pero que estando corrompidos e incapaces de Dios, éste se ha hecho hombre para unirse a nosotros. No hace falta más para convencer a estos hombres, que tienen tal disposición en el corazón y tal conocimiento de su deber y de su incapacidad.

287.—Los cristianos que no poseen conocimiento de las profecías ni de las pruebas, no dejan de juzgarlas tan bien como los que las conocen. Ellos juzgan por el corazón, como los otros por el intelecto. Dios mismo les inclina a creer, y así están bien eficazmente persuadidos.

Confieso que uno de estos cristianos sin pruebas no podrá convencer a un infiel que diga otro tanto de sí. Pero los que conocen las pruebas de la religión probarán sin dificultad que ese creyente está verdaderamente inspirado por Dios, aunque él mismo no lo pueda probar.

Porque, habiendo dicho Dios en sus profecías que bajo el reino de Cristo se extendería su espíritu sobre los pueblos, y que los hombres, y las mujeres, y los niños de la Iglesia, profetizarían, es indudable que el espíritu de Dios está con ellos, y no con los otros.

---

[47] "En testimonio tuyo, Dios, inclina mi corazón". *(N. del P.)*

288.—En vez de lamentaros de que Dios esté oculto, debéis darle gracias por lo muy patente que está, y aun le debéis dar gracias por no haberse mostrado a los sabios soberbios, indignos de conocer un Dios tan santo.

Dos clases de personas le conocen: los que humillan su corazón y aman la humildad, cualquiera que sea, alto o bajo, el grado de su mente; y los que tienen bastante inteligencia para ver la verdad, por oposición que encuentren.

289.—Pruebas: 1) la religión cristiana, por su establecimiento, hecho tan honda y tan lentamente, siendo tan contraria a la naturaleza; 2) la santidad, la elevación y la humildad de un alma cristiana; 3) las maravillas de la Sagrada Escritüra; 4) Jesucristo en particular; 5) los apóstoles en particular; 6) Moisés y los profetas en particular, 7) el pueblo judío; 8) las profecías; 9) la perpetuidad, que ninguna religión tiene; 10) la doctrina, que responde de todo; 11) la santidad de su ley; 12) la conducta del mundo.

Es indudable que después de esto no se debe rechazar (considerando lo que es la vida y lo que es la religión) seguir la inclinación de seguirla, si nos vibra en el corazón, e indudablemente no hay modo de mofarse de los que la practican.

290.—Pruebas de la religión: Moral, Doctrina, Milagros, Profecías, Figuras.

V

LA JUSTICIA Y LA RAZÓN DE LOS EFECTOS

291.—En la carta *De la injusticia* puede surgir la burla de los privilegiados que lo tienen todo. "Amigo mío, usted ha nacido de este lado de la montaña, y es, por ende, justo que vuestro hermano mayor lo tenga todo."
"¿Por qué me mata usted?"
292.—El está al otro lado del agua.
293.—"¿Por qué me mata usted? Y qué, ¿no está usted al otro lado del agua? Amigo mío, si usted estuviera a este lado, yo sería un asesino, e injusto sería que le matase de este modo. Pero puesto que está usted al otro lado, yo soy un bravo, y esto es justo."
294.—.... ¿Sobre qué fundaría, pues, él la economía del mundo que quiere gobernar? ¿Será sobre el capricho de cada particular? ¡Qué confusión! ¿Será sobre la justicia? Lo ignora.

De cierto, si la conociere, no habría establecido esta máxima, la más general que hay entre los hombres, de que cada uno siga las costumbres de su país. El brillo de la verdadera equidad habría, si la conociere, sujetado todos los pueblos, y los legisladores no habrían tomado por modelo, en vez de esa justicia constante, las fantasías y los caprichos de los persas o los alemanes. Se la vería instalada por todos los Estados del mundo y en todos los tiempos, en vez de que lo justo y lo injusto cambien de calidad al cambiar de clima. Tres grados hacia el polo cambian toda la jurisprudencia; un meridiano decide la verdad; pocos años cambian las leyes fundamentales; el derecho tiene sus épocas; la entrada de Saturno en el León señala el origen de tal o cual crimen. ¡Divertida justicia, que puede limitar un arroyo! Verdad aquende los Pirineos, mentira allende.

Confiesan los hombres que la justicia no está en sus costumbres, pero que reside en las leyes naturales conocidas en todos los países. Temerariamente lo sostendrían si el acaso, que ha sembrado las leyes humanas, hubiese encontrado al menos una que fuese universal. Pero a tanto llega la broma, y tanto se han diversificado las opiniones humanas, que no hay ni una sola ley universal. El robo, el incesto, el asesinato de hijos y padres, han también tenido su lugar entre las acciones virtuosas. ¿Hay algo más gracioso que un hombre tenga derecho a matarme porque vive al otro lado del agua y su príncipe tenga querellas con el mío, aunque yo no tenga ninguna con él? Hay, sin duda, leyes naturales, pero esta hermosa razón nuestra corrompe todo lo corrompible: *Nihil amplius nostrum est, et quod nostrum dicimus, artis est. Ex senatus consultis et plebiscitis crimina exercentur. Ut olim vitiis, sic nunc legibus laboramus*[48].

De esta confusión se desprende que uno dice que la esencia de la justicia es la autoridad del legislador; otro, la comodidad del soberano; otro, la costumbre actual (y esto es lo más seguro); nada, según la razón solamente. Es justo, eso sí, pues todo cambia en el tiempo. La costumbre hace la equidad, por la sola razón de que es admitida, y ése es el fundamento místico de su autoridad. Quien la lleva a su origen, la anula. Nada es tan defectuoso como esas leyes que corrigen las faltas; quien las obedece por creerlas justas, obedece a la justicia que él imagina, pero no a la esencia de la ley, que está recogida en sí misma; es ley y nada más. Quien quiera examinar el motivo, le encontrará tan débil y ligero que, si no está acostumbrado a contemplar los prodigios de la imaginación humana se admirará de que un siglo le haya proporcionado tanta preocupación y reverencia. El arte de revolucionar los Estados consiste en minar las costumbres establecidas, ahondando hasta su origen para mostrar su falta de autoridad y de justicia. Se dice: "Hay que recurrir a las leyes fundamentales y primitivas del Estado, que una costumbre injusta ha abolido." Es un medio seguro de trastornarlo todo, y nada saldrá bien parado de este balance. Y el pueblo presta siempre oídos a estos discursos. Sacude el yugo en cuanto lo reconoce, y los grandes se aprovechan de ello en su ruina, y en la de esos curiosos examinadores de las costumbres recibidas. Pero, por un efecto inverso, los hombres creen poder hacer con justicia todo lo que no deja de ser ejemplar. Por eso, el más sabio de los legisladores decía que para hacer felices a los hombres es preciso engañarlos a veces; y otro, no poco político, sentenciaba: *Cum veritatem qua liberetur ignoret, expedit quod fallatur*[49]. No es preciso que se sienta la verdad de la usurpación. Introducida a veces sin razón, ha llegado a ser razonable. Hay que mirarla como auténtica, eterna, y ocultar su origen, si no se quiere que tenga pronto fin.

295.—"Este perro es mío (dicen los pobres niños), ése es mi sitio al sol." He ahí el comienzo y la imagen de la usurpación de la tierra.

296.—Cuando se trata de juzgar si se debe hacer la guerra, matar hombres, condenar tantos enemigos a muerte, es un hombre solo quien lo decide, y un hombre que está interesado en la cosa. Pero lo debía decidir un tercero neutral.

---

[48] "Nada de lo que se cree es nuestro y lo que llamamos nuestro es de cualidad intelectual. Crímenes han sido encubiertos por senado, consultas y plebiscitos. En otro tiempo nos esforzamos por los vicios, así hacemos ahora por las leyes". *(N. del P.)*

[49] "Cómo ignorase por qué medio le liberase la verdad, se desembarazó del engaño" *(N. del P.)*

297.—Tomamos por regla de justicia seguir las costumbres de nuestro país, porque no creemos otra cosa. Por eso, no pudiendo hallar lo justo, hemos hallado la fuente, etc.

298.—Es justo que lo justo sea seguido, y es necesario que lo más fuerte sea seguido. La justicia sin la fuerza es impotente, y la fuerza sin la justicia es tiránica. La justicia sin la fuerza es desobedecida, porque hay siempre malvados, y la fuerza sin la justicia es vituperada. Hay, pues, que conjuntar la justicia a la fuerza, haciendo que lo justo sea fuerte y que lo fuerte sea justo.

La justicia está sujeta a disputa, y la fuerza es siempre reconocible sin discusión. Así no se ha podido dar la fuerza a la justicia, porque la fuerza ha contradicho a la injusticia y ha dicho que era injusta y que la justa era ella, la fuerza. No pudiéndose, pues, hacer que lo que es justo fuere fuerte, se ha hecho que lo que es fuerte sea justo.

299.—Las únicas reglas universales son las leyes del país en las cosas ordinarias y la mayoría en las otras. ¿Por qué esto? Por la fuerza que tienen. Y por eso los reyes, que tienen la fuerza, no siguen la opinión de la mayoría de sus ministros.

Sin duda es justa la igualdad de bienes, pero no pudiendo hacer que sea fuerza obedecer a la justicia, se ha hecho que sea justo obedecer a la fuerza, y no pudiendo fortificar la justicia, se ha justificado la fuerza, a fin de que fuesen juntos lo justo y lo fuerte, y hubiese paz, que es el supremo bien.

300.—"Lo que posee el que está bien armado, lo posee en paz."

301.—¿Por qué se sigue a la mayoría? ¿Porque tiene más razón? No, sino porque tiene más fuerza. ¿Por qué se siguen las leyes antiguas y las antiguas opiniones? ¿Es que son las más sanas? No, pero son únicas y nos quitan la raíz de la diversidad.

302.—... Es el efecto de la fuerza, no de la costumbre, porque los capaces de inventar son raros. Los más fuertes por el número no quieren seguir más que la costumbre, y niegan la gloria a los que la buscan por sus invenciones, y si éstos se obstinan en quererla obtener y desprecian a los que no inventan nada, éstos les pondrán motes grotescos y les apalearán. No se ofendan, pues, aquéllos de esta sutilidad y conténtense a sí mismos.

303.—La fuerza es reina del mundo, y no la opinión. Pero es la opinión la que usa la fuerza, y es la fuerza la que hace la opinión. La molicie es buena, según nuestra opinión. ¿Por qué? Porque el que quiera bailar sobre la cuerda estará solo, y aun (voy más allá) habrá muchas personas que digan que eso no es conveniente.

304.—Los lazos que producen el respeto de unos a otros son, en general, cuerdas forzosas, porque es preciso que haya distintos grados, ya que todos los hombres quieren dominar, y no todos pueden, aunque lo puedan algunos.

Imaginémonos que les vemos comenzando a formarse. Sin duda pelearán hasta que el bando más fuerte oprima al más débil, y se constituya en partido dominante. Pero una vez determinado esto, los dominadores, que no quieren que la guerra continúe, disponen que la fuerza con que cuentan será sucesivamente puesta en manos de quienes plazca. Unos darán esta atribución a los pueblos, otros a la sucesión hereditaria, etc. Y aquí la imaginación empieza a jugar su papel. Hasta aquí el poder fuerza el hecho, y desde aquí es la fuerza quien se inclina por la imaginación a determinado partido: en Francia se hacen gentiles hombres; en Suiza, plebeyos, etc.

Los lazos que producen el respeto de tal a cual en particular son lazos imaginarios.

305.—Los suizos se ofenden si les llaman hidalgos, y con ello prueban su plebeyez de raza para ser juzgados dignos de los grandes cargos.

306.—Como los ducados, realezas y magistraturas son reales y necesarios por aquello de que la fuerza lo rige todo, los hay siempre y en todas partes. Pero como es sólo una fantasía que fulano o mengano sea duque, rey o magistrado, esto no es nada estable, sino algo sujeto a cambios, etc.

307.—El canciller es grave y está revestido de ornamentos, porque su puesto es falso. No así el rey, que posee la fuerza, y que no tiene que fingirla con la imaginación. Los médicos, jueces, etc., sólo poseen imaginación.

308.—La costumbre de ver a los reyes acompañados de guardias, tambores, oficiales y demás cosas que inclinan al respeto y al temor, hace que su rostro, aun si alguna vez se le ve solo, sin cortejo alguno, imprima en sus súbditos temor y respeto, porque nunca el pensamiento separa su imagen de la del cortejo que ordinariamente le acompaña. Y el mundo, que no sabe que este efecto viene de esa costumbre, cree que procede de una fuerza natural, y de ahí frases como: "El sello de la Divinidad está impreso en sus facciones", etc.

309.—Como la moda hace las diversiones, hace también la justicia.

310.—Si yo fuese rey y tirano retendría mis ideas en la cabeza. Me guardaría bien en cada viaje. Si grande es lo establecido, grande es el respeto hacia lo establecido. El placer de los grandes está en hacer dichosos. Lo propio de la riqueza es prodigarla con mano liberal. Debe buscarse lo propio de cada cosa, y lo propio del poderío es proteger.

Cuando la fuerza ataca a la astucia, cuando un soldado raso toma el birrete de un primer ministro, lo tira por la ventana...

311.—Cuando el imperio se funda sobre la opinión, y la imaginación reina algún tiempo, ese imperio es dulce y voluntario. El de la fuerza reina siempre. La opinión es, pues, como la reina del mundo, y la fuerza es como el tirano.

312.—La justicia es lo que está constituido, y así todas las leyes establecidas serán necesariamente tenidas por justas sin ser examinadas, puesto que están establecidas.

313.—El mayor de los males es la guerra civil. Son seguramente malas si se quiere recompensar los méritos, porque todos dirán que los tienen. El mal que pueda temerse de un tonto que sucede hereditariamente a otro, no es tan grande ni tan seguro. Esta es una sana opinión popular.

314.—Dios lo ha creado todo para sí, y ha dado fuerza y bien a sí mismo. Podéis aplicarlo a Dios o a vosotros. Si a Dios, el Evangelio es la regla. Si a vosotros, vosotros ocuparéis el puesto de Dios. Así como Dios está rodeado de gentes llenas de caridad, que le piden que dispense los bienes de caridad que puede dispensar, así... Conoceos, pues, y sabed que no sois más que un rey de concupiscencia, y seguid los caminos que corresponden.

315.—Es admirable; ¡pues no se quiere que yo honre a un hombre porque va vestido de brocado y seguido de siete u ocho lacayos! ¡Qué! Hasta me hará azotar si no le saludo. Este hábito es una fuerza. Es igual que un caballo bien enjaezado respecto a otro, dice Montaigne. Y es muy divertido que cuando no ve qué diferencia haya en ello admite que esto ocurra, pregunte la razón, etc.

316.—Ser un bravo no es muy verdadero, porque es probar que un gran número de personas trabajan para uno, mostrar por el peinado que se tiene ayuda de cámara, perfumista, etc., ostentar ricos cuellos y pasamanos. No es puramente superficial, ni un simple enjaezamiento, el tener muchos brazos. A más brazos, más fuerza. Ser bravo es mostrar la fuerza.

317.—El respeto dice: "Incomodaos". Esto es vano en apariencia, pero muy justo, porque es decir: "Yo me incomodaría si tuviera precisión, pero, puesto que lo hago bien, no os serviría a vosotros de nada." A más de que el respeto es para distinguir a los grandes, pero si el respeto consistiese en estar sentado, se respetaría a todo el mundo y a nadie se distinguiría, mientras que habiendo de molestarse, se distingue muy bien.

318.—Fulano de tal tiene cuatro lacayos.

319.—¡Qué bien se ha hecho en distinguir a los hombres por el exterior más bien que por las cualidades interiores! ¿Quién de nosotros dos pasaría? ¿Quién dejaría el sitio al otro? ¿El menos inteligente? Pero yo soy tan inteligente como él, y habría que pelearse sobre esto. Mas si Fulano de tal tiene cuatro lacayos y yo sólo uno, la cosa es visible; nada hay que discutir; yo debo ceder, y soy un tonto si intento discutirlo. Así estamos en paz por este medio, y la paz es el mayor de los bienes.

320.—Las cosas más irrazonables se truecan en las más razonables, merced a la desorganización de los hombres. ¿Qué hay menos razonable que elegir para gobernar un Estado al primer hijo de una reina? No se elige para gobernar un buque al viajero de mejor familia. Esta ley sería ridícula e injusta, pero como los hombres lo son y lo serán siempre, se convierte en razonable y justa, porque ¿a quién, si no, se elegirá? ¿Al más inteligente y virtuoso? En el acto vendremos a las manos, porque todos pretenderemos ser virtuosos e inteligentes. Demos, pues, tal cualidad a algo incontestable. El hijo mayor del rey: eso es claro, y no hay disputa. En este caso, la razón no puede hacer nada mejor, porque la guerra civil es el mayor de los males.

321.—Los niños ven con sorpresa que se respete a sus camaradas.

322.—¡Qué gran ventaja es la nobleza, que desde los dieciocho años hace a un hombre conocido y respetado como otro pudiera lograrlo ser a los cincuenta años! Así se han ganado treinta sin trabajo alguno.

323.—¿Qué es el *yo?* De un hombre que se ponga a la ventana para ver pasar la gente, ¿puedo decir que se ha puesto allí para verme? No, porque no piensa en mí en particular. Y aquel que ama a alguien a causa de su belleza, ¿ama a la persona? No, porque la viruela, que mata la belleza sin matar la persona, haría que él la dejara de amar.

Si se me ama por mi buen juicio o por mi memoria, ¿se me ama a mí? No, porque puedo perder estas cualidades sin perderme yo mismo. ¿Dónde, pues, está ese *yo,* que no está en el cuerpo ni en el alma? ¿Y cómo amar al cuerpo o al alma, si no es por esas cualidades, que no son las que hacen el *yo,* pues que se pueden perder? ¿Se amaría la sustancia del alma de una persona, abstractamente, cualesquiera que fuesen sus cualidades? No podría ser, y aun resultaría injusto. Nunca se ama la persona, sino las cualidades. No nos burlemos, pues, de aquellos que se hacen honrar por sus cargos u oficios, puesto que a nadie se ama sino por las cualidades que tiene.

324.—El pueblo tiene opiniones muy sanas. Por ejemplo:

1) Haber elegido la diversión y la caza con preferencia a la poesía. Los medio sabios se burlan de esto, y consiguen probar la locura del mundo, pero por una razón que ellos no penetran, eso está bien.

2) Haber distinguido a los hombres por su exterior, como por la nobleza o la riqueza. El mundo logra demostrar que eso es irracional, pero es muy razonable (los caníbales se rien de un niño rey).

3) Ofenderse por haber recibido una bofetada, o desear muy vivamente la gloria. Pero ésta es harto deseable, a causa de los demás bienes esenciales que la acompañan, y un hombre que es abofeteado sin ofenderse se ve colmado de injurias y necesidades.

4) Trabajar por lo incierto, cruzar el mar, pasar sobre una tabla.

325.—Montaigne se engaña. La costumbre no se debe seguir más que porque es costumbre, y no porque sea razonable o justa. Pero el pueblo la sigue porque la cree justa. Si no, no la seguiría, por arraigada que estuviese, porque nadie quiere estar sometido más que a la razón y a la justicia. Sin eso, la costumbre pasaría por tiranía, pero el imperio de la razón y la justicia no es más tiránico que el del deleite. Esos principios son naturales al hombre.

Sería, pues, bueno que se obedeciese a las leyes y a las costumbres porque son leyes; mas repárese que no hay ninguna verdadera ni justa a introducir; que no conocemos nada, y que así no hay más que seguir las establecidas; por este medio no se las dejará nunca. Pero el pueblo no está al alcance de esta doctrina, y como crea que la verdad es hallable, y que está en las leyes y en las costumbres, las cree y toma su antigüedad como prueba de su Verdad (y no de su sola autoridad, sin verdad). Por eso, las obedece, pero está presto a sublevarse si le prueban que no valen nada, lo que cabe hacer con todas mirándolas desde cierto punto de vista.

326.—Es peligroso decir al pueblo que las leyes no son justas, porque las obedece creyendo en su justicia. Hay, pues, que decirle que han de ser obedecidas, como ha de obedecerse a los superiores, no porque sean justos, sino porque son superiores. He ahí cómo toda sedición queda prevenida si se puede hacer entender eso, y es que eso no es verdad, sino la definición exacta de la justicia.

327.—El mundo enjuicia bien muchas cosas, porque está en la ignorancia natural, que es el verdadero estado del hombre. Las ciencias tienen los extremos que se tocan. El primero es la plena ignorancia natural en que se hallan todos los hombres cuando nacen. El otro es el extremo a que llegan las grandes almas, que habiendo recorrido cuanto los hombres pueden saber, encuentran que no saben nada, y se hallan en la misma ignorancia de que partieron. Pero ésta es una ignorancia sabia y consciente. Los que están en un término medio y han salido de la ignorancia natural sin poder llegar a la otra, tienen alguna tintura de ciencia, y presumen de entendidos. Estos perturban el mundo y juzgan mal de todo. El pueblo y los inteligentes componen el tren del mundo. Los mediocres lo desprecian y son despreciados. Juzgan mal de todo, y el mundo juzga bien.

328.—Hay un continuo ir y venir del *pro* al *contra*. Hemos mostrado que el hombre es vano por la estima que hace de cosas que no son esenciales, y todas sus opiniones han quedado destruidas. Hemos probado en seguida que todas esas opiniones son muy sanas, y que, estando todas esas vanidades bien fundamentadas, el pueblo no es tan vano como se dice. Así que hemos destruido la opinión que destruía la del pueblo.

Resta ahora destruir esta última proposición, y probar que queda en pie que el pueblo es vano, aunque sus opiniones sean sanas, porque, pues que no ve la verdad donde está, sus opiniones son siempre muy falsas y malsanas.

329.—La debilidad del hombre es la causa de cuantas virtudes establece, como la de saber tocar bien el laúd. Y eso no es un mal más que en virtud de nuestra debilidad.

330.—El poder de los reyes está fundado sobre la razón y sobre la locura del pueblo, aunque más bien sobre la locura. La cosa mayor y más importante del mundo tiene por base la debilidad, y esa base es admirablemente firme, porque su mayor seguridad está en que el pueblo sea débil. Esto, que está fundado sobre la sana razón, está muy mal fundado, como la estimación de la sabiduría.

331.—No se imagina uno a Platón ni a Aristóteles más que con grandes vestiduras de pedantes. Eran buenas gentes, que, como las demás, se reían con sus amigos, y cuando se han entretenido en hacer sus *Leyes* y su *Política*, lo han hecho como jugando: era la parte menos seria y menos filosófica de su vida. La más filosófica era vivir sencilla y tranquilamente. Si escribieron de política, fue como para arreglar un manicomio, y si ponían cara de hablar de ello como de una gran cosa, es porque sabían que hablaban a locos que soñaban en ser reyes y emperadores, y con cuyos principios se adentraban para mocferar su locura convirtiéndola en un mal menor.

332.—La tiranía consiste en el deseo de dominación universal y fuera de lo normal. Hay diversas divisiones: de fuertes, de buenos, de capaces, de piadosos, cada uno de los cuales reina en lo suyo y no fuera; pero a veces se encuentran, y el fuerte y el bueno, por ejemplo, se baten tontamente, para decidir quién de los dos ha de reinar sobre el otro, cosa necia, porque su soberanía es de distinto género. No lo entienden así, y su falta consiste en querer reinar sobre todo. Nada puede tal cosa, ni aun la fuerza; nada puede ésta en el reino de los sabios; su acción se limita a las cosas exteriores.

Ved una muestra de falsos y tiránicos discursos: "Yo soy bueno, y se me debe temer. Yo soy fuerte, y se me debe amar. Yo soy..." La tiranía consiste en querer conseguir por un camino lo que no se puede conseguir más que por otro. Hay deberes distintos para con cada distinto mérito: deber de amar la bondad, deber de temer a la fuerza, deber de creer en la ciencia. Cada cualidad de éstas puede exigir lo que se le debe, que es injusto negarle; pero también es injusto pedir otras cosas. Igualmente es tiránico y falso decir: "No es fuerte, luego no le estimaré; no es inteligente, luego no le temeré."

333.—¿No habéis visto gentes que para lamentarse del poco aprecio que hacéis de ellas os ponen el ejemplo de personas de condición que les estiman? Yo les contestaría a esto: "Mostradme los méritos con que habéis cautivado a esas personas, y yo os estimaré tanto como ellas".

334.—La concupiscencia y la fuerza son el origen de todas nuestras acciones: la concupiscencia hace las voluntarias; la fuerza, las involuntarias.

335.—Es, pues, verdadero decir que todo el mundo vive en la ilusión, porque aunque las opiniones del pueblo sean sanas, no lo son en su cabeza, puesto que piensa que la verdad está donde no está. La verdad está en sus opiniones, pero no en lo que se figuran. Así, es verdad que hay que honrar a los gentiles hombres, pero no porque el nacimiento sea una superioridad efectiva, etc.

336.—Conviene tener un pensamiento íntimo y juzgarlo todo por él, hablando, sin embargo, como el vulgo.

337.—El pueblo honra a las personas de alto linaje. Los medio inteligentes las desprecian, diciendo que no es un privilegio de la persona, sino del acaso. Los verdaderamente inteligentes las honran, pero no por el sentir del pueblo, sino por su sentimiento íntimo. Los piadosos que tienen más celo que ciencia, los desprecian, a pesar de esa condición que *les* hace honrar por los inteligentes, puesto que juzgan por una nueva luz que su piedad les da. Pero los cristianos perfectos, honran a los grandes por una luz superior. Así se van, del pro al contra, encendiendo las opiniones según el grado de las luces de cada uno.

338. Los verdaderos cristianos obedecen a las locuras, pero no porque las respeten, sino por orden de Dios, que, para castigo de los hombres, les ha sujetado a ellas. *Omnis creatura subjecta est vanitatis, liberabitur*[50]. Así explica Santo Tomás la opinión de Santiago sobre los ricos, que, si no lo son con miras divinas, se salen del orden de la religión.

---

[50] "Toda criatura llena de vanidad, será liberada". *(N. del P.)*

VI

LOS FILÓSOFOS

339.—Puedo concebir a un hombre sin pies, sin manos, sin cabeza (porque sólo la experiencia nos enseña que la cabeza sea más necesaria que los pies). Pero no puedo concebir al hombre sin pensamiento. ¡Sería una piedra o un bruto!

340.—La máquina aritmética causa efectos que se acercan al pensamiento más que todo lo que hacen los animales, pero no causa nada que pueda hacer decir que tiene voluntad, como los animales.

341.—Recordemos la historia del pez y la rana, de Liancourt. Siempre hacen lo mismo, y no otra cosa que se relacione con el espíritu.

342.—Si un animal hiciese por espíritu lo que hace por instinto, y si hablase por espíritu lo que por instinto habla, y para advertir a sus camaradas que la pieza está encontrada o perdida, hablaría también para cosas que le atañen más de verdad, como para decir: "Roed esta cuerda que me hiere y de la que no me puedo desprender."

343.—Ved al loro, limpiándose siempre el pico aunque lo tenga limpio.

344.—Instinto y razón, señales de dos distintas naturalezas.

345.—La razón nos manda mucho más imperiosamente que un dueño, porque desobedeciendo al uno él es desgraciado, y desobedeciendo a la otra, necio.

346.—El pensamiento constituye la grandeza del hombre.

347.—El hombre es una débil caña, la más frágil de la naturaleza, pero es una caña pensante. No hace falta, en verdad, que se arme contra él el universo, para despedazarle, pues basta para matarle un vapor o una gota de agua. Pero al matarle el universo, el hombre es aún más sabio que quien le mata, porque sabe que muere y la ventaja que el universo tiene sobre él, mientras que el universo no sabe nada.

Toda nuestra dignidad consiste, pues, en el pensamiento. Eso es lo que debe preocuparnos, y no el espacio o la duración que no podríamos llenar. Trabajemos en pensar bien: ése es el principio de la moral.

348.—No es en el espacio donde debo buscar mi dignidad, sino en el arreglo de mi pensamiento. No tendré ganancia alguna porque posea tierras, ya que por el espacio el universo me abarca y me absorbe como un punto, mientras que por el pensamiento yo le abarco a él.

349.—Los filósofos que han domado sus pasiones, ¿con qué materia lo hubieran podido hacer, si no fuese por la inmaterialidad del alma?

350.—Concluyen los estoicos que lo que se puede a veces se puede siempre, y que puesto que el deseo de la gloria hace obrar bien a algunos, los otros les pueden imitar. Son movimientos febriles que la salud no puede hacer. Epicteto deduce de ahí que si hay cristianos constantes, cada uno puede serlo igual.

351.—Esos grandes esfuerzos del espíritu que el alma ejecuta a veces son cosas en que no se mantiene. Se limita a saltar, no como sobre el trono, para siempre, sino sólo por un instante.

352.—Lo que puede la virtud de un hombre no se debe medir por sus esfuerzos, sino por su modo de ser ordinario.

353.—No admiro los excesos de una virtud, como el valor, si no veo al mismo tiempo el exceso de la virtud opuesta, como en Epaminondas, que era bravo en extremo y en extremo benigno. De otro modo, no es subir, es caer. No se muestra grandeza estando en un extremo, sino tocando los dos a la vez y llenando el todo intermedio. "Pero tal vez eso consista en súbitos movimientos del alma de un extremo a otro, de modo que no esté nunca más que en su punto." Quizá, pero si no indica eso la magnitud del alma, indica, por lo menos, su agilidad.

354.—La naturaleza del hombre no consiste en ir siempre, sino que tiene sus idas y sus venidas. La fiebre tiene sus ardores y sus escalofríos, y tan bien como el mucho calor muestra el mucho frío la fuerza de la fiebre.

Las invenciones de los hombres son, de siglo a siglo, diferentes. La bondad y la malicia del mundo es, en general, la misma. *Plerumque gratae principibus vices*[51].

355.—La elocuencia continua enoja. Los príncipes y los reyes juegan a veces. No están siempre sobre sus tronos se enojarían. La grandeza necesita perderse para que se estime. La continuidad disgusta en todo. El frío es agradable, para poderse calentar.

La naturaleza obra por progreso y regreso, *itus et reditus*. Va y viene; después va más lejos; luego dos veces menos; después más que nunca, etc. El flujo y reflujo del mar es así, y asimismo parece marchar el sol.

356.—El cuerpo se nutre poco a poco. Plenitud de nutrición y escasez de sustancia.

357.—Cuando se quieren perseguir las virtudes en sus extremos[52], se presentan vicios que se insinúan en ellas insensiblemente por el lado de lo pequeño infinito, y se presentan vicios en muchedumbre del lado del gran infinito, de suerte que todo se pierde en los vicios y no se ven las virtudes. Se podría hacer así hasta con la perfección misma.

---

[51] "A menudo la suerte agrada los príncipes". *(N. del P.)*
[52] Es decir, sea para perseguir la virtud en lo infinitamente pequeño de la vida individual, o en lo infinitamente grande de la vida colectiva. *(N. del T.)*

358.—El hombre no es ángel ni bestia, y la desgracia quiere que quien pretende hacer de ángel haga de bestia.

359.—No nos sostenemos en la virtud por nuestra propia fuerza, sino por el contrapeso de los vicios opuestos, como permanecemos entre dos vientos contrarios. Quitad uno de esos vicios y caeremos en el otro.

360.—¡Qué vano y qué difícil es lo que proponen los estoicos, al sostener que cuantos no están en un alto grado de sabiduría son igualmente locos y viciosos!

361.—*Ut sis contentus semetipro et ex te nascentibus bonis*[53]. Hay contradicción, porque al fin terminan aconsejando el suicidio. ¡Oh, qué feliz la vida de la que hay que librarse como de la peste!

362.—*Ex senatus-consultis et plebiscitis...*
Buscaremos pasajes semejantes.

363.—*Ex senatus-consultis et plebiscitis scelera exercentur.* (Séneca, 588.)
Nihil tam absurde dici potest quod non dicatur ad ali quo philosophorum. Divin.
Quibusdam destinatis sententiis consecrati quae non probant coguntur defendere. (Cicerón.)
Ut omnium rerum sic litterarum quoque intemperantia laboramus. (Séneca.)
Id maxime quemque decet, quod est cujusque suum maxime.
Hos natura modos primum dedit.
Paucis opus est litteris ad bonam mentem.
Si quando turpe non sit, tamen non est non turpe quum id a multitudine laudetur.
Mihi sic usus est, tibi ut opus est facto, fac.[54] (Terencio.)

364.—*Rarum est enim ut satis se quisque recreatur.*
Tot circa unum caput tumultuantes deos.
Nihil turpios quam cognitioni asertionem praecurrere. (Cicerón.)
Nec me pudet, sit istos fateri nescire quid nesciam.
Melius non incipiet.[55]

---

[53] "Para que estés satisfecho de ti mismo y de los bienes que nacen de ti". *(N. del P.)*
[54] "Crímenes han sido encubiertos por senado-consultos y plebiscitos.
No se puede decir nada tan absurdo que antes no haya sido dicho por algún filósofo.
El que consagra firmes sentencias que no prueba luego se ve obligado a defenderlas.
Como en todas las cosas así también en las letras, trabajamos inmoderadamente.
Aquello que es lo mejor para él, es de él mismo lo mejor.
Estos son las primeras leyes que dictó la naturaleza.
La obra de las pocas letras es el buen juicio.
Aunque (algo) en alguna ocasión no sea vergonzoso, no obstante resulta inaceptable si esto no es alabado por la multitud.
Así es mi costumbre, sin embargo, tú obra a tu modo". *(N. del P.)*
[55] "Es difícil que uno se haga bastante bien a sí mismo.
Tantos escandalosos dioses alrededor de una cabeza.

365.—Toda la dignidad del hombre consiste en el pensamiento. El pensamiento es, pues, cosa admirable e incomparable en su naturaleza. Preciso es que tuviera extraños defectos para ser despreciable, pero tiene tales defectos que nada hay más ridículo. ¡Qué grande es el pensamiento por su naturaleza! ¡Qué bajo por sus defectos!

366.—El espíritu de ese soberano juez del mundo no es tan independiente que deje de ser turbado por cualquier zafarrancho que se arme cerca de él. No es necesario el ruido de un cañón para impedir sus funcionamientos: basta el chirrido de una polea o el moverse de una veleta. No os extrañéis si no razona bien en este instante: el zumbido de una mosca traspasa sus oídos y basta para hacerle incapaz de emitir un buen consejo. Si queréis que él logre hallar la verdad, espantad ese animal que turba la razón, la poderosa inteligencia que gobierna ciudades y reinos. ¡Ved qué divertido diosezuelo! *O ridicolossisimo eroe!*

367.—Observad la potencia de las moscas: ganan batallas, impiden obrar a nuestra alma, devoran nuestro cuerpo.

368.—Cuando se dice que el calor no es más que el movimiento de algunos glóbulos y la luz el *conatus recedendi* que sentimos, nos sorprendemos mucho. ¿No es, pues, el placer otra cosa que la pantomima de los átomos? ¡Habíamos concebido tan distinta idea! ¡No parecen esos sentimientos tan extraños y distintos de lo que creemos sentir! El sentimiento del fuego, ese calor que nos afecta de tal modo, la recepción del sonido y de la luz, todo eso nos parece misterioso. Y, no obstante, es grosero como una pedrada. Verdad es que la pequeñez de los átomos que entran por los poros afecta otros nervios, pero no dejan de ser nervios afectados.

369.—La memoria es necesaria para todas las operaciones de la razón.

370.—La casualidad da los pensamientos y la casualidad los quita. No hay arte en conservarlos ni en adquirirlos.

Cuando un pensamiento se me escapa, yo lo quisiera escribir, pero en vez de eso escribo que se me ha escapado.

371.—Cuando yo era niño, cerraba mi libro, y me ocurría a veces que, creyendo haberlo cerrado, desconfiaba.

372.—Escribiendo mi pensamiento se me escapa a veces; pero eso me hace acordarme de mi debilidad, que constantemente olvido, lo que me instruye tanto como el pensamiento olvidado, porque yo no tiendo más que a conocer mi nulidad.

373.—Escribiré aquí mis pensamientos sin orden, mas no en una confusión sin objeto. Su orden es el verdadero, e indicará siempre mi objeto

---

Nada tan vergonzoso (repugnante) que juzgar sin conocimiento.
No me da vergüenza reconocer que no sé aquello que ignoro.
Mejor será no empezar". *(N. del P.)*

por su desorden mismo. Haría demasiado honor a mi asunto si le tratase con orden, ya que quiero demostrar que se es incapaz de él.

374.—Lo que más me maravilla es que nadie apenas se maravilla de su debilidad. Se obra seriamente y cada uno sigue su condición, no porque, en efecto, sea bueno seguirla, puesto que es la costumbre, sino como si cada uno supiese seriamente dónde están la razón y la justicia. Se encuentra engañado a toda hora, y cree que es falta suya, y de la habilidad que él se envanece de tener. Pero bueno es que haya tantas gentes en el mundo que no sean pirronianas, para la gloria del pirronismo, a fin de mostrar que el hombre es capaz de las más extravagantes opiniones, puesto que es capaz de creer que no está en una debilidad natural e inevitable, y cree, al contrario, hallarse en posesión de la sabiduría natural. Nada fortifica tanto el pirronismo como que muchos no sean pirronianos. Si todos lo fueran, se engañarían.

375.—(He pasado gran parte de mi vida creyendo que había una justicia, y no me engañaba, puesto que existe, según Dios nos la ha querido revelar. Pero yo me engañaba, porque no lo creía así, sino que creía que nuestra justicia era esencialmente justa, y que yo podía conocerla y juzgarla. Pero tantas veces me he hallado falto de juicio a derechas, que al fin he desconfiado de mí y de los demás. He visto cambiar a los hombres y a los países, y después de cambiar no pocas veces de criterio sobre la verdadera justicia he concluido que nuestra naturaleza es un continuo cambio, y, si cambiara de opinión, la confirmaría.) El pirrónico Arcesilao se convirtió en dogmático.

376.—A esta secta la fortalecen más sus enemigos que sus amigos, porque la debilidad humana aparece antes en los que no la conocen que en los que la conocen.

377.—Los discursos humildes son motivo de orgullo para los gloriosos y de humildad para los humildes. Así los pirrónicos son motivo de afirmación para los afirmativos; pocos hablan de la humildad humildemente; pocos castamente de la castidad; pocos del pirronismo dudando. No somos más que mentira, duplicidad, contrariedad, y nos engañamos y disfrazamos ante nosotros mismos.

378.—Tan acusado de locura es el espíritu pequeño como el extremadamente grande. Sólo es buena la mediocridad. La mayoría ha establecido esto y muerde a quien intenta escaparse de ella por algún extremo. No me obstinaré en esto, y consentiré que se me ponga en medio, y me niego a estar en el extremo inferior, no por ser inferior, sino por ser extremo, como igualmente me negaría a que se me pusiese en el superior. Salir de lo mediano es salir de la humanidad. La grandeza del alma humana consiste en saber sostenerse ahí.

379.—No es bueno ser demasiado libre, ni bueno tener todas las necesidades.

380.—El mundo está lleno de buenas máximas, sólo falta aplicarlas. Por ejemplo:

No se duda de que hay que exponer la vida por defender el bien público; mas por la religión, no.

Es necesario que haya desigualdad entre los hombres, es cierto. Pero, eso concedido, ved abierta la puerta, no sólo a la más grande dominación, sino a la más grande tiranía. Conviene hacer descansar un poco el espíritu, pero eso abre la puerta a los mayores desbordamientos. Que se mejoren los límites. No hay límites en las cosas: las leyes quieren ponerlos y el espíritu no lo puede sufrir.

381.—Si se es demasiado joven, no se juzga bien, y, si se es demasiado viejo, tampoco. Si se piensa poco o demasiado, se embrutece uno o se hace obstinado. Si se considera la obra recién hecha o pasado mucho tiempo, no se juzga bien, como los cuadros vistos de muy lejos o de muy cerca. Sólo hay un punto, que es el medio justo: los demás están, o muy lejos, o muy cerca. La perspectiva señala ese justo medio en el arte pictórico. Pero en la verdad y en la moral, ¿quién lo señalará?

382.—Cuando todo se mueve lo mismo, nada se mueve, en apariencia, como pasa en un barco. Cuando todos van hacia el abismo, nadie parece que vaya. El que se detiene hace ver el arrebato de los otros.

383.—Los que viven desarregladamente dicen a los que viven con orden que son ellos quienes, con su desarreglo, viven más naturalmente, como los que van en un barco creen que se alejan los que quedan en la costa. El lenguaje es semejante en todos los casos. Hace falta un punto fijo para juzgar. El puerto juzga a los que van en el barco, pero ¿qué puerto observaremos en la moral?

384.—La contradicción es un mal signo de verdad. Muchas cosas ciertas son contradichas. Muchas falsas pasan sin contradicción. Ni la contradicción señala falsedad, ni la incontradicción señala verdad.

385.—Toda cosa es cierta en parte y en parte falsa. La verdad esencial no es así, sino toda pura y toda verdadera. Esta verdad deshonra y anula. Nada es netamente verdadero, y así nada es verdadero en la pura acepción de la verdad. Se dirá que el homicidio es verdad que es malo. Sí, porque conocemos bien lo malo y lo falso. Pero ¿qué se dirá que es bueno? ¿La castidad? No, porque el mundo se acabaría. ¿El matrimonio? No, porque la continencia es mejor. ¿No matar por justicia? No, porque los desórdenes serían horribles y los malvados matarían a todos los buenos. ¿Matar? No, porque va *contra natura*. No tenemos verdad ni bien más que en parte, y eso mezclado de malo y de falso.

386.—Si viésemos todas las noches la misma cosa, nos afectaría tanto como los objetos que vemos todos los días. Si un artesano estuviese seguro de soñar todas las noches, durante doce horas, que era rey, yo creo que sería casi tan feliz como un rey que soñase todas las noches, durante doce horas, que era artesano.

Si soñásemos todas las noches que somos perseguidos por enemigos y agitados por penosos fantasmas, se sufriría casi tanto como si fuese realidad, y se temería el sueño como se teme el despertar cuando en efecto reúnen esas desgracias, y causaría tanto daño como la verdad. Mas como todos los sueños son diferentes, y aun uno mismo se diversifica, lo que se ve afecta menos que lo que se ve en despertando, a causa de la continuidad de esto, que no es, sin embargo, tan continuo e igual que no cambie también, aunque menos bruscamente. Por eso a veces se dice: "Me parece soñar", porque la vida es un sueño un poco menos inconstante.

387.—Se puede hacer que haya verdaderas demostraciones, pero eso que se demuestra no es cierto, por lo que nada prueba nada, sino que es cierto que todo es incierto, a la gloria del pirroniano.

388.—¡Cuánto me place ver la soberbia razón de *los* hombres humillada! A veces han de decir: "Usted no obra de buena fe, nosotros no dormimos, etc." Este no es el lenguaje del hombre a quien se disputa su derecho, y que lo defiende con las armas en la mano. Entonces no se entretiene en decir que se obra de buena fe, sino que castiga esta mala fe por la fuerza.

389.—El *Eclesiastés* muestra que el hombre sin Dios está en la ignorancia de todo y en una desgracia inevitable. Porque es ser desgraciado querer y no poder. Quiere ser feliz, estar seguro de alguna verdad, y, no obstante, ni puede saber, ni desear saber, ni siquiera dudar.

390.—¡Qué necios son, Dios mío, estos discursos! "¿Habría Dios creado el mundo para condenarle? ¿Condenaría a tantas débiles gentes?", etc. El pirronismo remediará este mal rebatiendo esta vanidad.

391.—Grandes frases en la religión. Yo lo niego. El pirronismo sirve a la religión.

392.—Es una cosa extraña que no se puedan definir las cosas sin oscurecerlas, aunque hablemos con toda seguridad de ellas. Suponemos que todos las conciben lo mismo, suposición gratuita, de la que no tenemos ninguna prueba. Veo bien que se apliquen las palabras de definición en las mismas ocasiones, y que siempre que dos hombres vean a un cuerpo cambiar de sitio expresen todos la vista de ese mismo objeto por las mismas palabras, diciendo el uno al otro que el cuerpo se ha movido, y de esta conformidad de aplicación se saca una patente conjetura de una conformidad de ideas, pero eso no es absolutamente convincente, puesto que se extraen a veces iguales consecuencias de distintas suposiciones.

Esto basta para embrollar la materia, y aunque no extinga absolutamente la claridad natural que nos asegura de algunas cosas, al menos la oscurece, y perturba a los dogmatistas, a la gloria de la cábala pirrónica, que consiste en esta ambigüedad ambigua y en cierta oscuridad dudosa, en que las dudas no pueden borrar toda la claridad, ni nuestras luces naturales disipar todas las tinieblas.

393.—Es notable que haya gentes en el mundo que, habiendo renunciado a todas las leyes de Dios y de la naturaleza, se hayan creado ellos mismos otras a las cuales obedecen exactamente, como, por ejemplo, los soldados de Mahoma, los ladrones, los herejes, etc. Y así los lógicos. Parece que su licencia no debe tener límites ni barreras, viendo que han franqueado tantas, tan justas y santas.

394.—Todos los principios son verdaderos: de los pirrónicos, estoicos, ateos, etc. Pero sus conclusiones son falsas, porque los principios opuestos son verdaderos también.

395.—Tenemos una impotencia de probar, invencible por todo el dogmatismo. Tenemos una idea de la verdad, invencible por todo el pirronismo.

396.—Dos cosas instruyen al hombre sobre su naturaleza: el instinto y la experiencia.

397.—La grandeza del hombre está en que se reconoce miserable. Un árbol no se reconoce miserable. Es, pues, ser miserable el conocerse miserable, pero es ser grande conocer que se es misrable.

398.—Todas esas miserias prueban la grandeza humana. Son miserias de gran señor, miserias de rey destronado.

399.—No se es miserable sin sentimiento: una casa arruinada no lo es. Nada es miserable más que el hombre. *Ego vir videns*.

400.—Tenemos tan alta idea del alma del hombre que no podemos sufrir ser despreciados y no gozar de la estima de nuestra alma. En tal estima consiste toda la felicidad de los hombres.

401.—Las bestias no se admiran. Un caballo no admira a su compañero; si acaso, habrá entre ellos emulación en las carreras; pero eso no tiene consecuencias, porque, en el establo, el más pesado y peor fachado no consiente en ceder al otro su avena, como los hombres quieren que se les haga. Su virtud se satisface por sí misma.

402.—Grandeza del hombre en su concupiscencia misma: haber sabido sacar una admirable reglamentación y haber sabido hacer un cuadro de la caridad.

403.—Haber sacado de la concupiscencia tan bello orden, marca la grandeza humana.

404.—La mayor bajeza humana es la busca de la gloria, pero esto es a la vez la mayor señal de su excelencia, porque, por mucho que posea y por comodidades que disfrute, no estará satisfecho, si no goza el aprecio de los hombres. En tanto estima la razón humana, que nada le contenta, por mucho de que goce, si no está bien situado ante la razón de los demás. Nada puede modificar este deseo, y es la condición menos desarraigable del corazón del hombre. Aun aquellos que más desprecian a los hombres, y los equiparan a las bestias, quieren ser admirados y creídos, y se contradicen a sí mismos por su propio sentimiento. Su naturaleza, más fuerte que todo, les convence de la grandeza del hombre, aunque su razón les convence de su bajeza.

405.—El orgullo contrapesa todas las miserias posibles. O bien ocultará sus miserias; o, si las descubre, se gloria de conocerlas.

406.—El orgullo contrapesa y lleva en sí todas las miserias. He aquí una monstruosidad extraña y un visible extravío. Hele aquí caído de su lugar y buscándolo con inquietud. Eso hacen todos los hombres. Veamos quiénes lo habrán hallado.

407.—Cuando la malignidad tiene la razón de su lado, se enorgullece y muestra la razón en todo su esplendor. Cuando la severa austeridad no ha logrado el verdadero bien y es preciso volver a seguir la naturaleza, la malignidad se enorgullece de ese retorno.

408.—El mal es cómodo y múltiple, y el bien, casi único. Pero cierta clase de mal es casi tan difícil de encontrar como lo que llamamos bien, y a menudo se hace pasar por tal. Para llegar a este mal es precisa tanta grandeza de alma como para llegar al bien.

409.—La grandeza del hombre es tan visible que se deduce hasta de su miseria. Porque lo que es natural en los animales lo llamamos miseria en el hombre, por lo que reconocemos que, siendo hoy su naturaleza parecida a la de los animales, ha decaído de una naturaleza mejor que le fue propia en otro tiempo.

Porque ¿quién siente el dolor de ser rey, sino un rey desterrado? ¿Encontrábase Paulo Emilio desgraciado de no ser cónsul? Al contrario, todos encontraban que era feliz de haberlo sido, porque su condición no era serlo siempre. Pero se encontraba a Perseo tan desgraciado de no seguir siendo rey, cuando su condición era serlo siempre, que parecía extraño que soportase la vida. ¿Quién se ve desgraciado por no tener más que una boca, y quién no se vería desgraciado teniendo sólo un ojo? No se puede uno afligir por no tener tres ojos, pero se es desgraciado si no se tiene ninguno.

410.—Se reprochaba a Perseo que no se suicidase.

411.—A pesar de la vista de todas nuestras miserias, que nos afectan, y que nos ahogan, tenemos un instinto que no podemos reprimir, y que nos eleva.

412.—Guerra intestina del hombre entre la razón y las pasiones. ¡Si sólo hubiese razón sin pasiones!... ¡Si sólo hubiese pasiones sin razón!... Pero, habiendo una y otras, sólo puede haber guerra, no pudiendo estar en paz con una, más que si se está en guerra con las otras. Así que siempre se siente uno dividido y contrario a sí mismo.

413.—Esta guerra interior de la razón contra las pasiones ha hecho que los que quieren la paz se hayan dividido en dos sectas. Unos quieren renunciar a las pasiones y hacerse dioses, y otros renunciar a la razón y hacerse brutos (Barreaux). Pero ni unos ni otros lo han podido, y la razón permanece siempre, lo que acusa la bajeza de las pa siones, y las pasiones están siempre vivas en los que quieren renunciar a ellas.

414.—Los hombres son tan necesariamente locos, que sería estar loco, con otro género de locura, no estar loco.

415.—La naturaleza humana se considera de dos modos: uno según su fin, y entonces es grande e incomparable; y la otra, según el vulgo, como se juzga del caballo o del perro *et animum arcendi,* y el hombre entonces es vil y abyecto. Esas son las dos maneras de ver al hombre que tanto hacen disputar a los filósofos.

Porque uno niega la suposición del otro, y dice: "No ha nacido para ese fin, porque todas sus acciones le repugnan." Dice el otro: "Es que se aleja de su fin cuando hace esas malas acciones."

416.—La miseria se deduce de la grandeza, y la grandeza de la miseria. Unos han deducido la miseria tanto más poderosamente cuanto con más fuerza han probado la grandeza, y otros deducen la grandeza de la mayor prueba de miseria. Cuanto unos han dicho para concluir la grandeza ha sido argumento en los otros para concluir la miseria, y al contrario. Unos y otros se han metido en un círculo vicioso, ya que, a medida que los hombres tienen más luces, se encuentran más miseria y más grandeza en el hombre. En una palabra: el hombre reconoce que es miserable; es miserable, porque lo es; pero es grande porque lo reconoce.

417.—Esta duplicidad del hombre es tan visible que ha habido quien ha llegado a pensar que tenemos dos almas. Un sujeto simple les parece imposible que pueda pasar, de presunciones tan desmenuzadas, a tan gran abatimiento de corazón.

418.—Es peligroso hacer ver al hombre lo semejante que es a las bestias, sin mostrarle su grandeza, y hacerle ver su grandeza, sin mostrarle su bajeza. Más peligroso aún es dejarle ignorar una y otra. Pero es muy conveniente representarle ambas. No debe el hombre creer que es igual a las bestias ni a los ángeles, ni que lo ignore, sino que debe saber ambas cosas.

419.—Yo no sufriría que el hombre descansase ni en una ni en otra de esas dos creencias.

420.—Si se enorgullece, yo le humillo, y, si se humilla, le ensalzo, y le contradigo siempre, hasta que él comprenda que es un monstruo incomprensible.

421.—Tan mal me parecen los que loan al hombre siempre como los que siempre le rebajan, y como los que sólo le toman como objeto de diversión. Sólo puedo aprobar a quienes buscan su naturaleza.

422.—Conviene estar fatigado por la busca inútil del verdadero bien, a fin de tender los brazos al Liberador.

423.—Que el hombre se estime en lo que vale. Que se ame, porque hay en él una naturaleza capaz del bien, pero que no se ame por las miserias que en él hay. Que se desprecie por lo que en su capacidad hay de vacío, pero que no se desprecie por esa capacidad natural. Que se odie y que se ame; hay en él la capacidad de conocer la verdad y ser feliz; pero no hay nada de verdad, ni de constante, ni de satisfactorio. Yo quisiera ver al hombre deseoso de encontrarse, de separarse de sus pasiones, sabiendo cómo éstas oscurecen su conocimiento, y quisiera que odiase la concupiscencia que le influye, de modo que no le cegase cuando él hiciera su elección, ni le detuviese cuando él haya elegido.

424.—Todas las contrariedades que parecen alejarme tanto de la religión son las que más pronto me han conducido a su verdadero conocimiento.

VII

LA MORAL Y LA DOCTRINA

425.—Todos los hombres, sin excepción, buscan la felicidad, fin al que tienden los diferentes medios que emplean. Ese deseo hace que vayan unos a la guerra y otros no. La voluntad no se mueve nunca más que con este fin. Es el motivo de todas las acciones de los hombres, hasta de los que se quieren perder.

Y sin embargo, después de tanto tiempo, nadie, sin la fe, ha alcanzado ese objetivo que todos persiguen. Todos se quejan: príncipes, vasallos, nobles, plebeyos, viejos, jóvenes, fuertes, débiles, sabios, ignorantes, sanos, enfermos, así como los de todos los países, todos los tiempos y todas las condiciones.

Una prueba tan larga, continua y uniforme, debería convencernos de la imposibilidad de llegar al bien por nuestros esfuerzos, pero el ejemplo nos instruye poco. Nunca es tan parecido que no tenga alguna pequeña diferencia, de lo que deducimos que nuestra espera no fracasará en esta ocasión como en tal otra. Así, el presente no nos satisface nunca, la experiencia nos engaña, y de desgracia en desgracia, llegamos a la muerte; que pone el colmo a todo.

¿Qué nos dice, pues, ese ansia y esa impotencia, sino que ha habido antaño en el hombre una verdadera dicha, de que sólo restan las huellas, y que trata de reconstituir, buscando en cosas ausentes lo que no logra de las presentes, e ignorando que no cabe reconstituir nada más que con un objeto infinito e inmutable, es decir, con Dios mismo?

El sólo es el verdadero bien, y desde que lo ha perdido es una cosa extraña que todo en la naturaleza le dispute el puesto: astros, cielo, tierra, elementos, plantas, animales, insectos, reptiles, fiebre, peste, guerra, hambre, vicios, adulterio, incesto. Y desde que ha perdido el verdadero bien todo puede parecerle tal, hasta su propia destrucción, aunque sea contrario a Dios, a la razón y a la naturaleza.

Unos lo buscan en la autoridad; otros, en las curiosidades y en las ciencias; otros, en la voluptuosidad. Otros han considerado que es necesario que el bien universal no esté en cada una de las cosas particulares, que sólo puede gozar un poseedor, y que, repartidas, afligen al que las posee, ya que la falta de la parte que no tiene basta para amargarle el goce de la parte que posee. Estos, que están más cerca de la verdad, han comprendido que el verdadero bien debe ser tal que pueda poseérsele todo a la vez, y sin que nadie pueda perderlo contra su voluntad. Y, siendo ese deseo natural al hombre, puesto que está en todos, y no se le puede realizar, concluyen...

426.—Perdida la verdadera naturaleza, todo para el hombre es su naturaleza, como, perdido su bien, todo se vuelven bienes para él.

427.—El hombre no sabe en qué plano ponerse. Visiblemente, está extraviado y caído de su verdadero lugar, sin poder encontrarlo. Lo busca sin éxito en todas partes, en medio de impenetrables tinieblas.

428.—Si es una señal de debilidad probar a Dios por la naturaleza, no despreciéis la Escritura. Si es una muestra de fuerza conocer esas contrariedades, admirad la Escritura.

429.—La bajeza del hombre ha llegado hasta someterse a las bestias y adorarlas.

430.—Las grandezas y miserias humanas son de tal modo visibles, que es preciso que la verdadera religión nos dé razón de esos dos principios, y de su sorprendente contrariedad. Preciso es que, para hacer feliz al hombre, le muestre que hay un Dios y que ha de amársele, y que nuestra verdadera felicidad es estar en El, y nuestra única desgracia perderle. Preciso es que reconozca que estamos envueltos en tinieblas que nos impiden conocerle y amarle, y, en resumen, que llevándonos nuestros deberes a amar a Dios y nuestra concupiscencia separándonos de él, estamos llenos de injusticia. Precioso es que nos dé razón de las oposiciones que hacemos a Dios y a nuestro propio bien. Nos ha de enseñar los remedios a nuestras imposibilidades y los medios de obtener esos remedios. Examínense a este respecto todas las religiones del mundo, y se ve que sólo la cristiana satisface esas exigencias.

¿Tendrán razón los filósofos que nos hablan de todo bien de los que hay en nosotros? ¿Pueden ser esos bienes el verdadero? ¿Es haber curado la presunción del hombre haberle puesto al nivel de Dios? ¿Han traído los remedios a nuestra concupiscencia los que nos han puesto a la altura de las bestias, o los mahometanos, que sólo brindan, incluso en la eternidad, los placeres terrenos? ¿Qué religión nos enseñará a curar nuestro orgullo y nuestra concupiscencia? ¿Cuál nos enseñará nuestro bien, nuestros deberes, las debilidades que nos extravían y su causa, los remedios que los curarán, y la forma de lograr esos remedios? Todas las otras religiones no lo han logrado. Veamos lo que hará la sabiduría de Dios.

"No esperéis (dice) ni verdad ni consuelo de los hombres. Yo soy quien os ha creado y sólo yo sé cómo sois. Pero no estáis ahora en el estado en que os creé. Creé al hombre santo, inocente, perfecto, pleno de luz e inteligencia, y le he comunicado mi gloria y mis maravillas. El hombre veía entonces la majestad de Dios. No estaba en las tinieblas que hoy le ciegan, ni la muerte le afligía, ni las miserias. Pero no pudo sostener tanta gloria sin caer en la presunción. Quiso hacerse centro de sí mismo e independiente de mi socorro. Se sustrajo a mi dominación, y queriendo igualarse a mí por el deseo de hallar la felicidad por sí mismo, le he abandonado a sus fuerzas, y he hecho que las criaturas que le eran sumisas le sean enemigas, de modo que el hombre hoy es parejo a las bestias, y tan alejado se halla de mí, que apenas le resta una confusa idea de su Autor: ¡tan turbados están sus conocimientos! Los sentidos, independientes de la razón y a veces dueños de ella, le han llevado a la busca de los placeres. Todas las criaturas le afligen, sometiéndole por su fuerza o por su dulzura, que es una dominación no menos imperiosa. En ese estado se hallan los hombres hoy. Les queda algún impotente instinto de la felicidad de su primera naturaleza, y están sumergidos en su ceguera y en su concupiscencia, que ha llegado a ser su segunda naturaleza."

"De este principio que os descubro, podéis deducir la causa de tantas contrariedades como asombran a los hombres, y que los han dividido en tan distintos sentimientos. Observad todos los impulsos de grandeza y gloria que tanta miseria no puede ahogar, y tendréis necesariamente que confesar su causa debe estar en otra naturaleza.

"Es en vano, ¡oh hombres!, que busquéis en vosotros mismos el remedio a vuestras miserias. Todo lo que podéis llegar a conseguir es que no será en vosotros mismos donde hallaréis la verdad ni el bien. Los filósofos os lo prometieron, y no lo han podido hacer. No saben cuál es vuestro verdadero bien, ni vuestro verdadero estado... ¿Cómo habrían remediado vuestros males, si no los conocen? Vuestros males mayores son el orgullo, que os aleja de Dios y la concupiscencia, que os ata a la tierra, y ellos no hacen otra cosa que conservar uno, al menos, de esos males. Si os han dado a Dios, ha sido para ejercitar vuestra soberbia, queriéndoos hacer ver que le sois semejantes por vuestra naturaleza. Los que han visto la vanidad de esta pretensión, os han arrojado en otro precipicio, haciéndoos creer que sois iguales a las bestias, y aconsejándoos que busquéis el bien, como ellas, en la sensualidad. No es así como sanaréis de vuestras injusticias. Yo sólo puedo haceros ver lo que sois..."

Adán, Cristo.

Si se está unido a Dios es por gracia, no por naturaleza. Si se os humilla es por penitencia, no por naturaleza. Así esta doble capacidad...

No estáis en el estado de vuestra creación. Descubiertos esos dos estados, es imposible que no los reconozcáis. Observaos a vosotros mismos y ved si no encontráis los caracteres de esas dos naturalezas. ¿Habría tantas contradicciones en un individuo simple?

¿Incomprensible? Nada deja de serlo por ser incomprensible. Los números infinitos. Un espacio infinito, igual al finito.

—¿Es increíble que Dios se uniese a nosotros? Esta consideración está sacada de la contemplación de nuestra bajeza. Pero id tan allá como yo y reconoced que somos, en efecto, tan bajos, que ni aun podemos conocer si su misericordia puede hacernos incapaces de Él. Porque no sé qué razón hay para que este animal, que se reconoce tan bajo, tenga derecho a medir la misericordia de Dios y ponerle los límites que le sugiera su fantasía. Tan poco sabe lo que es Dios, que ni sabe lo que es él mismo, y, a la vista de su propio estado, osa decir que Dios no puede hacerle nunca capaz de su comunicación.

Pero yo quisiera preguntar si Dios exige otra cosa, sino que se le ame conociéndole, y por qué se cree que Dios no pueda hacerse cognoscible y amable, puesto que es naturalmente capaz de amor y conocimiento. No hay duda de que el hombre conoce algo de lo que es, y que ama algo. Pues si algo ve en las tinieblas en que está, y si encuentra algún objeto de amor en las cosas de la tierra, ¿por qué, si Dios quiere darle algún rayo de su creencia, no será el hombre capaz de amarle y conocerle en la manera en que le plazca comunicar con nosotros? Hay, pues, sin duda en esos razonamientos que parecen humildes una insoportable presunción.

"No pretendo que sometáis vuestra creencia a mí sin razón, y no quiero dominaros tiránicamente. Tampoco pretendo explicaros todas las cosas. Y para concordar esas contradicciones, quiero haceros ver claramente, por pruebas convincentes, señales divinas en mí, que os convencerán de lo que soy, y me darán autoridad por maravillas y demostraciones que no podréis rechazar. En seguida habréis de creer sin vacilar en las cosas que os enseñe cuando no encontréis otra cosa para rechazarlas sino que no podéis conocer si son ciertas o no."

"Dios ha querido redimir a los hombres, y abrir la salvación a los que la busquen. Pero son tan indignos los hombres, que justo es que Dios niegue a algunos endurecidos lo que su misericordia concede a otros que no la merecen. Si hubiese querido vencer la obstinación de los más endurecidos, hubiese podido, mostrándose tan manifiestamente a ellos, que no pudiesen dudar de la verdad de su esencia, tal como pasará el día del juicio final, con tal aparato que resucitarán los muertos y los ciegos lo verán."

"No es así como ha querido aparecer en su advenimiento de dulzura. Puesto que tantos hombres son indignos de su clemencia, ha querido dejarles en la privación de lo que no quieren. No era, pues, justo que apareciese de una manera absolutamente divina y capaz de convencer a todos, pero tampoco era justo que viniese de una manera tan oculta, que no pudiesen hallarlo los que le buscaran sinceramente. Queriendo de esta guisa mostrarse a los que le buscan de todo corazón y ocultarse a los que de todo corazón le huyen, ha dado señas visibles de sí a los primeros y no a los segundos."

Hay harta luz para los que quieren ver y harta oscuridad para los que no quieren.

431.—Nadie ha conocido que el hombre es la más excelente de las criaturas. Unos, que conocen bien la realidad de su excelencia, toman por ingratitud los sentimientos bajos que los hombres tienen por naturaleza; y otros, que conocen bien lo efectiva que esta bajeza es, han tratado de soberbia ridícula esos sentimientos de grandeza, que son también naturales en el hombre.

"Alzad los ojos a Dios (dicen unos), y mirad a aquel de quien sois imagen y que os ha creado para adorarle. Podéis ser semejantes a Él. La sabiduría os igualará, si queréis seguirle." "Levantad la cabeza, hombres libres", dice Epicteto. Y replican los otros: "Mirad a tierra, infelices, y contemplad las bestias, que son vuestras compañeras."

¿Qué será, pues, el hombre? ¿Igual a Dios o a las bestias? ¡Qué espantable distancia! ¿Qué seremos, pues? ¿Quién no ve que es que el hombre está extraviado y busca, inquieto, el puesto de que ha caído? ¿Y quién se lo devolverá? Los más grandes hombres no han podido hacerlo.

432.—El pirronismo es la verdad. Porque, después de todo, los hombres, antes de Cristo, no sabían dónde estaban, ni si eran grandes o pequeños. Los que decían una cosa u otra no sabían nada, y adivinaban sin razón y por casualidad. *Quod ergo ignorantes quaeritis, religio anuntiat vobis.*

433.—Para que una religión sea verdadera, necesita conocer nuestra naturaleza, su grandeza, su pequeñez, y la razón de ésta y de aquélla. ¿Cuál lo ha logrado, más que la cristiana?

434.—Las principales bases de los pirronianos (prescindo de las secundarias) son: que no tenemos ninguna certidumbre de la verdad de los principios, fuera de la fe y la revelación, sino en que los sentimos en nosotros, sentimiento natural que no es prueba convincente de su verdad, puesto que, no habiendo certidumbre fuera de la fe, de que el hombre haya sido creado por Dios, por un diablo, o al acaso, es dudoso si esos principios nos han sido dados como verdaderos, falsos o inciertos, según nuestro origen. A más que, como nadie está seguro, fuera de la fe, de si sueña o se está despierto, ya que durante el sueño se crea firmemente estar despierto, y se creen ver espacios, figuras, movimientos, y correr el tiempo, obrando, en fin, igual que despiertos de suerte que, puesto que la mitad de la vida se pasa en un sueño, ¿quién sabe si la otra mitad de la vida no es sino otro sueño, algo diferente del primero, del que nos despertamos cuando pensamos dormir?

¿Y quién duda de que si se soñase en compañía o los sueños coincidiesen, lo que es bastante ordinario, y se velase en la soledad, se creerían las cosas trastrocadas? En fin, así como a menudo se sueña que se sueña, la vida misma no es más que un sueño, en el que están los otros interpolados, y del que nos despertamos a la muerte, en la cual poseemos tan poco los principios de la verdad y el bien como en el sueño natural. Estos diferentes pensamientos que nos agitan, quizá no con más que ilusiones, parejas a las vanas fantasías de nuestros sueños.

He ahí las principales bases del pirronismo. Prescindo de las secundarias, como son los discursos pirrónicos contra las impresiones de la costumbre, de la educación, de los países y demás cosas parecidas, que no obstante arrastrar a la mayoría de los hombres comunes, que sólo dogmatizan sobre tan vanos fundamentos, no resisten el menor soplo de los pirronianos. Si alguien no está persuadido de esto, lea sus libros, y pronto tendrá la persuasión, y quizá con creces.

Sólo me detengo ante el único fuerte de los dogmáticos, que es que, hablando de buena fe y sinceramente, no se puede dudar de los principios naturales. Contra lo cual oponen los pirronianos la incertidumbre de nuestro origen, que encierra la de nuestra naturaleza, a lo que los dogmáticos no han podido responder, desde que existe el mundo. He aquí, pues, declarada la guerra entre los hombres, lo que hace preciso que cada cual se aliste, o en el dogmatismo, o en el pirronismo, pues que quien quiera permanecer neutral será pirroniano por excelencia, y esa neutralidad es la esencia de la cábala pirroniana. Quien no esté contra ellos está con ellos, y en esto consiste su ventaja, ya que ellos son neutros, indiferentes, ajenos a todo sin excepción.

¿Qué hará el hombre en este estado? ¿Dudará de todo? ¿Dudará si duerme, si se pincha, si se quema? ¿Dudará de si duda? ¿Dudará si existe? No se llega hasta aquí, y pongo en tela de juicio que haya habido nunca un pirrónico perfecto. La naturaleza sostiene a la razón impotente y la impide divagar hasta este punto.

¿Dirá, al contrario, que posee la verdad él, que porque se le hostigue, se verá obligado a confesar que no tiene ningún título para ello? ¿Qué quimera es, pues, el hombre? ¡Qué monstruo, qué caos, qué contradicción, qué prodigio! Juez de todo, estúpido y vano, depositario de la verdad, cloaca de incertidumbre y de error, gloria y desecho del universo. ¿Quién desenredará este enredo? La naturaleza confunde a los pirrónicos y la razón confunde a los dogmáticos. ¿Qué os haréis, hombres que buscáis nuestra verdadera condición por vuestra razón natural? No podéis huir de esas dos sectas, ni subsistir en ninguna. Conoce, pues, soberbia, qué paradoja eres tú misma. Humíllate, razón impotente; cállate, naturaleza imbécil: sabed ambas que el hombre supera infinitamente al hombre y oíd de vuestro dueño vuestra verdadera condición, que ignoráis. Escuchad a Dios.

Porque si el hombre no hubiese sido corrompido, gozaría en su inocencia de la verdad y de la felicidad; y si el hombre no hubiese sido nunca otra cosa que corrompido no tendría ninguna idea de la verdad ni de la felicidad. Pero, ¡oh qué desgraciados somos, que tenemos una idea de la felicidad y no podemos conseguirla, y tenemos una idea de la verdad y no podemos conocerla! Incapaces somos de ignorar del todo y de saber con certeza: tan manifiesto es que hemos estado en un grado de perfección del que hemos caído, por desgracia.

¡Cosa sorprendente, no obstante, que el misterio más lejano de nuestro conocimiento, que es el de la transmisión del primer pecado, sea algo sin lo que no podemos tener ningún conocimiento de nosotros mismos! Porque nada choca más con nuestra razón que el que el pecado del primer hombre haya hecho culpables a los que tan alejados están de su origen, y que parece que del original pecado no deben participar. No sólo esto nos parece imposible, sino también injusto; porque ¿qué más contrario a las reglas de nuestra miserable justicia que condenar eternamente a un niño incapaz de voluntad, por un pecado en el que tiene tan poca parte, y que fue cometido seis mil años antes de él nacer? Cierto que hada nos hiere más que esta doctrina, pero sin ese misterio, el más incomprensible de todos, seremos incomprensibles para nosotros mismos. El nudo de nuestra condición se extiende y enmaraña en ese abismo, de guisa que el hombre es más inconcebible sin ese misterio que ese misterio es inconcebible al hombre. Por lo que parece que Dios, queriendo hacer ininteligible a nosotros mismos la dignidad de nuestro ser, ha ocultado el nudo tan arriba, o, mejor dicho, tan abajo, que somos incapaces de descubrirle, conque no por las soberbias agitaciones de nuestra razón, sino por la sencilla sumisión de la razón, podemos conocernos verdaderamente.

Estos fundamentos, sólidamente establecidos sobre la autoridad inviolable de la religión, nos hacen ver que hay dos verdades de fe igualmente constantes: una, que el hombre, en el estado de la creación, o de la gracia, está por encima de la naturaleza, hecho a semejanza de Dios y participante de su divinidad; otra, que en el estado de corrupción y pecado, ha decaído de su condición prístina y es semejante a las bestias.

Ambas proposiciones son igualmente firmes y ciertas. Manifiestamente nos lo declara la Escritura, en el capítulo III del *Eclesiastés,* cuando dice: *Deliciae meae esse cum filiis hominum. Effundam spiritum meum super omnem carnem. Dii estis,* etc. *Omnis caro foenum. Homo assimilatus est jumentis insipientibus, et similis factus est illis. Dixi in corde meo de filiis hominum.*[56] Donde se ve claramente que el hombre con la gracia es semejante a Dios, y sin ella, a las bestias.

435.—Sin esos divinos conocimientos, ¿qué han podido hacer los hombres sino, o elevarse en el sentimiento interior que les queda de su grandeza pasada, o abatirse a la vista de su debilidad presente? Porque, no viendo la verdad entera, no han podido llegar a una perfecta virtud. Unos consideran a la naturaleza como incorrompida, otros como irreparable, y no han podido huir de la pena ni del orgullo, origen de todos los vicios, puesto que no les cabe más que abandonarse por cobardía, o escaparse por soberbia. Si conociesen la excelencia del hombre, ignorando su corrupción, saldrían de la pereza, pero se perderían por el orgullo, y si conociesen la corrupción, ignorando su dignidad, evitarían la vanidad, pero se precipitarían en la desesperación. De ahí provienen las sectas: estoicos, epicúreos, dogmatistas, academicistas, etc.

---

[56] "Mis placeres están junto a los hijos de los hombres. Derramaré mi espíritu sobre toda carne. Sois Dioses. Toda carne es heno. El hombre es semejante a las bestias y por ello son semejantes. He dicho en mi corazón por los hijos de los hombres". *(N. del P.)*

Sólo la religión cristiana puede curar estos vicios, no eliminando el uno por el otro, según la sabiduría de la tierra, sino eliminando ambos, por la simplicidad del Evangelio. Porque ésta enseña a los justos, a quienes eleva hasta la participación de la Divinidad misma, que en ese sublime estado aún llevan el origen de toda la corrupción, que les sujeta de por vida al error, a la miseria, a la muerte y al pecado, y grita a los más impíos que son capaces de la gracia de su Redentor. Así, haciendo temblar a los que justifica y consolando a los que condena, atempera con justicia el temor con la esperanza, por esta doble capacidad que es común a todos de la gracia y del pecado, y humilla infinitamente más que la razón lo puede hacer, pero sin desesperanza, y eleva infinitamente más que pueda hacerlo el orgullo, pero sin exageración, haciendo ver por esto que, estando sólo ella exenta de error y de vicio, sólo a ella pertenece instruir y corregir a los hombres.

¿Quién, pues, puede negarse a creer y adorar estas celestes luces? ¿No es claro como el día que sentimos en nosotros caracteres indelebles de excelencia? ¿No es también verdad que sin cesar experimentamos los efectos de nuestra deplorable condición? En esta confusión monstruosa, ¿quién nos grita sino la verdad de esos dos estados con una voz tan potente que no cabe resistirla?

436.—Todas las ocupaciones de los hombres tienden a gozar del bien, y no podrían mostrar que lo posean con justicia, ni que tienen fuerza para poseerlo con seguridad. Lo mismo ocurre con la ciencia, porque la enfermedad la arrebata. Somos incapaces de la verdad y del bien.

437.—Deseamos la verdad y sólo hallAmos incertidumbre. Buscamos la dicha y no hallamos más que miseria y muerte. No podemos dejar de desear la verdad y la dicha, y somos incapaces de la certidumbre y de la felicidad. Esos sentimientos se nos han dejado, tanto para castigarnos como para hacernos ver de dónde hemos caído.

438.—Si el hombre no está hecho por Dios, ¿por qué no es feliz más que en Dios? Si está hecho por Dios, ¿por qué es tan contrario a Dios?

439.—El hombre no obra por la razón, que forma su ser.

440.—La corrupción de la razón se ve por tantas diferentes y extravagantes costumbres.

441.—En cuanto la religión cristiana descubre ese principio de que la naturaleza humana está corrompida y decaída de Dios, se abren los ojos a ver el carácter general de esta verdad, porque la naturaleza es tal que señala en todas partes un Dios perdido y una naturaleza corrompida.

442.—La verdadera naturaleza del hombre, el verdadero bien, la verdadera virtud y la verdadera religión, son cosas cuyo conocimiento es inseparable.

443.—Cuantas más luces se tienen, más grandeza y más bajeza se descubren en el hombre. Los filósofos sorprenden al común de los hombres, y los cristianos sorprenden a los filósofos. ¿Quién se extrañará, pues, de ver que la religión no hace más que conocer a fondo lo que se reconoce cuantas más luces se tienen?

444.—La religión enseña a sus hijos lo que los hombres de más talento han podido conocer.

445.—El pecado original es locura ante los hombres, pero se le acepta como tal. No reprochéis, pues, la falta de razón en esa doctrina, puesto que yo acepto que no tiene razón. Pero esa broma es más sabia que toda la sabiduría de los hombres, *sapientius et hominibus*. Porque, sin eso, ¿qué diremos que es el hombre? Todo su estado depende de ese punto imperceptible. ¿Y cómo se hubiese dado cuenta de ello por su razón, si es una cosa contra la razón, y su razón, en vez de explicarlo, se aleja de ello cuando se le presenta?

446.—Veamos la tradición del pecado original según los judíos. Conforme al capítulo VIII del *Génesis*, la composición del corazón del hombre es mala desde su infancia.

R. Moisés Haddarschan: La mala levadura está en el hombre desde que se forma.

Massechet Succa: Mala levadura tiene en la Escritura siete nombres; *mal, prepucio, inmundo, enemigo, escándalo, corazón de piedra, aquilón*: todo eso significa la malignidad que se oculta en el corazón del hombre.

Misdrach Tillim dice lo mismo, y que Dios librará la buena naturaleza del hombre de la mala.

Esta malignidad se renueva a diario contra el hombre, como está escrito: "El impío observa al justo, e intenta hacerle morir, pero Dios no le abandonará." Esta malignidad tienta al corazón del hombre en esta vida y le acusará en la otra. Todo eso se encuentra en el *Talmud*.

Dice *Misdrach Tillim*: "Temblad y no pecaréis." Temblad, espantad vuestra concupiscencia y ella no os inducirá a pecar. Dice también: "El impío ha dicho en su corazón: que el temor de Dios no sea ante mí", esto es, que la malignidad natural del hombre ha dicho eso al impío.

Misdrach el Kohelet: "Mejor es el niño pobre y prudente que el rey viejo y loco, que no sabe prever el porvenir." El niño es la virtud, y el rey es la malignidad del hombre. Se llama rey, porque todos los miembros le obedecen, y viejo, porque está en el corazón humano desde la infancia hasta la vejez, y loco porque conduce al hombre por la vía de perdición que no prevé.

Lo mismo se lee en *Misdrach Tillim*.

Bereschit Rabba: "Señor, todos mis huesos te bendecirán, porque tú libras al pobre del tirano." ¿Y hay tirano mayor que la mala levadura? "Si tu enemigo tiene hambre, dale de comer." Es decir, si la mala levadura tiene hambre, dadle el pan de la prudencia. *Misdrach Tillim* dice igual, y añade que la Escritura, en el salmo XX-XV, hablando de nuestro enemigo, se refiere a la mala levadura, y que dándole ese pan se le pondrán carbones sobre la cabeza. *Misdrach el Kohelet* habla sobre el *Eclesiastés*: "Un gran rey ha sitiado una ciudad pequeña." Ese gran rey es la mala levadura, las grandes máquinas con que ataca son las tentaciones; y ha surgido la liberación de un hombre pobre y sabio: la virtud. Dice también: "Bienaventurados los que tienen deferencia con los pobres." Y: "El espíritu se va y no vuelve", en lo que algunos han querido buscar un argumento contra la inmortalidad del alma. Pero el sentido es que ese espíritu es el mal fermento, que va con el hombre hasta la muerte y no vuelve en la resurrección.

447. Se dirá que, por haber afirmado que la justicia pertenece a la tierra, han conocido los hombres el pecado original? *Nemo ante obitum beatus est*[57], es decir, qué conocieron que en la muerte comienza la dicha eterna y esencial.

448.—*Miton*[58] ve claro que la naturaleza está corrompida, y que los hombres son contrarios a la honradez, pero no sabe por qué no pueden volar más alto.

449.—Después de "corrupción", digamos: "Justo es que la conozcan cuantos la sufren, les plazca o les desplazca, pero no es justo que todos vean la redención."

450.—Si no se ve uno lleno de miseria, de ambición, de concupiscencia y de debilidad, se es bien ciego. Y si, conociéndolo, no se quiere librar de ella, ¿qué se puede decir de un hombre? ¿Qué se puede tener, más que estima, por una religión que tan bien conoce los defectos humanos y que promete remedios tan deseables?

451.—Todos los hombres se odian naturalmente uno a otro. Se han servido como han podido de la concupiscencia para decir que sirven al bien público, pero esto es una ficción y una falsa imagen de la caridad. En el fondo, no hay más que odio.

452.—Compadecerse de los desgraciados no va contra la concupiscencia. Al contrario, es muy cómodo rendir ese testimonio de amistad, y adquirir fama de ternura, sin dar nada.

453.—Se han sacado de la concupiscencia reglas admirables de moral y de justicia, pero en el fondo ese mal fondo humano, ese *figmentum malum*, está solo oculto, no eliminado.

454.—No se ha encontrado medio de satisfacer la concupiscencia sin perjuicio de los demás.

455.—El *yo* es odioso; vos, Miton, le ocultáis, pero no lo quitáis; luego seréis siempre odioso. No, porque tratando, como hacemos, cortésmente a todo el mundo, no hay por qué odiarnos. Sería verdad si no se odiase en el *yo* más que el disgusto que nos causa. Pero si yo lo odio porque es injusto y quiere hacerse centro de todo, yo lo odiaré siempre.

---

[57] "Nadie es feliz antes de la muerte". *(N. del P.)*

[58] *Miton* es una conjetura. En el manuscrito original, se lee *Marton*. Es sabido que Miton era uno de los amigos del caballero de Meré. *(N. del T.)*

En una palabra: el *yo* tiene dos cualidades: es injusto en sí, porque se quiere hacer eje de todo; es incómodo a los demás, porque quiere someterlos, pues que cada *yo* es el enemigo y quisiera ser el tirano de todos los otros. Podéis quitar la incomodidad, mas no la injusticia, y así no lo haréis amable a los que odian la injusticia. Sólo lo haréis amable, y podréis placer, a los injustos.

456.—¡Qué trastorno de juicio el que no haya persona que no se ponga por encima del mundo, y que no ame más su propio bien, la duración de su vida y su felicidad, que la de todo el resto del mundo!

457.—Cada uno es un todo en sí mismo, porque, muerto él, el todo ha muerto para él. De ahí que cada uno crea ser todo para todos. No hay que juzgar de la naturaleza según nosotros, sino según ella.

458.—"Todo cuanto hay en el mundo es concupiscencia de la carne, concupiscencia de los ojos y soberbia de la vida: *libido sentiendi, libido sciendi, libido dominandi)."* ¡Desdichada la tierra de maldición que esos tres ríos de fuego abrasan mejor que riegan! ¡Felices quienes están sobre esas corrientes, no sumergidos ni arrastrados, sino inmóviles y firmes; no de pie, sino sentados en un asiento bajo y seguro, desde donde no ven la luz, pero permanecen en paz, tendiendo la mano a aquel que debe elevarlos, para ponerlos en pie y enhiestos ante los pórticos de la santa Jerusalén, donde el orgullo no podrá combatirlos ni abatirlos, y que, sin embargo, lloran, no viendo correr las cosas perecederas que los torrentes arrastran, sino por el recuerdo de su querida patria, de la Jerusalén celestial, que recuerdan sin cesar en el alejamiento de su exilio!

459.—Los ríos de Babilonia corren, caen y arrastran. ¡Oh santa Sión, donde todo es estable y nada cae! Hay que sentarse sobre los ríos, no debajo o dentro, sino encima, y no de pie, sino sentados, para ser humildes estando sentados y seguros estando encima. Y así estaremos de pie ante las puertas de Jerusalén.

Véase si el placer es estable, o corre. Si corre, es un río de Babilonia.

460.—Hay tres órdenes de cosas: los cuerpos, él espíritu, la voluntad. Los carnales son los ricos, los reyes, que tienen por objeto el cuerpo; los curiosos y sabios tienen por objeto el espíritu; los prudentes, la justicia. Dios debe reinar sobre todo y todo referirse a Él. En las cosas de la carne reina la concupiscencia; en las espirituales, la curiosidad; en la prudencia, el orgullo. No es extraño que se tenga glorificación por los bienes o los conocimientos, pero no es éste el caso del orgullo, porque, concediendo a un hombre que es sabio, no se dejará de convencerle de que se engaña en ser soberbio. Lo propio de la soberbia es la prudencia, porque no se puede conceder a un hombre que es prudente y que hace mal en estar orgulloso de ello, ya que eso es de justicia. Sólo Dios da la prudencia. *Qui gloriatur, in Domino glorietur.*[59]

---

[59] "El que se glorifica, sea glorificado en el Señor". *(N. del P.)*

461.—Las tres concupiscencias han formado tres sectas, y los filósofos no han hecho más que seguir una de las tres concupiscencias.

462.—La generalidad de los hombres pone el bien en la fortuna y en los bienes extremos, o por lo menos en la diversión. Los filósofos han mostrado la vanidad de todo esto del modo que han podido.

463.—Los filósofos que admiten a Dios sin Cristo creen que sólo Dios es digno de ser amado y admirado, y ellos desean que los hombres les amen y admiren. No conocen su corrupción. Si se hallan llenos de sentimientos para amar y adorar a Dios, y en eso encuentran su alegría, que se tengan por buenos, en buena hora. Pero si se encuentran repugnantes, si no tienen otra inclinación que quererse afirmar en la estima de los hombres, y no tienen otra perfección que la de hacer que los hombres, sin ser forzados, les amen, yo diría que esta perfección es horrible. ¡De modo que han conocido a Dios y no han deseado únicamente que los hombres le amasen, sino que se detuviesen en ellos! ¡Ellos han querido ser el objeto de la dicha voluntaria de los hombres!

464.—Hay muchas cosas que nos impulsan hacia afuera. El instinto nos hace sentir que hay que buscar la felicidad fuera de nosotros. Nuestras pasiones nos impulsan hacia afuera, aunque los objetos no se ofrecieran para excitarlas. Los objetos de fuera, a su vez, nos tientan y nos llaman, aunque no pensemos en ellos. Así que los filósofos dicen fácilmente: "Entrad en vosotros mismos y encontraréis vuestro bien"; pero no se les cree, y los que les creen son los más necios.

465.—Dicen los estoicos: "Dentro de vosotros mismos hallaréis vuestra paz." Y no es cierto.

Dicen otros: "Salid de nosotros y buscad la felicidad divirtiéndoos." Y eso no es verdad. Los males llegan. La felicidad no está dentro ni fuera de nosotros, sino en Dios.

466.—Cuando Epicteto. hubo considerado bien el camino dijo a los hombres: "Seguís uno falso." Mostró, pues, que había otro, pero no condujo a él. El real es el de querer lo que Dios quiere, y sólo Cristo puede a Él llevarnos. *Vía veritas*[60].

Los vicios de Zenón no concuerdan con su doctrina.

467.—Epicteto habla de aquellos que dicen: "Tenéis mal en la cabeza", cuando no hay nada de eso. Se está seguro de la salud y no de la justicia, y la suya, en efecto, era una bobada. No obstante, él la creía demostrativa, diciendo: "Está en nuestra potencia, o no está." Pero no veía que no está en nuestra potencia arreglar el corazón.

468.—Ninguna otra religión ha propuesto odiarse. Ninguna otra religión puede placer a los que se odian y buscan un ser verdaderamente amable. Y si

---

[60] "El camino verdadero". *(N. del P.)*

ésos no hubiesen nunca oído hablar de la religión de un Dios humillado, le abrazarían *incontinenti*.

469.—Yo siento que pude no haber sido, porque mi *yo* consiste en mi pensamiento, y porque pude no haber sido si mi madre hubiera muerto antes de yo nacer. Luego no soy un ser necesario. No soy eterno ni infinito, pero veo claro que hay en la naturaleza un Ser necesario, eterno e infinito.

470.—"Si yo viese un milagro (hay quien dice), me convertiría." ¿Cómo aseguran que harían lo que ignoran? Se figuran que esa conversión consiste en una adoración que se hace de Dios, como un comercio y una conversación tal como se la figuran. La conversión verdadera consiste en humillarse ante ese Ser universal que habéis irritado tantas veces, y que en cualquier momento puede perderos; en reconocer que no sois nada sin Él, y que nada merecéis de él más que su disfavor. Consiste en conocer que hay una oposición invencible entre Dios y nosotros, y que, sin mediador, no hay comercio posible.

471.—Es injusto que se tome admiración o devoción a nadie, aunque se haga con placer y voluntariamente. Yo engañaría a los que hicieran nacer ese deseo, porque no sé el fin de nadie, ni tengo con qué satisfacerles. ¿No estoy yo expuesto a morir? Así que el objeto de su adhesión morirá. Así como sería culpable de hacer creer una falsedad, aunque yo persuadiese de ella con dulzura, se la creyera con placer y me placiera, también soy culpable si me hago amar y atraigo las gentes a mí. Yo debo advertir a aquellos que están dispuestos a consentir en la mentira, que no la deben creer, aunque me produzca ventajas, e igual que no deben tenerme adhesión, puesto que es preciso que pasen su vida en rogar a Dios y en buscarle.

472.—La voluntad propia no satisfará nunca cuando se quiere poder todo lo que se quiere, pero se satisface desde el momento en que se renuncia. Sin ella no se puede estar disgustado. Con ella no se puede estar contento.

473.—Imagínese un cuerpo lleno de miembros pensantes.

474.—Para regular el amor que uno se debe a sí mismo, hay que imaginarse un cuerpo lleno de miembros pensantes, porque nosotros somos miembros del todo, y ver cómo cada miembro debiera amarse, etc.

475.—Si los pies o las manos tuviesen una voluntad particular, nunca estarían en orden, sino sometiendo esa voluntad particular a la voluntad suprema que gobierna el cuerpo entero. Fuera de eso, están en el desorden y en la desgracia, pero queriendo el bien, del cuerpo, quieren su propio bien.

476.—No hay que amar más que a Dios, y no odiar más que a sí mismo.

Si el pie hubiese ignorado que pertenece al cuerpo y que tiene un cuerpo de que depende, si no tuviese más que el conocimiento y el amor de sí, y viniese a conocer que pertenece a un cuerpo del que depende, ¡qué remordimiento, qué confusión de su vida pasada, de haber sido inútil al cuerpo que le ha dado la vida, que le hubiera quitado la vida si le hubiere arrojado de sí! En este caso, ¡qué mejor motivo para que se le conservase! ¡Y con qué sumisión se dejaría gobernar por la voluntad que rige el cuerpo, hasta consentir en ser eliminado, si fuese preciso! Porque es menester que todo miembro quiera perecer por el cuerpo, para el que todos los miembros son.

477.—Es falso que seamos dignos de que los demás nos amen, y es injusto que lo deseemos: Si naciésemos razonables e indiferentes, conociéndonos a nosotros y a los demás, no sentiríamos semejante inclinación. Nacemos con ella, porque nacemos injustos, porque todo tiende al *yo,* lo que es contra todo orden, pues se debe tender a lo general. La inclinación hacia sí mismo es el comienzo de todo desorden en la economía social y en el cuerpo particular del hombre. La voluntad está, pues, depravada. Si los miembros de las comunidades naturales y civiles deben tender al bien de ese cuerpo colectivo, las comunidades, a su vez, deben tender a otro cuerpo más general, del que son miembros. Se debe tender a lo general. Nacemos, pues, depravados e injustos.

478.—Cuando queremos pensar en Dios, siempre hay algo que nos distraiga para pensar en otras cosas. Todo eso es malo y ha nacido con nosotros.

479.—Si hay un Dios, sólo a él se le ha de amar, y no a las criaturas perecederas. El razonamiento de los impíos sólo se funda en el punto de vista de que no hay Dios. "Eso establecido, gocemos de las criaturas." Pero si hay un Dios que amar, no sólo no habrán conseguido eso, sino lo contrario. Y aquí viene la conclusión de los prudentes: "Hay un Dios; no gocemos, pues, de las criaturas." Ya que lo que nos incita a consagrarnos a las criaturas es malo, porque nos impide, o servir a Dios, si le amamos, o buscarle, si le ignoramos. Estamos llenos de concupiscencia; estamos llenos de mal; luego debemos odiarnos a nosotros mismos y a cuantos nos inclinan a otro afecto que al de Dios.

480.—Para que los miembros sean felices han de tener una voluntad y conformarla al cuerpo.

481.—Los ejemplos de las muertes generosas de los lacedemonios no nos afectan. Pero sí el ejemplo de las muertes de los mártires, porque ésos son *nuestros miembros.* Tenemos un lazo común con ellos, su resolución puede formar la nuestra, no sólo por el ejemplo, sino porque quizá ella ha merecido la nuestra. Nada hay de eso en los ejemplos de los paganos, ni nada a ellos nos liga, como no se hace uno rico por ver un extranjero que lo sea, pero sí por ver que el padre o el marido lo son.

482.—Habiendo hecho Dios el cielo y la tierra, que no sienten la dicha de su ser, ha querido hacer seres que le conozcan y que formen un cuerpo de miembros pensantes. Porque nuestros miembros no sienten la dicha de su unión, de su admirable inteligencia, del cuidado con que la naturaleza los hace crecer y existir. ¡Qué felices serían si lo sintiesen y lo viesen! Pero para ello haría falta que tuviesen inteligencia y buena voluntad para consentir en formar parte del alma universal. Si, habiendo recibido la inteligencia, se preocupasen de coger para sí la nutrición, impidiendo que pase a los demás, serían, no sólo injustos, pero también miserables, y se odiarían en vez de amarse, ya que su dicha, como su deber, consisten en consentir en la conducta del alma entera a que pertenecen, y que les ama mejor de lo que puedan amarse ellos mismos.

483.—Ser miembro es no tener vida, existencia y movimiento más que por el espíritu del cuerpo y para el cuerpo. El miembro separado, que no ve a qué cuerpo pertenece tiene un ser moribundo. Sin embargo, cree ser un todo, y no viendo cuerpo alguno de que depender, cree depender sólo de sí y quiere hacerse centro y cuerpo él mismo. Mas, no teniendo en sí principio de vida, no hace más que extraviarse y sorprenderse de la incertidumbre de su ser, sintiendo que no es nuestro, y, sin embargo, sintiendo que no es miembro de un cuerpo. Al fin, cuando consigue conocerse, es como si volviera en sí y no se ama más que por el cuerpo, lamentando sus pasados extravíos. Por naturaleza no podría amar otra cosa, sino a sí mismo, porque cada cosa se quiere a sí misma más que a nada: pero amando al prójimo se ama a sí mismo, porque sólo tiene ser en él, por él y para él: *qui adhaeret Deo unus spiritus est*[61]. El cuerpo ama la mano, y la mano, si tuviese voluntad, debería amarse lo mismo que la ama el alma. Ir más allá es injusto.

Nos amamos, porque somos miembros de Jesucristo. Todo es lo uno y uno es lo otro, como las tres personas de la Trinidad.

484.—Dos leyes bastan para regir toda la república cristiana mejor que todas las leyes políticas.

485.—La verdadera y única virtud es odiarse (porque somos odiosos por la concupiscencia), y buscar un ser verdaderamente amable, para amarlo. Pero, como no podemos amar lo que está fuera de nosotros, hay que amar un ser que esté en nosotros, sin ser nosotros mismos. Ese no puede ser más que el Ser universal. El reino de Dios está en nosotros; el bien universal está en nosotros; es nuestro mismo ser y no lo es.

486.—La dignidad del hombre consistía en su inocencia, en dominar sobre las criaturas, pero hoy en separarse de ellas y en dominarse.

487.—Es falsa toda religión que no adore un Dios como principio de todas las cosas, en su fe, y que, en su moral, no ame un solo Dios como objeto de todas las cosas.

488.—Pero es imposible que Dios sea nunca el fin, si no es el principio. Se mira arriba, pero con los pies en la arena, y la tierra cederá y se caerá mirando al cielo.

489.—Si hay un solo principio de todo y un solo fin de todo, todo es por él y todo para él. Precisa que la verdadera religión nos enseñe a no amar ni adorar más que a él. Pero como somos impotentes para adorar lo que no conocemos, y para amar otra cosa que a nosotros, la religión, que nos

---

[61] "El que se adhiere a Dios es un solo espíritu" *(N. del P.)*

instruye de esos deberes, nos debe instruir también de esas impotencias y de los medios de remediarlas. Ella nos enseña que todo se perdio por un hombre y todo por un hombre fue reparado.

Nacemos tan contrarios a ese amor de Dios, y éste es tan necesario, que es preciso que nazcamos culpables, pues si no Dios sería injusto.

490.—Los hombres no acostumbrados a crear el mérito, sino a recompensarle cuando le encuentran formado, juzgan a Dios por sí mismos.

491.—La verdadera religión debe distinguirse y caracterizarse por exigir el amor de su Dios. Eso es justo, y, sin embargo, ninguna lo ordena, y la nuestra sí. Debe conocer la concupiscencia y la impotencia: la nuestra las conoce. Debe proponer los remedios: uno de ellos, la oración.

492.—Quien no odia su amor propio y ese instinto que le lleva a hacerse Dios, es bien ciego. ¿Quién no ve que nada hay más opuesto a la justicia y a la verdad? Porque es falso que merezcamos eso, y es injusto e imposible conseguirlo, pues que todos quieren lo mismo. Es una injusticia manifiesta, con la que hemos nacido, de la que no podemos deshacernos y de la que es preciso que nos deshagamos. Sin embargo, ninguna religión ha dicho que eso sea un pecado, ni que hubiésemos nacido con él, ni que debiéramos resistirle, ni ha pensado en darnos remedio contra él.

493.—La verdadera religión muestra nuestros deberes, nuestras impotencias (orgullo y concupiscencia) y sus remedios (humildad y mortificación).

494.—Convendría que la verdadera religión mostrase la grandeza y la miseria, llevase a la estima y al desprecio de sí, al amor y al odio.

495.—Si es sobrenatural ceguera vivir sin buscar lo que se es, lo es terrible vivir creyéndose Dios.

496.—La experiencia nos hace ver una diferencia enorme entre la devoción y la bondad.

497.—Como los dos orígenes del pecado son el orgullo y la pereza, Dios nos ha descubierto en él dos cualidades para curarlo: su misericordia y su justicia. Lo propio de la justicia es abatir el orgullo, por santas que sean las obras (*et non intres in judicium*[62], etc.); y lo propio de la misericordia es combatir la pereza exhortando a las buenas obras, según este pasaje: "La misericordia de Dios invita a la penitencia"; y este otro de los ninivitas: "Hagamos penitencia, a ver si por casualidad él tiene piedad de nosotros." Y tan es así, que la misericordia no autoriza a la pasividad, sino que es, al contrario, la cualidad que la combate más formalmente, de modo que, en vez de decir,: "Si no hubiese un Dios de misericordia, habría que hacer todos los esfuerzos para la virtud", hay que decir, al contrario, que es porque hay un Dios de misericordia por lo que hay que hacer todos los esfuerzos.

---

[62] "Y no entres en juicio". (*N. del P.*)

498.—Es verdad que hay enojo en la piedad. Pero este enojo no viene de la piedad que apunta en nosotros, sino de la impiedad que en nosotros resta. Si nuestros sentidos no se opusiesen a la penitencia y nuestra corrupción no se opusiese a la pureza de Dios, nada habría en la piedad de penoso para nosotros. No sufrimos más que en la proporción en que el vicio, que nos es natural, resiste a la gracia sobrenatural. Nuestro corazón se siente desgarrado entre esfuerzos contrarios, pero sería injusto imputar esta violencia a Dios que nos atrae, en vez de al mundo que nos retiene. Tal que un niño, que su madre arranca de los brazos de los raptores, debe amar, en la pena que sufre, la violencia amorosa y legítima de la que procura su libertad, y no odiar más violencia que la tiránica de los que le retienen injustamente. La más cruel guerra que Dios puede hacer a los hombres en esta vida es dejarlos sin esa guerra que él ha traído. "He venido a traer la guerra", dijo, y "he venido a traer el hierro y el fuego". Antes de él, el mundo vivía en falsa paz.

499.—Nada hay tan peligroso como lo que place a Dios y a los hombres, porque los estados que placen a Dios y a los hombres tienen algo que place a Dios y algo que place a los hombres, como la grandeza de Santa Teresa, que place a Dios por su profunda humildad, y a los hombres por sus luces, así que se encarnizan en imitar sus discursos, pensando imitar su estado, y no lo que Dios ama, para estar en el estado que Dios ama.

Vale más no ayunar y estar humillado, que ayunar y estar satisfecho. Parábola del fariseo y del publicano.

¿De qué me serviría acordarme de ello si creo que puede igualmente perjudicarme o convenirme, y que todo depende de la bendición de Dios, la cual no da más que a las cosas hechas por El y según sus reglas, siendo así el modo tan importante como la cosa y acaso más, pues que Dios puede sacar del mal el bien, y sin Dios se obtiene del bien el mal?

500.—Inteligencia de las palabras de bien y mal.

501.—Primer grado: ser vituperado haciendo el mal y loado haciendo el bien. Segundo grado: no ser loado ni vituperado.

502.—Abraham no tomó nada para él y sí sólo para sus servidores. Así, el justo no toma nada para sí del mundo ni de sus aplausos, sino solamente para sus pasiones, de las que se sirve como dueño, diciendo a la una: "Vete", y a la otra: "Ven". *Sub te erit appetitus tuus*[63]. Sus pasiones, dominadas así, son virtudes; la avaricia, los celos, la cólera, Dios mismo se las atribuye, y tan virtudes son como la clemencia, la piedad, la constancia, que también son pasiones. Hay que servirse de ellas como de esclavos, y dejándolas su alimento, impedir que el alma tome nada de ellas, porque cuando las pasiones dominan, son vicios, y entonces dan al alma su alimento, con que el alma se nutre y se emponzoña.

---

[63] "Someterá tus apetitos". *(N. del P.)*

503.—Los filósofos han consagrado los vicios poniéndolos en Dios mismo, y los cristianos han consagrado las virtudes.

504.— Privación del espíritu de Dios, cuyas acciones nos engañan a causa del paréntesis o interrupción de dicho espíritu. El justo obra por fe en las menores cosas, y, cuando reprende a sus servidores desea su conversión por el espíritu de Dios, y ruega a Dios que les corrija, y espera tanto de Dios como de sus represiones, y espera de Dios que bendiga sus correctivos. Y así en las demás acciones.

505.—Todo puede sernos mortal, incluso las cosas hechas para servirnos, como, en la naturaleza, las murallas pueden matarnos, y matarnos las escaleras, si no las recorremos con exactitud. El menor movimiento importa a toda la naturaleza. Todo el mar cambia por una piedra que se le arroje. Así, con la gracia, la acción menor importa para todo. Todo es, pues, importante. En cada acción se ha de mirar, a más de la acción, nuestro estado presente, pasado, futuro, y el de los otros a los que importa, y ver las relaciones de todas esas cosas. Y entonces se podrá obrar con prudencia.

506.—¡Que Dios no nos impute todos nuestros pecados, es decir, todas las consecuencias de nuestros pecados, que son espantables, aun en las faltas pequeñas, si se las quiere buscar sin misericordia!

507.—Los movimientos de gracia, la dureza de corazón, las circunstancias exteriores.

508.—Para hacer de un hombre un santo, es necesaria la gracia. Quien lo dude, no sabe lo que es santo, ni lo que es hombre.

509.—¡Qué fácil es gritar al hombre (que ni a sí mismo se conoce) que es igual a Dios! ¡Qué linda cosa decir a un hombre que se conoce!

510.—El hombre no es digno de Dios, pero no es incapaz de llegar a ser digno. Es indigno de Dios unirse al hombre miserable, pero no es indigno de Dios sacarlo de su miseria.

511.—Si se quiere decir que el hombre es muy poco para comunicar con Dios, hay que ser harto grande para juzgar de esto.

512.—La unión de dos cosas, su transformación, no hace que se pueda decir que una se convierte en la otra; así el alma se une al cuerpo, y el fuego a la madera, sin cambiar. Pero sí debe cambiar cuando la forma de una ha de tomar la de otra, como en la unión del Verbo al hombre. Porque si mi cuerpo, sin mi alma, no sería el cuerpo de un hombre, mi alma unida a cualquier materia haría mi cuerpo. Hay que distinguir la condición necesaria de la suficiente: la unión es necesaria, pero suficiente, no. El brazo izquierdo no es el derecho. La impenetrabilidad es una propiedad de los cuerpos.

La identidad *de número* exige la identidad de la materia. Así, si Dios uniese mi alma a un cuerpo en la China, el mismo cuerpo, *ídem número*, estaría en la China. El número que corre aquí es, *ídem número,* el que corre en la China.

513.—Dios ha establecido la oración:

1) Para comunicar a sus criaturas la dignidad de la causalidad.

2) Para enseñarnos de quién recibimos la virtud.

3) Para hacernos merecer con nuestro esfuerzo las otras virtudes.

Pero, para conservar su preeminencia, da la oración a quien le place. Se objetará que se tiene la oración de por sí. Eso es absurdo, porque teniendo la fe, pueden no tenerse las virtudes. ¿Cómo se tendría la fe? ¿Hay más distancia de la incredulidad a la fe que de la fe a la virtud la palabra *mérito es ambigua*.

Meruit habere Redemptorem.
Meruit tam sacra membra tangere.
Non sum dignus.
Qui manducat indignus.
Dignus est accipere.
Dignare me.[64]

Dios no se debe más que a sus promesas. Ha prometido conceder la justicia a las plegarias, pero nunca ha prometido la plegaria más que a los hijos de la promesa. San Agustín ha dicho formalmente que le serían quitadas las fuerzas al justo. Pero lo ha dicho por casualidad, porque podría ocurrir que nunca llegase ocasión de decirlo. Mas esos principios hacen ver que, llegada la ocasión, es imposible que no se dijera o que se dijese lo contrario. Más es, pues, verse forzado a decirlo al llegar la oportunidad, que haberlo dicho cuando la ocasión se ofreció, siendo un caso de necesidad y otro de casualidad. Pero ambos son cuanto se puede pedir.

514.—"Cuidad de vuestra salvación con el temor."

Pruebas de la oración: *Petenti dabitur*[65]. Está en nuestro poder el rogar y pedir. Al contrario de... Quien no tendrá nada, puesto que la obtención de lo que rogaría no es nada. Porque, puesto que nada le es la salvación, y sí le es la obtención, la plegaria no le es nada. El justo no debe, pues, esperar en Dios, porque no debe esperarse, pero sí esforzarse en obtener lo que pide. Concluyamos que, puesto que el hombre es inicuo después del primer pecado, y Dios no quiere que sea por ahí por donde deje de alejarse de él, si no se aleja es en virtud de su primer efecto. Así que los que se alejan de Dios no pueden contar con ese primer efecto, y los que no se alejan, sí. Cuando aquellos que se ha visto poseídos de la gracia dejan de orar, es que les falta el primer efecto. Luego Dios lo quita en este sentido.

515.—Los elegidos ignoran sus virtudes y los réprobos la magnitud de sus crímenes. "Señor, ¿cuándo te hemos visto tener hambre, sed?, etc."

---

[64] "Mereció tener un redentor.
Mereció tanto, tocar los miembros sagrados.
No se dignó.
El que come es indigno.
Digno es de recibir". *(N. del P.)*

[65] "Pedid y será dado". *(N. del P.)*

516.—La gloria excluye: ¿por qué ley? ¿Por las obras? No: por la fe. Porque la fe no está en nuestra potencia cómo las obras de la ley, y nos es dada de otra manera.

517.—Consolaos. No es de vosotros de quienes debéis esperar nada, sino, al contrario, no esperando nada de vosotros como lo podéis esperar.

518.—Toda condición, hasta la de los mártires, es de temer, por la Escritura.

De las penas del purgatorio, la más grande es la incertidumbre del juicio[66]. *Deus absconditus.*

519.—*Multi crediderunt in eum. Dicebat ergo Jesus: Si manseritis...* VERE *mei discipuli eritis, et* VERITAS LIBERATIT VOS. *Responderunt: Semen Abrahae sumus, et nemi ni servimus unquam*[67].

Hay mucha diferencia entre los discípulos y los *verdaderos* discípulos. Se les reconoce diciendo que la verdad les hará libres, porque, si responden que son libres y que en ellos está el salir de la esclavitud del diablo, son, en verdad, discípulos, pero no verdaderos discípulos;

520—La ley no ha destruido la naturaleza, sino que la ha instruido, y la gracia no destruye la ley, sino que la hace cumplir. La fe recibida en el bautismo es el origen de toda la vida de los cristianos y de los conversos.

521.—La gracia subsistirá siempre en el mundo, y también en la naturaleza, de modo que es en cierto sentido natural. Así, siempre habrá pelagianos, y siempre católicos, y siempre combate, porque el primer nacimiento hace a unos y la gracia del segundo hace a otros.

522.—La ley obliga a lo que no da. La gracia da aquello a lo que obliga.

523.—Toda la fe consiste en Cristo y en Adán, y toda la moral en la concupiscencia y en la gracia.

524.—No hay doctrina más propia al hombre que aquella que le instruye de su doble capacidad de recibir y perder la gracia, a causa del doble peligro en que se encuentra siempre: la desesperación y el orgullo.

525.—Los filósofos no prescriben ningún sentimiento proporcionado a los dos estados, porque inspiran movimientos de grandeza pura, lo que no es el estado del hombre, o de bajeza pura, que tampoco lo es.

Se precisan movimientos de humillación, no naturales, sino por penitencia, y no para permanecer en ella, sino para ir a la grandeza. Se precisan movimientos de grandeza, no por mérito, sino por gracia, y después de haber pasado por la humillación.

---

[66] Esta idea, de origen protestante, fue condenada por una bula de León X. (*N. del T.*)

[67] "Muchos creyeros en Él. Decía, pues, Jesús, si permanecéis mis verdaderos discípulos y la verdad os hará libres. Respondieron: Somos de la estirpe de Abraham y a nadie servimos jamás". (*N. del P.*)

526.—La miseria incluye la desesperación, y la grandeza, la presunción. La Encarnación muestra al hombre la grandeza de su miseria, por la magnitud del remedio que ha exigido.

527.—El conocimiento de Dios sin el de la miseria engendra el orgullo. El conocimiento de la miseria sin el de Dios, causa la desesperación. El medio está en el conocimiento de Jesucristo, porque en él hallamos a Dios y a nuestra miseria.

528.—Cristo es un Dios al que se puede el hombre acercar sin orgullo y humillarse sin desesperación.

529.—...No un rebajamiento que nos haga incapaces del bien, ni una santidad exenta del mal.

530.—Me decía un día una persona que salía de la confesión con alegría y confianza. Otra me decía que con temor. Pienso que con los dos se hacía uno bueno, y que cada uno fallaba en no tener el sentimiento del otro. Esto ocurre a menudo en otras cosas.

531.—El que conoce la voluntad de su dueño será herido con más golpes, a causa del poder que tiene por su conocimiento. *Qui justus est, justificetur adhuc,* "el que es justo, sea justificado como tal" (N. del P), a causa del poder que tiene por la justicia. A quien más le ha recibido le será pedida más cuenta, por el poder que tiene por el socorro.

532.—La Escritura tiene pasajes para consolar y para intimidar a todas las condiciones. La naturaleza parece haber hecho lo mismo para sus fines infinitos, naturales y morales, porque tendremos siempre el encima y el debajo, los más y los menos hábiles, los más altos y los más miserables, para abatir nuestro orgullo y elevar nuestra abyección.

533.—*Comminutum cor* (dice San Pablo): he aquí el carácter cristiano. "Alburno os ha nombrado, pero yo no os conozco" (dice Corneille): he ahí el carácter inhumano. El carácter humano es lo contrario.

534.—No hay más que dos clases de hombres: unos justos, que se creen pecadores; otros pecadores, que se creen justos.

535.—Se está obligado a los que nos advierten de nuestros defectos, porque mortifican y enseñan que se ha sido despreciado, y no impiden que se vuelva a serlo en el porvenir, porque hay abundantes defectos que pueden causar tal cosa, pero preparan la corrección de un defecto.

536.—El hombre es de tal modo que a fuerza de decirle que es tonto lo cree, y a fuerza de decírselo a sí mismo se lo hace creer. Porque el hombre tiene en sí una conversación interior que le importa regular. *Corrumpunt mores bonos colloquia prava*[68]. Hay que guardar tanto silencio como se pueda, y no ocuparse más que de Dios, que se sabe ser la verdad, y así hay que persuadirse a sí mismo.

---

[68] "Las malas conversaciones corrompen las buenas costumbres". *(N. del P.)*

537.—El cristianismo es extraño. Ordena a la vez al hombre que se reconozca vil y semejante a Dios. Sin tal contrapeso, el orgullo le haría terriblemente vano y el rebajamiento terriblemente abyecto.

538.—¡Con qué poco orgullo se cree un cristiano unido a Dios! ¡Con qué humildad se compara a un gusano! ¡Qué buen modo de recibir la vida y la muerte, los bienes y los males!

539.—¿Qué diferencia, cuanto a la obediencia, hay entre un soldado y un cartujo? Porque igualmente obedientes y dependientes son e igualmente penosos sus ejercicios. Pero el soldado espera siempre llegar a jefe, y no llega nunca, porque hasta los capitanes y príncipes son esclavos y dependientes. En cambio, el cartujo hace voto de ser siempre dependiente. No difieren, pues, en la servidumbre, que en ambos es perpetua, sino en la esperanza, que uno tiene y otro no.

540.—La esperanza que los cristianos tienen de poseer un bien infinito es mezcla de gozo y de temor, porque no es como aquellos que esperan un reino, que nunca tendrán, pues son vasallos, sino que esperan la santidad y la exención de injusticia, y de esto pueden tener alguna cosa.

541.—Nadie es tan feliz, razonable, virtuoso y amable como un verdadero cristiano.

542.—Sólo la religión cristiana hace al hombre a la vez *amable* y *feliz*. En la honradez no se puede ser a la vez amable y feliz.

543.—Las pruebas metafísicas de Dios están tan alejadas de la comprensión de los hombres que impresionan poco, y aunque sirvieran a algunos, sólo sería por un instante, para olvidarse de ellas poco después.

Quod curiositate cognoverunt superbia amiserunt[69]. Eso produce el conocimiento de Dios, que se obtiene sin mediador. Los que conocen a Dios por mediación de Jesucristo, conocen su miseria.

544.—El Dios de los cristianos es un Dios que hace sentir al alma que es su único bien, que todo descanso está en Él, que sólo hay alegría en amarle, y que al mismo tiempo hace borrar los obstáculos que impiden amarle. El amor propio y la concupiscencia le son insoportables. Este Dios hace sentir al alma que tiene un fondo de amor propio que la pierde y que Él solo puede curar.

545.—Jesucristo no ha hecho más que enseñar a los hombres que se amen a sí mismos, que son esclavos, ciegos, desgraciados y pecadores, y que era menester que Él les librase, glorificase y curase, lo que se conseguiría odiándose a sí mismos y siguiéndole por la miseria y la muerte en la cruz.

546.—Sin Cristo, el hombre tiene que estar en el vicio y en la miseria. Con Cristo, el hombre se libra de la miseria y del vicio. Está en Él toda nuestra virtud y toda nuestra felicidad. Fuera de Él sólo hay vicio, error, miseria, tinieblas y desesperación.

---

[69] "Aquello que conocieran por curiosidad dejaron perderlo por la soberbia". *(N. del P.)*

547.—No conocemos a Dios más que por Jesucristo. Sin este mediador no hay comunicación con Dios, mientras que por Él conocemos a Dios. Los que han pretendido conocer a Dios sin Jesús, sólo tenían pruebas sin peso. Pero para probar a Jesucristo tenemos las profecías, que son pruebas sólidas y palpables. Y cumplidas esas profecías por su advenimiento, marcan la prueba de la Divinidad de Jesucristo. En Él y por Él conocemos a Dios. Fuera de Él y de la Escritura, sin el pecado original, no hay modo de probar absolutamente a Dios, ni de enseñar buena doctrina y buena moral. Pero por Cristo se prueba a Dios y se enseñan moral y doctrina. Jesús es, pues, el verdadero Dios de los hombres.

Pero conocemos a la par nuestra miseria porque ese Dios sólo es el reparador de ella. Conque no podemos conocer bien a Dios más que conociendo nuestras iniquidades. Los que han conocido a Dios sin conocer su miseria, no lo han glorificado, pero son glorificados. *Quia... non cognovit per sapientiam... placuit Deo per stultitiam praedicationis salvos facere*[70].

548.—No sólo no conocemos a Dios más que por Jesús, sino que no nos conocemos a nosotros mismos más que por él. Sólo por Cristo conocemos la vida y la muerte. Fuera de Él, no sabemos qué es la vida ni qué es la muerte, ni qué Dios, ni qué nosotros mismos. Sin la Escritura, que tiene a Cristo por objeto, no conoceríamos nada, y sólo veríamos confusión en la naturaleza de Dios y en la propia, naturaleza.

549.—No sólo es imposible, sino inútil, conocer a Dios sin Jesucristo, que no están alejados, sino aproximados, ni abatidos, sino... *Quo quisquam optimus est, pessimus, si hoc ipsum, quod optimus est, adscribat sibi*[71].

550.—Amo a todos los hombres como hermanos míos, porque todos han sido rescatados por Jesús. Amo la pobreza porque Él la amó. Amo las riquezas, porque dan medio de asistir a los miserables. Soy leal con todo el mundo, y no hago el mal a los que me lo hacen, sino que les deseo una condición semejante a la mía, en la que no se reciba mal ni bien de los hombres. Trato de ser justo, verídico, sincero y fiel con todos los hombres. Mi corazón siente ternura hacia aquellos a quienes Dios me ha unido estrechamente, y esté solo, o a la vista de los hombres, hago todas mis acciones mirando a Dios, a quien las he consagrado todas, y que las debe juzgar.

Esos son mis sentimientos, y bendigo diariamente al Redentor que los ha puesto en mí, y que de un hombre lleno de miserias, de concupiscencias, de orgullo y de ambición, ha hecho un hombre exento de todos los males, por

---

[70] "Porque no conoció por la sabiduría, a Dios le agradó salvarnos por la locura de la predicación". *(N. del P.)*
[71] "Lo mejor de cada uno también es lo peor si lo mejor se lo atribuye a sí mismo". *(N. del P.)*

su gracia, a la cual toda la gloria se debe, sin que reciba de mí más que miseria y error.

551.—*Dignior plagis quam osculis non timeo quia amo*[72].

552.—Jesucristo fue visto muerto sobre la cruz, y fue metido en el sepulcro.

Jesucristo no fue enterrado más que por santos.

Jesucristo no ha hecho milagros en la tumba.

No hubo más que santos que entrasen allí.

Allí, y no sobre la cruz, tomó Jesucristo una nueva vida. Es el último misterio de la Pasión y de la Redención.

Jesucristo no pudo reposar sobre la tierra más que en el sepulcro.

Sus enemigos no dejaron de perseguirle más que en el sepulcro.

---

[72] "Soy más digno de golpes que de besos aunque no temo porque amo". *(N. del P.)*

VIII

LOS FUNDAMENTOS DE LA RELIGIÓN CRISTIANA

556.—... Los hombres blasfeman de lo que ignoran. La religión cristiana consiste en dos puntos, y tanto importa a los hombres conocerlos cuanto que es peligroso ignorarlos, y a la misericordia divina se debe haber dado señales de los dos. Sin embargo, toman motivo para deducir que uno de esos puntos no es nada de lo que debía hacer deducir el otro. Los sabios que han dicho que no había más que un Dios, han sido perseguidos; los judíos, odiados; los cristianos, más aún. Han visto por luz natural que, si sólo hay una religión sobre la tierra, todo debe tender a su centro. El objeto de las cosas debe ser el establecimiento y engrandecimiento de la religión; los hombres deben sentir según ella nos enseña; su fin debe ser el centro y objeto a que todos tiendan, como quien sabe los principios para explicar la naturaleza del hombre en particular y la conducta del mundo en general.

Y fundándose en esto blasfeman de la religión cristiana, porque la conocen mal. Se imaginan que consiste sólo en la adoración de un Dios considerado como grande, potente y eterno, lo que es propiamente el deísmo, tan alejado de la religión cristiana como el ateísmo, que es su antípoda. Y concluyen que esta religión no es verdadera, porque no ven que todo concurre a establecer que Dios no se manifiesta a los hombres con toda la evidencia que podría hacerlo.

Pero, concluyan lo que quieran contra el deísmo, nada concluirán contra la religión cristiana, que consiste propiamente en el misterio del Redentor, el cual, uniendo en sí las dos naturalezas, humana y divina, ha sacado a los hombres de la corrupción del pecado para unirlos a Dios en su persona. Enseña, pues, nuestra religión a los hombres estas dos verdades: que hay un Dios del que son dignos, y una corrupción en la naturaleza que les hace indignos de Él. Tanto importa a los hombres conocer uno como conocer otro de estos principios, y tan peligroso les es conocer a Dios sin conocer su miseria como conocer su miseria y no al Redentor que la puede curar. Uno sólo de estos conocimientos sólo conduce, o al orgullo de los filósofos, que han conocido a Dios y no su miseria, o a la desesperación de los ateos, que conocen su miseria sin Redentor. Y así como es necesario al hombre conocer igualmente ambos puntos, consiste la misericordia de Dios en hacérnoslo conocer, que es lo que efectúa la religión cristiana.

Examínese a este propósito el orden del mundo, y se verá que todo tiende al establecimiento de esos dos puntos esenciales de nuestra religión.

Jesucristo es el objeto de todo y el centro al que todo tiende. Quien le conoce, conoce la razón de todas las cosas.

Quienes se extravían es porque no ven una de esas dos cosas. Se puede conocer a Dios y no la miseria propia, y al contrario. Pero no se puede conocer a Cristo sin conocerlo todo, incluso a Dios y la propia miseria.

Por lo cual no intentaré aquí probar por razones naturales la existencia de Dios, o la Trinidad o la inmortalidad del alma, ni nada por el estilo, no sólo porque no me siento bastante fuerte para encontrar en la naturaleza razones que convenzan a los ateos recalcitrantes, sino porque ese conocimiento, sin Cristo, sería estéril. Cuando un hombre se haya persuadido de que hay verdades inmateriales, eternas y dependientes de una verdad primera, que se llama Dios, no creo que haya adelantado mucho en su salvación. El Dios de los cristianos no es un Dios simplemente autor de las verdades geométricas y del orden de los elementos, parte que corresponde a los paganos y epicúreos. No es sólo un Dios que interviene activamente en la vida de los hombres para dar largos años a quienes le adoran, parte que corresponde a los judíos. Pero el Dios de Abraham, de Isaac, de Jacob, de los cristianos, es un Dios de amor y de consuelo, que llena el alma y el corazón de los que le poseen; que les hace sentir su miseria y su misericordia infinitas unidas en el fondo de su alma; que la llena de alegría, de humildad, de confianza, de amor; que les hace incapaces de otro fin que Él.

Los que buscan a Dios fuera de Cristo y se detienen en la naturaleza, o no encuentran nada que les satisfaga, o se forman un medio de conocer y servir a Dios sin mediador, por lo que caen, o en el ateísmo, o en el deísmo, dos cosas que la religión cristiana repudia igualmente.

Sin Jesucristo, el mundo no existiría, porque tendría que ser, o destruido, o convertido en un infierno. Si el mundo subsistiera para instruir al hombre de la verdad de Dios, su divinidad reluciría de un modo incontestable. Pero como no subsiste más que por Cristo y para Cristo y para instruir a los hombres de su corrupción y de su redención, todo se reduce a pruebas de estas verdades. Todo lleva el carácter, no de una exclusión total, ni de una manifiesta presencia de Divinidad, sino de la de un Dios que se oculta. Él que sólo conoce la naturaleza, ¿no la conocerá más que para ser miserable? ¿Será el único desgraciado sólo el que la conozca?

No es preciso que no vea nada de todo, ni es preciso que vea lo bastante para creer que la posee, sino que vea lo bastante para conocer que la ha perdido, porque para ver que lo ha perdido preciso es que la vea y no la vea, estado en que está precisamente la naturaleza. En cualquier partido que adopte, no le dejará reposar...

557.—Es verdad que todo instruye al hombre de su condición, pero hay que entenderlo bien, porque no es verdad que todo muestre a Dios, ni que todo oculte a Dios. Sólo es verdad que se oculta a quienes le tientan y se muestra a quienes le buscan, pues que los hombres son simultáneamente dignos de Dios e indignos de él; indignos, por su corrupción, dignos, por su primera naturaleza.

558.—¿Qué concluiremos de tantas obscuridades, sino nuestra indignidad?

559.—Si nada se hubiera nunca visto de Dios, esta eterna privación sería equívoca, y tanto podría relacionarse con la ausencia de toda Divinidad como con la indignidad en que estarían los hombres de conocerla. Pero lo que se muestra de Dios a veces y no siempre, borra todo equívoco, pues si es una vez, es siempre, así que es menester concluir que hay un Dios del que somos indignos.

560.—No concebimos ni el estado glorioso de Adán, ni la naturaleza de su pecado, ni el que nos haya sido transmitido. Son cosas que han ocurrido en el estado de una naturaleza totalmente distinta de la nuestra, y que exceden nuestra presente capacidad.

Todo eso nos es inútil saberlo, y sólo nos importa conocer que somos miserables, corrompidos y separados de Dios, pero redimidos por Jesucristo, y de esto es de lo que hay sobre la tierra pruebas admirables. Las dos pruebas de la redención se sacan de los impíos, que viven en la indiferencia de la religión, y de los judíos, que son sus enemigos irreconciliables.

561.—Hay dos modos de persuadir de las verdades de nuestra religión: una, por la fuerza de la razón; otra, por la autoridad del que habla. No se usa la última, sino la primera. No se dice: "haced esto, porque la Escritura que lo dice es divina", sino que se dice que es verdad por tal o cual argumento, que es débil, pues que la razón es flexible a todo.

562.—Nada hay sobre la tierra que no muestre, o la miseria del hombre, o la misericordia de Dios, o la importancia del hombre sin Dios, o la potencia del hombre con Dios.

563.—Una de las confusiones de los condenados será ver que lo son por su propia razón, con la que han querido condenar la religión cristiana.

564.—Las profecías, los milagros y las pruebas de nuestra religión no son de tal naturaleza que se pueda afirmar que son convincentes en absoluto. Pero son tales que no se puede decir que falte razón para creerlas. Así hay evidencia y oscuridad, para aclarar unas y oscurecer otras. Pero la evidencia sobrepasa, iguala al menos, la evidencia de lo contrario, de modo que no es la razón quien pueda determinar a seguir esto último, lo que sólo puede hacer la concupiscencia y malicia del corazón. Por ese medio hay asaz evidencia para condenar y no para convencer, porque parece que a quienes da razón no es ésta, sino la gracia, quien la haría seguir, y en los que la rehuyen es la concupiscencia, y no la razón, quien la hace rehuir.

Vere discipuli, vere israelita, vere liberi, vere cibus[73].

---

[73] "Verdaderos discípulos, verdaderos israelitas, verdaderamente libre, verdadero alimento". *(N. del P.)*

565.—Reconoced, pues, la verdad de la religión en su oscuridad misma, en la poca luz que poseemos, en la indiferencia que sentimos por conocerla.

566.—No se entiende nada de las obras de Dios, si no se toma por principio que ha querido cegar a unos e iluminar a otros.

567.—Las dos razones contrarias: hay que empezar por eso, sin lo que no se comprende nada y todo es herético incluso al fin de cada verdad hay que añadir que se re cuerda la verdad opuesta.

568.—Objeción: "La Escritura tiene cosas que visiblemente no ha inspirado el Espíritu Santo." Respuesta: "Nada contienen contra la fe." "Pero la Iglesia ha decidido que todas provienen: del Espíritu Santo." Contesto dos cosas: "La Iglesia no ha decidido nada de eso. Pero si lo hubiese decidido sabría cómo sostenerse en ello."

Hay muchos espíritus falsos. ¿Creéis que las profecías citadas en el Evangelio se han puesto allí para haceros creer? No, sino para alejaros de creer.

569.—Lo herético, al principio de la Iglesia, sirvio para probar lo canónico.

570.—Hay que poner en el capítulo de los *Fundamentos* lo que está en el de las *Figuras,* respecto a la causa de las figuras mismas, porque Jesucristo profetizó en su primer advenimiento y de una manera velada.

571.—Los hombres querían conservar un pueblo carnal y hacerlo depositario del Testamento espiritual; preciso era que, para dar fe al Mesías, hubiese profecías procedentes y que estuvieran guardadas por gentes no sospechosas, de una fidelidad y celo extraordinarios y conocido de toda la tierra.

Para lograr todo eso Dios eligió un pueblo carnal, al cual hizo depositario de las profecías que hablan del Mesías como liberador de los bienes carnales que ese pueblo amaba. Así éste tuvo un fervor extraordinario por sus profetas y mostró a todo el mundo ese libro que le anunciaba el Mesías, asegurando ante todas las naciones que debía venir y del modo predicho en estos libros, que ellos presentaban a todo el mundo. Y así ese pueblo, engañado por el nacimiento ignominioso y pobre del Mesías, se convirtió en su más cruel enemigo. De modo que he ahí al pueblo menos sospechoso de favorecernos y el más celoso que se pueda hallar de su ley y de sus profetas, y que ha rechazado y crucificado a Jesucristo, mostrando los libros que hablan de Él, y que dicen que será rechazado y puesto en ignominia. Así han señalado que era Él, negándole lo que igualmente han demostrado los judíos justos que le recibieron y los judíos injustos que le rechazaron, habiéndoles unos y otros predicho.

Por eso, las profecías tienen un sentido oculto, el espiritual, de que ese pueblo era enemigo, bajo el carnal, que apreciaba. Si hubiesen descubierto su sentido espiritual, no hubieran sido capaces de estimarle, y así no hubiesen tenido celo en la conservación de sus libros y de sus ceremonias, y si hubiesen amado esas promesas espirituales y las hubiesen conservado incorruptas hasta el Mesías, su testimonio por una cosa que amaban no hubiese sido de peso. De modo que fue bueno que el sentido espiritual permaneciese oculto, pero, de otra parte, si tan oculto hubiese sido que nunca se hubiese descifrado, no serviría de prueba al Mesías. ¿Qué se ha hecho, pues? Se ha escondido bajo lo temporal en multitud de pasajes y se ha revelado muy claramente en algunos, a más de que el tiempo y el estado del mundo han sido predichos con la claridad del sol, y el sentido espiritual es tan neto en algunos pasajes que sólo una ceguera tal como la que parece pone en el espíritu cuando le domina, puede no reconocerlo.

Así ha obrado Dios. Su sentido es claro en unos puntos y oculto en otros, pero de arte que lo oculto sea equívoco y pueda convenir a los dos sentidos, mientras que lo claro es unívoco y sólo conviene al sentido espiritual. De modo que eso no puede inducir a error, y sólo un pueblo muy vulgar pudo equivocarse. Porque, cuando se les prometían bienes en abundancia, ¿quién les impedía comprender verdaderos bienes, sino su concupiscencia, que les llevaba al sentido de los bienes de la tierra? Pero los que no tienen más bienes que Dios, sólo con Dios los relacionan, ya que hay dos principios que se reparten las voluntades humanas: la concupiscencia y la caridad. No es que aquélla no sea compatible con la fe en Dios, ni la caridad con los bienes de la tierra, pero la concupiscencia usa de Dios y goza del mundo, y la caridad, al contrario.

Ahora veamos el nombre que cabe dar a las cosas. Cuanto nos impide llegar a Dios se llama enemigo. Así, las criaturas, aunque sean buenas, son enemigas de los justos cuando las separan de Dios, y Dios es enemigo de aquellos cuya codicia turba. Así, los justos entienden por enemigo sus pasiones y las carnales entendían los babilonios, de modo que estos términos sólo son oscuros para los injustos. Por eso dice Isaías: *Signa legem in electis meis*[74], y que Jesús será piedra de escándalo. Pero "¡felices aquellos que no sean escandalizados en Él!" Oseas lo dice perfectamente: "¿Dónde está el prudente? Porque él comprenderá lo que yo digo. Los justos lo entenderán, porque los caminos de Dios son rectos; pero los malvados los enredan."

572.—El tiempo con claridad; el modo, con oscuridad. Cinco pruebas de figurativos.

2.000 { 1.600 profetas. 400 dispersos.

573.—"La Escritura (afirman los judíos) dice que se sabrá de dónde vendrá el Cristo. La Escritura dice que el Cristo vivirá eternamente, y éste dice que ha de morir." "Así (apostilla San Juan) no creían, aunque, Él hubiese

---

[74] "Sella la ley en mis discípulos". *(N. del P.)*

hecho tantos milagros, para que la palabra de Isaías se cumpliese: *Él los ha cegado"*, etc.

574.—La religión es una cosa tan grande que es justo que los que no quieran buscarla sean privados de ella. ¿Por qué se lamentan si pueden hallarla buscándola?

575.—Todo se trueca en bien para los elegidos, hasta las oscuridades de las Escrituras, porque las honran a causa de las claridades divinas. Todo se trueca en mal para los otros, porque hasta las claridades maldicen en virtud de las oscuridades que hallan.

576.—Puesto que el advenimiento ha probado la verdad de las profecías, lo demás debe ser creído. Y así vemos de esta suerte el orden del mundo: olvidados los milagros de la creación y el diluvio, Dios envía la ley y los milagros de Moisés y los profetas, que profetizan cosas particulares, y, para preparar un milagro que subsista, prepara profecías y su cumplimiento, pero, para evitar que sean sospechosas, las hacen no serlo, etc.

577.—Dios ha hecho servir la ceguera de ese pueblo al bien de los elegidos.

578.—Hay bastante claridad para iluminar a los elegidos, y bastante oscuridad para humillarlos. Hay bastante oscuridad para cegar a los réprobos, y bastante claridad para condenarlos.

La genealogía de Jesucristo en el Antiguo Testamento está mezclada con tantas otras inútiles que no puede ser discernida. Si Moisés no hubiese registrado más que los antecesores de Cristo, eso hubiese sido demasiado visible. Si no los hubiese registrado, sería demasiado poco visible. Pero, después de todo, quien mira de cerca, ve la genealogía de Cristo en Thamar, Ruth, etc.

Los que ordenaban los sacrificios sabían su inutilidad, y los que declararon la inutilidad no dejaron de practicarlos.

Si Dios no hubiese permitido más que una sola religión, la hubiese hecho demasiado evidente, pero mirándolo bien se discierne la verdad entre la confusión.

Moisés era un hombre inteligente. Si se gobernaba por su espíritu, no diría claramente nada que fuese directamente contra el espíritu.

Así que las debilidades aparentes son fuerzas. Ejemplo: las dos genealogías de San Mateo y San Lucas. ¿Hay algo más claro que el que eso no haya sido hecho de concierto?

579.—Dios y los apóstoles previeron que el orgullo haría nacer las herejías, y no queriendo darles motivo a nacer espontáneamente, pusieron en la Escritura y en las plegarias de la Iglesia palabras y sentencias contrarias, para que dieran el fruto a su tiempo. Lo mismo que dieron en la moral la caridad que produce frutos contra la concupiscencia.

580.—La naturaleza tiene perfecciones para mostrar que es la imagen de Dios y defectos para hacer ver que no es más que la imagen.

581.—Dios quiere disponer más la voluntad que el talento. La claridad perfecta serviría al talento más que a la voluntad. Humíllese la soberbia.

582.—Se hace un ídolo de la misma verdad, porque la verdad fuera de la caridad no es Dios, sino un ídolo que no hay que amar ni adorar, y menos aún hay que amar y adorar a la mentira.

Puedo amar la oscuridad total, y si Dios me pone en un estado de semioscuridad ese poco de claridad que hay me enfada, porque no veo en él el mérito de una oscuridad total. Es un defecto y una señal de que me hago un ídolo de la oscuridad, separado del orden de Dios, orden único que hay que adorar.

583.—Los enclenques[75] son gentes que conocen la verdad, pero que no la sostienen sino cuando está en ella su interés, y, cuando no, la abandonan.

584.—El mundo subsiste para ejercer misericordia y juicio, no como si los hombres hubiesen salido de las manos de Dios, sino como enemigos de Dios a los cuales da, por gracia, bastante luz para volver a Él, si quieren honrarle y seguirle, o para castigarles si no quieren seguirle ni buscarle.

585.—Si sólo hubiese una religión, Dios estaría demasiado manifiesto, lo mismo que si sólo nuestra religión tuviese mártires. Pero, estando Dios oculto, toda religión que no lo diga así, no es verdadera, y toda religión que no explica el porqué, no instruye. La nuestra hace todo eso: *Vere tu es Deus absconditus*[76].

586.—Si no hubiese ninguna oscuridad, el hombre no sentiría su corrupción, y si no hubiese ninguna luz, el hombre no esperaría ningún remedio. Así que no es sólo justo, sino útil, que Dios esté oculto en parte y en parte descubierto, porque igualmente peligroso al hombre es conocer a Dios, y no su miseria, que lo contrario.

587.—Esta religión tan grande en milagros, en santos padres irreprochables (testigos grandes y sabios), mártires, reyes (David e Isaías, príncipes de la sangre), tan grande en ciencia, después de haber mostrado sus milagros y su sabiduría reprueba todo eso y dice que sólo quiere la cruz y la locura. Porque los que por esa sabiduría y esos signos han merecido vuestra creencia, y os han probado su carácter, os declaran que nada de todo eso puede cambiarnos, al hacernos capaces de amar a Dios, y que sólo puede hacerlo la virtud de la locura de la cruz sin sabiduría ni signos, y no los signos sin esa virtud. Así, nuestra religión es loca, mirando a la causa efectiva, y prudente, respecto a la prudencia que prepara.

588.—Nuestra religión es loca y prudente. Prudente, porque es la más sabia, la más fundada en milagros, profecías, etc. Loca, porque considera que todo eso que hace no es nada, ya que hace condenar a los que no creen y no hace creer a los que no creen. Lo que les hace creer es la cruz, *ne evacuata sit*

---

[75] *Molinistas*, propone Havet. (*N. del T.*)
[76] "Verdaderamente tú eres el Dios escondido". (*N. del P.*)

crux[77]. Así San Pablo, que vino con sabiduría y signos, dice que ha venido sin nada de eso, y sólo para convertir. Pero los que no vienen más que para convencer, pueden decir que vienen con sabiduría y signos.

588 bis.—Contradicciones: sabiduría infinita y locura de la religión.

---

[77] "Que la cruz no sea en vano". *(N. del P.)*

IX

LA PERPETUIDAD

589.—Que la religión cristiana no sea única, lejos de demostrar que no es verdadera, demuestra que lo es.

590.—Para las religiones hay que ser sincero: verdaderos paganos, verdaderos judíos, verdaderos cristianos.

591.—
Ignorancia de Dios:
Paganos — J. C. — Mahoma

592.—La falsedad de las otras religiones no necesita testigos. Ellas propias lo son. Dios desafía a las religiones a producir sus señales. (Isaías, XLIII, 9; XLIV, 8.)

593.—Yo no creo más historias que aquellas cuyos testigos se dejaron degollar.

¿Quién es más creíble: Moisés o la China?

No se trata de ver eso en globo, porque hay con qué cegarse y con qué ver claro. Con esto sólo derribo todos vuestros razonamientos. "La China lo oscurece todo", diréis. Y yo os contesto: "La China oscurece; pero hay claridad a encontrar; buscadla." Así que cuanto digáis sirve a uno de nuestros puntos y no al otro. Veamos todo en detalle.

594.—Contra la historia de la China. Las historias de Méjico se remontan a cinco soles, el último de los cuales no tiene más que ochocientos años. Diferencia de un libro recibido de un pueblo o que forma un pueblo.

595.—Mahoma no tiene autoridad. Sería preciso que sus razones fuesen muy poderosas, ya que no cuenta más que con su propia fuerza.

¿Qué dice? Que hay que creerle.

596.—Los salmos se cantan en toda la tierra. ¿Y quién da testimonio de Mahoma? El mismo. Cristo quiere que su testimonio no sea nada. La calidad de testigos exige que sean siempre y en todas partes, y él, miserable, está solo.

597.—El Corán no es más de Mahoma que el Evangelio de San Mateo, porque está citado por muchos autores de siglo en siglo. Sus mismos enemigos, Celso y Porfirio, no lo han desaprobado nunca. El Corán dice que San Mateo era un hombre de bien. Pues era falso profeta llamando gentes de bien a los para él malvados, o no está de acuerdo con lo que ha dicho de Jesucristo.

598.—No hay nada que sea oscuro en Mahoma, y lo que puede hacerse pasar por tener un sentido misterioso, quiero que se vea, pues lo que ofrece de claro en su paraíso y en el resto de sus cosas es ridículo. No es justo tomar sus oscuridades por misterios, pues que sus claridades son ridículas.

No es lo mismo la Escritura. Admito que haya oscuridades tan vanas como las de Mahoma, pero hay claridades admirables y profecías manifiestamente cumplidas. No es, pues, igual. No hay que confundirse comparando cosas que no se asemejan más que en su oscuridad y no en las claridades.

599.—Mahoma no predijo. Jesucristo predijo. Mahoma mataba. Cristo dejaba matar a los suyos. Mahoma prohibia leer. Los apóstoles ordenan que se lea. Mahoma tomó el camino de triunfar humanamente. Cristo el de morir humanamente, y en vez de concluir que, pues Mahoma triunfó, bien pudo Jesús triunfar, hay que decir que pues Mahoma triunfó, Cristo debió perecer.

600.—Todo hombre puede hacer lo que ha hecho Mahoma, porque no ha hecho milagros, ni predijo. Nadie puede hacer lo que ha hecho Cristo.

601.—La religión pagana no tiene hoy fundamento. Se dice que lo tuvo antes por los oráculos que hablaban. Pero ¿qué libros nos lo aseguran? ¿Son dignos de fe por la virtud de sus autores? ¿Se han conservado con tanto cuidado que no se pueda decir que han Sido corrompidos?

La religión mahometana tiene por fundamento el Corán y Mahoma. Pero este profeta, ¿qué predicó? ¿Qué le distinguía de cualquier otro hombre que quisiera llamarse profeta? ¿Qué milagros dice él mismo haber hecho? ¿Qué misterios ha enseñado, según su tradición misma? ¿Qué moral y qué felicidad?

La religión judía debe ser juzgada diferentemente en la tradición de los Libros Santos y en la tradición del pueblo. La moral y la felicidad de la tradición del pueblo son ridículas, mas son admirables en los Santos Libros (igual en toda religión, porque la cristiana es harto diferente en los Libros Santos que en los casuistas). Su base es admirable: el más antiguo libro del mundo y el más auténtico[78]. Y al paso que Mahoma, para hacer subsistir el suyo, ha prohibido leerlo, Moisés, con objeto idéntico, ha ordenado que todos lean el suyo.

Nuestra religión es tan divina, que en otra divina ha tenido su fundamento.

602.—Veamos cuánto hay de claro e indiscutible en la religión de los judíos.

603.—La religión judía es divina en su autoridad, en su existencia, en su perpetuidad, en su moral, en su doctrina, en sus efectos.

604.—La única ciencia que va contra el sentido común y la naturaleza de los hombres es la única que ha subsistido entre los hombres.

---

[78] Pascal, como sus contemporáneos, desconocía el budismo y otras religiones orientales más antiguas que éste. (*N. del T.*)

605.—La única religión que va contra nuestro sentido común y nuestros placeres es la única que ha subsistido.

606.—Sólo nuestra religión ha enseñado que el hombre nace en pecado. Ninguna secta filosófica lo ha dicho. Nadie ha proclamado esa verdad. Ninguna religión ha subsistido siempre sobre la tierra, más que la religión cristiana.

607.—Quien juzgue de la religión de los judíos por los groseros de entre ellos, la conocerá mal. Es visible en los Santos Libros y en la tradición de los profetas que han hecho entender que no tomaban la ley al pie de la letra. Así nuestra religión es divina en el Evangelio, los apóstoles y la tradición, pero es ridícula en quienes la practican mal.

El Mesías, según los judíos carnales, debe ser un gran príncipe temporal. Jesús, según los cristianos carnales, ha venido para dispensarnos de amar a Dios y a darnos sacramentos que lo hagan todo sin nosotros. Ni unos ni otros representan la religión judía ni la cristiana. Los verdaderos judíos y los verdaderos cristianos han esperado siempre un Mesías, que les haga amar a Dios y defenderse por él del enemigo.

608.—Los judíos carnales ocupan el medio entre los cristianos y los paganos. Los paganos no conocen a Dios y sólo aman la tierra. Los judíos conocen al verdadero Dios y no aman más que la tierra. Los cristianos conocen al verdadero Dios y no aman la tierra. Judíos y paganos aman los mismos bienes. Judíos y cristianos conocen al mismo Dios.

Los judíos eran de dos clases: unos sólo tenían afecciones paganas; otros, afecciones cristianas.

609.—Hay dos clases de hombres en cada religión. Entre los paganos, los que adoran las bestias, y los adoradores de un solo Dios en la religión natural. Entre los judíos, los carnales y los espirituales, que eran los cristianos de la ley antigua. Entre los cristianos, los groseros, que son los judíos de la ley nueva. Los judíos carnales esperaban un Mesías carnal; los cristianos groseros creen que el Mesías les ha dispensado de amar a Dios; los verdaderos cristianos y los verdaderos judíos adoran un Mesías que les hace amar a Dios.

610.—La religión de los judíos parece consistir esencialmente en reconocer la paternidad de Abraham, en la circuncisión, en los sacrificios, en las ceremonias, en el arca, en el templo, en Jerusalén, en la ley y en la alianza de Moisés. Pero yo digo que consistía sólo en el amor de Dios, y que éste reprobaba todas esas cosas, y no aceptaba la posteridad de Abraham, y que los judíos fueron castigados por Dios, como los extranjeros si le ofendiesen. "Si os olvidáis de Dios y seguís dioses extranjeros, os predigo que pereceréis del mismo modo que Dios ha hecho perecer naciones antes que vosotros." (*Deuteronomio*, VIII, 19). Digo también que los extranjeros serán tan bien recibidos de Dios como los judíos, si le aman (me remito a Isaías, LVI, 3). "No diga el extranjero: El Señor no me recibirá nunca. Los extranjeros que vayan a Dios le servirán y amarán, y yo les conduciré a mi santa montaña y recibiré sus sacrificios, porque mi casa es la casa de la oración." Item digo que los verdaderos judíos no daban mérito más que a Dios, y no a Abraham. "Vos sois verdaderamente nuestro padre, y Abraham no nos ha conocido, ni Israel tuvo conocimiento de nosotros. Vos sois nuestro padre y nuestro redentor." (Isaías, LXIII, 16). Moisés mismo dijo: "Dios no aceptará las personas ni los sacrificios." (*Deuteronomio*, X, 17). El sábado no era más que un signo en memoria del éxodo de Egipto. No es necesario ya puesto que hay que olvidar a Egipto. La circuncisión no era más que un signo (*Génesis*, XVII, 11). Y de ahí que estando en el desierto no fueron circuncisos, porque no podían confundirse con otros pueblos, y desde que vino Cristo no es necesario. Lo ordenado es la circuncisión del corazón. "Sed circuncisos de corazón, eliminad las superfluidades de vuestro corazón y no os endurezcáis más, porque vuestro Dios es un Dios grande, poderoso y terrible, que no acepta las personas." (*Deuteronomio*, X, 16; Jeremías, IV, 4). El *Deuteronomio* (XXX, 6): "Dios te circuncidará el corazón, y a tus hijos, para que le ames de todo corazón." Y Jeremías (IX, 26): "Porque Dios juzgará a todos los pueblos incircuncisos, y al pueblo de Israel, porque es incircunciso de corazón."

Que el exterior no sirve de nada sin el interior. *Scindite corda vestra*[79] (Joel, IX, 26). El amor de Dios está recomendado en todo el *Deuteronomio*. "Pongo por testigos al cielo y a la tierra que he puesto ante vosotros la muerte y la vida, para que elijáis la vida y améis a Dios y le obedezcáis, porque Dios es vuestra vida."

Que los judíos, sin este amor, serían reprobados por sus crímenes, y en su lugar elegidos los paganos. "Yo me apartaré de ellos en vista de sus últimos crímenes, porque es una nación mala e infiel. Han provocado mi ira, y yo les haré celarse de un pueblo que no es mi pueblo y de una nación sin ciencia ni inteligencia." (Isaías, LXV, 1.)

Que los bienes temporales son falsos y el único bien es estar unido a Dios. (*Ps.*, CXLIII, 15.)

Que las fiestas de los judíos desplacían a Dios (Amós, V, 21), así como sus sacrificios, aunque viniesen de los buenos. *(Ps.*, XLIX, 8 a 14.)

Que los sacrificios de los paganos serán recibidos de Dios, y que éste retirará su voluntad de los sacrificios de los judíos. (Malaquías, I, 11.)

Que Dios hará una nueva alianza por el Mesías y anulará la antigua. (Jeremías, XXXI, 31.)

Mandata non bona[80]. (Ezequiel, XX, 25.)

Que las antiguas cosas serán olvidadas. (Isaías, XLIII, 38, 19; LXV, 17, 18.)

Que no se recordará más el arca. (Jer. III, 15, 16.)

Que el templo será derribado. (Jer. VII, 12, 14.)

---

[79] "Abrid vuestros corazones". *(N. del P.)*
[80] "No son buenos recados". *(N. del P.)*

Que los sacrificios serán anulados y otros sacrificios puros establecidos. (Malaq. I, 11.)

Que el orden de la sacrificación de Aarón será reprobada y la de Melquisedec introducido por el Mesías. {*Ps., Dixit Dominus.*}

Que esta sacrificación será eterna. (Ibid.)

Que Jerusalén será reprobada y Roma establecida. (Ibid.)

Que el nombre de judío será reprobado y dado un nuevo nombre. (Isaías, LXV, 15.)

Que este último nombre será mejor que el de judío, y eterno. (Is., LXII, 5.)

Que los judíos quedarían sin profeta, sin rey, sin príncipe, sin sacrificios, sin ídolo.

Que los judíos subsistirán, no obstante, como pueblo. (Jer. XXXI, 36.)

611.—La república cristiana, e incluso la judía, no ha tenido más que a Dios por amo, como nota el judío Filón en su tratado *De monarchia*. Cuando luchaban, era por Dios, sólo esperaban en Dios, y no consideraban sus ciudades sino como de Dios, y las conservaban para Dios. *(I Paralip.* XIX, 13.)

612.—Dice el *Génesis* (XVII, 7): *Statuam pactum meum inter me et te joedere sempiterno ut sim Deus tuus. 9. Et tu ergo custodiis pactum meum*[81].

613.—La religión, que consiste en creer que el hombre ha decaído de un estado de gloria y de comunicación con Dios al de tristeza, penitencia y alejamiento de Dios, pero que tras esta vida seremos redimidos por un Mesías que debe venir, ha existido siempre sobre la tierra. Todo pasa y ella subsiste.

Los hombres, en la primera edad del mundo, se entregaron a todo género de desórdenes y, no obstante, hubo cautos entre ellos, como Enoch, Lamech y otros, que esperaban con paciencia al Cristo prometido desde el principio del mundo. Noé vio la malicia de los hombres en su mayor grado y mereció salvar al mundo en su persona por su esperanza en el Mesías. Abraham estaba rodeado de idólatras cuando Dios le hizo conocer el misterio del Mesías, que él saludó de lejos. En tiempos de Isaac y Jacob la abominación llenaba la tierra, pero estos santos vivían en la fe, y Jacob, muriendo, al bendecir a sus hijos, interrumpió su discurso gritando en un transporte: "Yo espero, ¡oh Dios!, el salvador que tú has prometido (*salutare tuum excpectabo, Domine.*") Contaminados los egipcios por la idolatría y la magia, arrastrado el pueblo de Dios por su ejemplo, Moisés y otros creían en aquél que no vieron, y le adoraban pensando en los dones eternos que les deparaba.

Griegos y latinos hicieron reinar falsas deidades; los poetas forjaban cien teologías diversas; los filósofos se separaban en mil sectas diferentes; y, no

---

[81] "Estableceré un pacto entre tú y yo, una alianza eterna, para que yo sea tu Dios y tú guardarás mi alianza". *(N. del P.)*

obstante, había siempre en el corazón de la Judea hombres elegidos, que esperaban el advenimiento del Mesías sólo conocido de ellos.

Han venido después cismas, herejías; han caído Estados cambiado las cosas; y esta Iglesia que adora a Aquél que ha sido siempre adorado, subsiste sin interrupción. Y lo adorable e incomparable es que esta religión que siempre ha existido, ha sido siempre combatida. Mil veces ha estado a punto de convertirse en ruinas, y siempre Dios la ha reedificado con un golpe extraordinario de su poder. Se mantiene sin plegarse a la voluntad de los tiranos. Porque no es extraño que un Estado subsista cuando se hacen ceder sus leyes a la necesidad, pero que... (Redondéese con Montaigne.)

614.—Los Estados perecerían si no plegasen sus leyes a la necesidad. Pero nunca la religión ha sufrido esto. No es extraño que se conserve lo que se amolda, y aun así todo perece, pues nada ha durado mil años. Pero que esta religión se haya mantenido siempre, e inflexible, es divino.

615.—Hay que confesar que la religión cristiana tiene algo de sorprendente. "Es porque habéis nacido en ella", se dirá. Esa sola razón me haría erguirme contra ella, por temor a que esa prevención me influyese, mas aun habiendo nacido en ella, no dejo de encontrarla como digo.

616.—Se ha creído siempre en el Mesías. La tradición de Adán era aún nueva para Noé y Moisés. Los profetas le han predicho después, prediciendo otras cosas, y los acontecimientos que de tiempo en tiempo confirmaban las profecías, marcaban la verdad de su misión y las de sus promesas respecto al Mesías. Habiendo hecho Cristo y los apóstoles milagros, y convertido a los paganos, cumplidas todas las profecías, el Mesías ha sido probado para siempre.

617.—Considérese que, desde el comienzo del mundo, la espera o la adoración del Mesías subsiste sin interrupción; que ha habido hombres a quienes Dios reveló que nacería un Redentor que salvaría a su pueblo; que Abraham dijo que nacería de él, por un hijo que tendría; que Jacob declaró que, de sus doce hijos, nacería Judá; que Moisés y los profetas declararon el tiempo y modo de su venida; que dijeron que su ley no era más que en espera de la del Mesías, hasta la cual sería perpetua, pero que la otra duraría eternamente; que así su ley, o la del Mesías, de la que era promesa, duraría siempre sobre la tierra, y, en efecto, dura; que, en fin, ha venido Cristo en las circunstancias predichas. Es admirable.

618.—Esto es efectivo. Mientras los filósofos se dividen en sectas, hay un grupo de hombres en un rincón del mundo que declaran que Dios les ha revelado la verdad, y que los demás están en un error, y que esa verdad permanece siempre sobre la tierra. En efecto: todas las sectas se acaban, y ella dura hace cuatro mil años.

Declaran esos mismos varones que saben por sus antepasados que el hombre ha decaído de la comunicación con Dios, pero que éste ha prometido rescatarlos, y que esta doctrina subsistirá siempre; que su ley tiene un doble sentido; que durante mil seiscientos años han tenido profetas que han predicho el tiempo y modo del advenimiento del Cristo; que cuatrocientos años más tarde han sido dispersos por todas partes, pues que el Mesías había de ser en todas partes anunciado; que Cristo vino cuando y como se había profetizado; que desde entonces los judíos se ven dispersos y malditos, y subsisten, no obstante.

619.—Yo veo a la religión cristiana fundada sobre otra precedente, y he aquí lo que encuentro de efectivo. No hablo aquí de los milagros de Moisés, Cristo y los apóstoles, porque no son desde luego convincentes, y no quiero poner aquí en evidencia los fundamentos de esta religión cristiana, que son indubitables y no pueden ser por nadie puestos en duda. Es cierto que vemos, en todas partes y separado de todos, un pueblo particular, que se llama el pueblo judío. Yo veo abundantes religiones en todas partes y en todos los tiempos, pero no tienen la moral que me place ni las pruebas que me convenzan, y así yo rechazaría la religión de Mahoma, y la de los chinos, y la de los antiguos romanos, y la de los egipcios, por la sola razón de que una no tiene más indicios de verdad que las otras ni nada que pueda inclinar mi razón hacia una determinada.

Pero, considerando esta rara variedad de costumbres y de creencias, encuentro en un rincón del mundo un pueblo particular, separado de todos los demás pueblos de la tierra, el más antiguo de todos y cuyas historias preceden en varios siglos a las de los pueblos más antiguos que conocemos[82]. Veo este pueblo grande y numeroso, salido de un solo hombre, que adora a un solo Dios y que se rige por una ley que dice haber recibido de su mano. Sostienen que son los únicos del mundo a quienes Dios ha revelado sus misterios; que todos los hombres están corrompidos y en desgracia con Dios; que están abandonados a sus sentidos y a su propio espíritu; que de eso vienen los extraños cambios que entre ellos se operan, religiones y costumbres, pero que Dios no dejará eternamente a los pueblos en esas tinieblas; que vendrá un libertador para todos, y que ellos están en el mundo para anunciarlo a los hombres, misión única para la que están ellos formados, como heraldos del gran acontecimiento, y para llamar a todos los pueblos a unirse a ellos en la espera de ese libertador.

Encontrar ese pueblo me sorprende y me parece digno de atención. Considero su ley y me parece admirable. Es la primera ley de todas, y de tal modo, que antes que la palabra ley fuese de uso entre los griegos, hacía cerca de mil años que ellos la habían recibido y observado sin interrupción. Encuentro también extraño que la primera ley del mundo sea la más perfecta, nasta el punto de haber de ella sacado las suyas los más grandes legisladores,

---

[82] Insisto en la nota en que recordaba que Pascal no conocía las religiones orientales, y hago notar que estos pensamientos fueron escritos en el siglo XVII. (N. del T.)

como se desprende de las *Doce Tablas* de Atenas, que en seguida siguieron los romanos, como convendría mostrar, si no lo hubieran ya tratado Josefo y otros.

620.—El pueblo judío atrae mi atención por multitud de cosas admirables y singulares.

Veo primero que es un pueblo de hermanos, y, en vez de estar formado, como los otros, de muchas familias, se forma de una sola familia que forma un Estado potente. Esto es único.

Esta familia, o ese pueblo, es el más antiguo que conocen los hombres, lo que me parece que debe atraerle una veneración particular, pues si Dios antes comunicó con los hombres, a este pueblo hay que recurrir para conocer la tradición.

Mas no es sólo considerable por su antigüedad, sino por su existencia, que aun prosigue hoy. Porque, mientras Grecia, Italia, Lacedemonia, Atenas, Roma, que vivieron tanto tiempo después, perecieron, los judíos subsisten hoy, pese a los intentos de hacerlos perecer que han tenido tantos reyes poderosos, y su subsistencia fue predicha, y extendiéndose de los primeros tiempos hasta los últimos, su historia encierra todas nuestras historias, a las que es anterior.

La ley por que ese pueblo se ha gobernado es la más antigua del mundo, la más perfecta y la única que sin interrupción ha observado un Estado. Eso es lo que Josefo prueba admirablemente en su tratado *Contra Apionem*, y Filón hace ver que es tan antigua que el nombre mismo de ley sólo se ha conocido mil años más tarde, en tal forma que Homero, que ha escrito la historia de tantos Estados, no usaba ese nombre. Se puede juzgar de su perfección por su lectura, en la que se ve que ha provisto a tantas cosas con sabiduría tanta, tanta equidad y tanto criterio, que los más antiguos legisladores griegos y romanos se han asimilado sus principales principios, lo que se ve por las *Doce Tablas* y otras pruebas que Josefo da.

Pero esta ley es a la vez la más severa y rigurosa de todas en lo que toca al culto de su religión, obligando a ese pueblo, para conservarla, a mil particulares y penosas obligaciones, so pena de la vida, con que es asombroso que se haya conservado tantos siglos en un pueblo rebelde e impaciente como aquél, mientras que todos los demás Estados han cambiado sus leyes, aunque más acomodaticias. El libro que contiene esta ley es el más antiguo del mundo, remontándose los de Homero y Hesiodo, como otros, a siete u ocho siglos más tarde.

621.—Pasados la creación y el diluvio, y no debiendo Dios destruir el mundo, ni volverlo a crear, ni dar de sí grandes señas, comenzó a establecer un pueblo sobre la tierra, especialmente formado, y que debía existir hasta el pueblo que el Mesías formase por su espíritu.

622.—Alejada la creación del mundo, Dios proveyó de una historia contemporanea única, y la dio a conservar a todo un pueblo, para que el libro de esa historia fuese el más auténtico del mundo, y para que todos los hombres pudiesen saber por él lo que les era tan necesario y no se podía saber más que por allí.

623.—Jafet comienza la genealogía. José se cruzó de brazos y prefirió callar.

624.—¿Por qué Moisés hace tan larga la vida de los hombres y da tan pocas generaciones? Porque no son los años dilatados, sino las muchas generaciones los que hacen las cosas oscuras. Porque la verdad no se altera más que por el cambio de los hombres. Y no obstante, él sitúa dos cosas tan memorables como la creacion y el diluvio tan próximos, que se tocan.

625.—Sem, que ha visto a Lamech, y que ha visto a Adán, ha visto también a Jacob, quien ha visto a los que vieron a Moisés. Luego el diluvio y la creación son ciertos. Eso ha de concluirse entre quienes lo entiendan bien.

626.—La longitud de la vida de los patriarcas, en vez de hacer que la historia de las cosas pasadas se perdiese, servía para conservarla. Porque lo que hace que no se conozca la historia de nuestros antepasados es que casi nunca se ha vivido con ellos y han solido morir antes de que llegásemos a la edad de la razón. Pero cuando los hombres vivían tanto tiempo, los hombres vivían mucho tiempo con sus padres, quienes les instruían de la historia de sus antepasados, a los que estaba reducida toda la historia, entonces que no había estudios, ciencias ni artes que ocuparan gran parte de los discursos de la vida. Se ve también que en aquel tiempo los pueblos tenían un cuidado especial de conservar sus genealogías.

627.— Creo que Josué tiene ese nombre el primero en el pueblo de Dios, como Jesús tiene el último.

628.—¡Qué diferencia hay de un libro a otro! No me sorprendo de que los griegos hayan compuesto la *Ilíada,* ni los egipcios y los chinos sus historias. No es preciso saber cómo han nacido para ver que esas historias fabulosas no son del tiempo en que se escribieron. Homero hace una novela, que por tal dio y por tal fue recibida, porque nadie duda que Troya y Agamenón no han existido más que la manzana de oro. No pensaba tanto Homero en hacer una historia como una diversión, y fue él solo que escribió de su tiempo. La belleza de la obra la hizo subsistir; todo el mundo la conoce y habla de ella. Cuatrocientos años más tarde, los testigos de las cosas no viven; nadie sabe si se trata de una fábula o de una historia; se ha aprendido de los antepasados y puede pasar por verdad.

Toda historia no contemporánea es sospechosa. Así los libros de las sibilas y de Trismegisto y tantos otros que han gozado de crédito, son falsos, y así se ven al correr de los tiempos. No así los autores contemporáneos.

Hay harta diferencia entre un libro que hace un particular y lanza a un pueblo, y un libro que hace un pueblo. No se puede dudar de que el libro es tan antiguo como el pueblo.

629.—Josefo oculta la vergüenza de su nación.

Moisés no oculta su vergüenza propia, ni...
Quis mihi det ut omnes propheten?[83]
Estaba cansado del pueblo.

630.—Desde que no tuvieron profetas, vinieron los Macabeos y después de Cristo, cuyo libro sirve de testimonio. (Las cartas defectuosas y finales.) Sinceros contra su honor, murieron, dando un ejemplo único en el mundo y sin raíz en la naturaleza.

631.—Los judíos conservan con amor y fidelidad el libro en que Moisés declara que fueron siempre ingratos con Dios, y que lo serán después de su muerte, pero en que apela al cielo y a la tierra como testigos de que les ha enseñado bastante.

Declara, en fin, que Dios, irritándose contra ellos, los dispersará entre todos los pueblos de la tierra, así como les provocará llamando a otro pueblo, y quiere que su libro se conserve eternamente, para que sirva de testimonio contra ellos.

Lo mismo dice Isaías (XXX, 8).

632.—"Los libros fueron quemados con el templo." Es una falsedad, según los Macabeos. "Jeremías les dio la ley." Falso que la recitara de memoria. Josefo y Esdras señalan que *leyó el libro* (Baronio, *Annalium*, 180). *Nullus penitus habraeorum antiquorum reperitur qui tradiderit libros periise et per Esdram esse restitutos, nisi in IV Esdrae*[84]. Fábula que combinó las letras. Filón, en su *In vita Moysis*, declara: *Illa lingua ac character quo antiquitus scripta est lex sic permansit usque ad LXX*[85]. Josefo dice que la ley estaba en hebreo cuando fue traducida por los Setenta.

Bajo Antioco y Vespasiano se quiso abolir los libros, y, aunque no había ningún profeta, no se pudo hacer; y bajo los babilonios, que no hicieron ninguna persecución, y en cuyo tiempo hubo tantos profetas, ¿los habrían dejado quemar?

Josefo se burla de los griegos, que no sufrirían....

Escribe Tertuliano: *Perinde potuit abolefactam eam violentia cataclysmi in spiritu rursus reformare, quemadmodum et Hierosolymis Babylonia expugnatione deletis, omne instrumentum judaicae litteraturae per Esdram constat restauratum*[86]. Añade que Noé ha podido muy bien restablecer en espíritu el libro de Henoch, perdido en el

---

[83] "¿Quién me concederá ser profeta para todos". *(N. del P.)*

[84] "No se encuentra a ningún hebreo antiguo que (diga) que ha perdido los libros y por Esdras fueron retituidos si no el IV de Esdras". *(N. del P.)*

[85] "En vida de Moisés (declara): aquella lengua y caracteres con la que la ley ha sido escrita por los antiguos, así permaneció hasta el año 70". *(N. del P.)*

[86] "Del mismo modo pudo reformar en su espíritu aquello que fue destruido con la violencia de un cataclismo, de la misma manera que Babilonia destruyó Jerusalem, se sabe que es restaurado, todo material (instrumento) por la literatura judía". *(N. del P.)*

diluvio, y que Esdras ha podido restablecer las Escrituras, perdidas en el cautiverio.

Y, para probar que no es increíble que los Setenta hayan explicado las Santas Escrituras con la admirable uniformidad que se advierte, toma de San Ireneo, la siguiente cita: θεὸς ἐν τη ἐπί Ναδουικοὸόνοσορ αἰχμαλωσια του του λανυ, ζιαφθαρεισων των γραφων...ἐκέπνσε Εσσρα τυ ἱερεί ἐκ της φκλης Αευί τους ταν προγεγονότων προφπτων παντας ἀναταξασθαι λογουτ καί ακπυκατασησαι τψ λαψ την δια Μωυσέω νομοθεσίαν.

San Hilario, en su prefacio a los Salmos, dice que Esdras los puso en orden.

El origen de esta tradición viene del XIV capítulo del IV libro de Esdras: *Deus glorificatus est, et Scripturae vere divinae creditae sunt, omnibus eamdem et eisdem verbis et eisdem nominibus recitantibus al initio usque ad finem, uti et praesentes gentes cognoscerent quoniam per inspirationem Dei interpretatae sunt Scripturae, et non esset mirabile Deum hoc in eis operatum: quando in ea captivitate populi quae facta est a Nahuchodonosor, corruptis Scripturis et post 70 annos judaeis descendentibus in regionem suam, et post deinde temporibus Astaxercis persarum regis, inspiravit Esdrae sacerdoti tribus Levi praeteritorum prophetarum omnes rememorare sermones, et restituere populo eam legem quae data est per Moysen*[87].

633.—Ciro aprovechó la profecía de Isaías para aliviar al pueblo. Los judíos, bajo Ciro, tenían una buena situación en Babilonia, pues podían conservar la ley. Josefo (*Antiquitatum*, II, 1), en toda la historia de Esdras, no dice nada de ese supuesto restablecimineto (IV *Reyes*, XVII, 27).

634.—Si la fábula de Esdras fuese creíble, hay que admitir que la Escritura es Santa, porque esta fábula sólo se funda en la autoridad de los Setenta, que muestran la santidad de la Escritura. De modo que es santa creyendo ese cuento o no, y los que quisieran derribar nuestra religión, fundada sobre Moisés, la fortalecen con sus mismos argumentos, y por tal providencia, subsiste siempre.

635.—Cronología del rabinismo. (Las citas se refieren a páginas del *Pugio fidei* de Raimundo Martín.)

Página 27. R. Hakadosch (año 200), autor del *Mischna* (ley oral, o segunda ley).

Comentarios del *Mischna* (ano 340): *Siphra*.

---

[87] "Dios ha sido glorificado, y las Escrituras son tomadas con verdadera divinidad desde el inicio hasta el fin para que los pueblos presentes conocieran que las escrituras han sido interpretadas por la inspiración divina y no era extraño que Dios haya obrado así dado que en la cautividad del pueblo bajo Nabucodonosor, rotas las Escrituras, 70 años después retornaron los judíos a su país y después, en tiempos de Artajerjes, rey de los persas, inspiró a Esdras, sacerdote de la tribu leví, la memoria de las antiguas profecías y restituir al pueblo la ley dada por Moisés". *(N. del P.)*

Barajetot.
Talmud Hierosol.
Toriptot.
Bereschit Rabah, por R. Osaia Rabah, comentario al *Mischna.*

Bereschit Rabah, Bar Nachoni, son discursos sutiles, agradables, históricos y teológicos. Del mismo autor son los *Rabot.*

Cien años después (440), el *Talmud Hierosol* se convirtió en el *Talmud babilónico,* por R. Ase, con asentimiento de todos los judíos, obligados a observar cuanto en él se contiene.

La edición de R. Ase se titula *Gemara,* esto es, *el comentario* del *Mischna.*

Y el *Talmud* comprende también la *Mischna* y el *Gemara.*

636.—*Sí,* no señala la indiferencia: Malaquías, Isaías.

Si volumus, etc.[88]

In quacumque die.[89]

637.—El cetro no se interrumpió por el cautiverio, ya que la vuelta estaba prometida y predicha.

638.—Nada significa ser cautivo, cuando se será libre dentro de setenta años. Pero ahora lo son sin esperanza. Dios les ha prometido que aunque los dispersaría, si eran fieles a su ley, volvería a reunirlos. Y son fieles, y permanecen oprimidos.

639.—Cuando Nabucodonosor se llevó al pueblo judío por temor a que el cetro desapareciese, se le dijo que la cautividad terminaría. Los profetas les consolaban, y sus reyes continuaron. Pero la segunda destrucción fue sin promesa de restablecimiento, sin profetas, sin reyes, sin consuelo, sin esperanza, porque el cetro desapareció para siempre.

640.—Es sorprendente ver al pueblo judío subsistir tras tantos años, y siempre miserable, siendo necesario que subsista para probar a Jesús, y que sea miserable, pues que le crucificó, y así, aunque sea contrario ser miserable y subsistir, subsiste.

641.—Eso es una prueba hecha especialmente para mostrar al Mesías (Isaías, XLIII, 9; XLIV, 8). Y todo se ha predicho: que los juicios de Dios se los confiarían, pero como un libro sellado.

---

[88] "Sí queremos". *(N. del P.)*
[89] "En cualquier día". *(N. del P.)*

X

LAS FIGURAS

642.—Para probar que los dos Testamentos son verdad hay que probar que las profecías del uno se han cumplido en el otro. Para examinar las profecías, hay que comprenderlas. Porque, si se cree que sólo tienen un sentido, es seguro que el Mesías no ha venido. Pero si tienen dos, es seguro que ha nacido en Jesucristo; Todo se reduce a saber si tienen dos sentidos, y he aquí las pruebas que de ello se han dado:

1) Prueba por la Escritura misma.

2) Prueba por los rabinos. Moisés Maimónides dice que las profecías tienen dos caras, y que no se ha profetizado más que de Jesucristo.

3) Prueba por la *Cábala*.

4) Prueba por la interpretación mística que los rabinos mismos dan a las Escrituras.

5) Prueba por los principios de los rabinos, que hay dos sentidos, glorioso y abyecto, del Mesías, según su mérito, que los profetas no han predicho más que al Mesías (la ley debe cambiar con el Mesías), que no se recordará más el Mar Rojo, que judíos y gentiles se mezclarán.

6) Prueba por la clave que Cristo y los apóstoles nos dan.

643—Dice Isaías que el Mar Rojo es imagen de la Redención. *Ut sciatis quod filius hominis habet potestatem remittendi peccata, tibi dico: Surge*[90]. Dios, queriendo hacer ver que podía formar un pueblo santo de una santidad invisible, ha hecho cosas visibles. Como la naturaleza es una imagen de la gracia, ha hecho en los bienes de la naturaleza lo que debía hacer en los de la gracia, para que se juzgase cómo podía hacer lo invisible naciendo lo visible. Ha salvado, pues, a su pueblo del diluvio, le ha hecho nacer de Abraham, le ha rescatado de sus enemigos, y le da el reposo. No ha sido el objeto de Dios salvar a un pueblo del diluvio más que para introducirle en una tierra carnal.

La gracia misma no es más que la imagen de la gloria, pues que no es aquélla el un postrero. Ha sido figurada por la ley, como la gloria, pero no es sino su figura y el principio o causa.

La vida ordinaria de los hombres es semejante a la de los santos. Ambos persiguen su satisfacción y sólo difieren en el objeto en que la ponen, llamando sus enemigos a los que se la impiden, etc. Dios ha mostrado el poder que tiene de dar lo invisible por su poder sobre lo visible.

---

[90] "Para que sepáis que el Hijo del Hombre tiene potestad de perdonar los pecados, a tí te digo: Levántate". *(N. del P.)*

644.—Dios quiso formar un pueblo santo, que separaría de los demás, que libraría de sus enemigos, y que llevaría a un lugar de descanso, y prometió hacerlo, profetizando el cómo y el cuándo de su advenimiento. No obstante, para afirmar la esperanza de sus elegidos, ha mostrado su imagen en todo tiempo y dado muestras de su poder y de su voluntad por salvarle. Porque, en la creación del hombre, Adán era el testigo y depositario de la promesa del Salvador, que debía nacer de la mujer, cuando los hombres estaban tan proximos a la creación, que no podían haber olvidado su origen ni su caída. Cuando los que vieron a Adán no estaban ya en este mundo, Dios envio a Noé, y le salvó, sumergiendo toda la tierra por un milagro que señalaba el poder que tenía para salvar al mundo, y la voluntad que tenía de hacerlo y de hacer nacer de la mujer a Aquél que les había prometido, milagro que bastaría para afirmar la esperanza de los hombres.

La memoria del diluvio estaba fresca entre los hombres cuando Noé vivía aún. Dios renovó sus promesas a Abraham y, aun viviendo Sem, envio a Moisés, etc.

645.—Queriendo Dios privar a los suyos de los bienes perecederos, para mostrar que no era por impotencia, formó el pueblo judío.

646—La Sinagoga no pereció, porque no era más que la figura, y, por no ser más, cayó en servidumbre. La figura ha subsistido hasta la verdad, para que la Iglesia fuese siempre visible en el símbolo que la prometía o en el efecto.

647.—La ley era simbólica.

648.—Es erróneo tomarlo todo literalmente o todo espiritualmente.

649.—Hablaremos de los símbolos demasiado grandes.

650.—Hay símbolos claros, pero hay otros que parecen traídos por los cabellos, y que no prueban nada más que a los que están de antes persuadidos. Se parecen a los apocalípticos, pero no tienen nada de indubitables, y en eso se diferencian, así que es injusto que los judíos señalen que algunos de sus símbolos están tan bien fundados como algunos de los nuestros, porque no se parecen a estos en lo demostrativos. No hay que confundir, porque si se parecen por un lado, difieren por otro. Ocurre como entre los que hablan un lenguaje algo oscuro. Quienes no lo comprendan sólo verán en él un sentido tonto.

651.—Quien fundase opiniones extravagantes sobre la Escritura, las fundará, por ejemplo, en esto: "Esta generación no pasará hasta que todo esto se haga". Yo diré que tras esta generacion vendrá otra, y sucesivamente.

Se habla de los II *Paralipomenos* de Salomón y del rey como de dos personas distintas. Yo digo que eran dos.

652.—Símbolos especiales: doble ley, dobles tablas de la ley, doble templo, doble cautiverio.

653.—Los profetas predecían por símbolos de cintura, de barba, de cabellos ardientes, etc.

654.—Diferencia entre la comida y la cena.

En Dios la palabra no difiere de la intención, porque es verdadera, ni la palabra del efecto, porque es potente, ni los medios del efecto, porque es sabio. (Bern. *Ult. serm. in Missam.*)

San Agustín, en su tratado *De civitate Dei* (V, x), dice: "Dios lo puede todo, excepto las cosas que, si pudiese, mostrarían su no omnipotencia, como morir, engañarse, mentir, etc."

La útil desemejanza de varios evangelistas confirma la verdad.

La Eucaristía tras la cena: verdad tras el símbolo.

Ruina de Jerusalén: imagen de lo ruin del mundo, cuarenta años después de la muerte de Jesús. "No sé nada", como hombre, o legado. (Marcos, XIII, 32.)

Jesús condenado por los judíos y gentiles. Los judíos y gentiles simbolizados por los hijos. (San Agustín, *De civitate Dei*, XX, XX, IX.)

655.—Las seis edades, los seis padres de las seis edades, las seis maravillas a la entrada de las seis edades, los seis orientes a la entrada de las seis edades.

656.—Adán, *forma futuri*[91]. Los seis días para hacer uno, las seis edades para formar otro, los seis días que Moisés figura para la formación de Adán, simbolizan las seis edades para formar a Cristo y a la Iglesia. Si Adán no hubiese pecado, ni Cristo nubiese venido, se hubiera representado la creación como formada en un solo tiempo.

657.—Los pueblos judío y egipcio visiblemente predichos en esta imagen: el egipcio pegando al judío, Moisés matando al egipcio, y el judío siendo ingrato.

658.—($2_v°$) El Evangelio simboliza las almas enfermas por cuerpos enfermos. Pero como un cuerpo enfermo no basta, ha sido preciso más. Así, el ciego, el paralítico, el sordo, el mudo, el poseído, Lázaro muerto, pues que el alma enferma es todo eso junto.

659.—El Antiguo Testamento es simbólico, y los profetas entendían por bienes temporales otros bienes, porque:

Primero. Eso sería indigno de Dios.

Segundo. Que sus discursos hablan claramente de los bienes temporales, y dicen ellos mismos, no obstante, que sus discursos son oscuros y no se comprenderán, por lo que se ve que, al hablar de sacrificios, liberador, etc., le daban un sentido distinto al que expresaban. Decían que sólo se les entendería al fin de los tiempos. (Jer., XXX, últ.)

La tercera prueba es que sus discursos son contrarios y se destruyen, de modo que si por ley y sacrificios sólo entendieran los de Moisés, la contradicción sería manifiesta y grosera. Pero, pues se referían a otras cosas, se contradecían a veces en un mismo tema.

Para entender el sentido de un autor.

---

[91] "La forma futura". (*N. del P.*)

660.—La concupiscencia se ha hecho natural y se ha convertido en nuestra segunda naturaleza. Así, hay dos naturalezas en nosotros: una buena y otra mala. ¿Dónde está Dios? Donde no estás tú, y a la vez, en ti.

661.—De todos los misterios, sólo la persistencia ha sido declarada manifiestamente a todos los judíos por San Juan el Precursor, y después los demás misterios, como para probar que ese orden de conocimientos es el natural.

662.—Los judíos carnales no comprendían la grandeza ni la bajeza del Mesías prometido. Le desconocieron en su grandeza predicha, pues cuando dijo que el Mesías sería señor de David, aunque hijo suyo, y que él era antes que Abraham y le había visto, no le creyeron tan grande que fuese eterno, y le desconocieron también en su humillación y en su muerte. Decían: "El Mesías ha dicho que vivirá eternamente, y éste que morirá." No le creían, pues, mortal ni eterno, y sólo buscaban en él una grandeza carnal.

663.—Nada se parece tanto a la caridad como la concupiscencia, y nada es tan contrario. Así que los judíos, ansiosos de bienes que excitaban su concupiscencia, eran semejantes a los cristianos y muy opuestos. De tal modo, tenían las dos cualidades que era menester que tuviesen, de ser conformes al Mesías para figurarlo, y muy contrarios, para no ser sospechosos.

665.—La caridad no es un precepto simbólico. Decir que Jesús, que ha venido para quitar los símbolos y establecer la verdad, no ha venido más que para establecer el símbolo de la caridad, quitando la realidad que había antes, es horrible.

Si la luz son tinieblas, ¿qué serán las tinieblas?

666.—Fascinación. *Somnum suum. Figura hujus mundi.*[92]

La Eucaristía. *Comedes panem tuum. Panem nostrum*[93].

Inimici Dei terram lingent[94]. Los pecadores lamen la tierra, es decir, aman los placeres terrenos.

El Antiguo Testamento contenía los símbolos de la alegría futura, y el Nuevo, los medios de alcanzarla.

Los símbolos eran de alegría, y los medios, de penitencia. Hasta el cordero pascual era comido con lechugas silvestres *(cum amaritudinibus)*.

Singularis sum ego donec transeam[95]. Jesús antes de muerto estaba casi solo en el martirio.

667.—Son simbólicos los términos, espada y escudo. *Potentissime.*

668.—Nos alejamos de Él alejándonos de la caridad. Nuestras virtudes y nuestras plegarias son abominables ante Dios, si no son las de Jesús.

---

[92] "Su sueño. La figura de este mundo". *(N. del P.)*
[93] "Comerás tu pan. Nuestro pan". *(N. del P.)*
[94] "Los enemigos de Dios lamerán la tierra". *(N. del P.)*
[95] "Yo soy solo hasta que pase". *(N. del P.)*

Nuestros pecados no tendrán misericordia, sino justicia, si no son los de Cristo. Él ha aceptado nuestros pecados y nos ha admitido a su alianza, porque las virtudes le son propias y los pecados extraños, al contrario que a nosotros.

Cambiemos la regla que hemos seguido hasta aquí para juzgar lo que es bueno. Si teníamos por regla nuestra voluntad, tomemos ahora la de Dios, pues lo que Él quiere es justo, y lo que no, malo. Cuanto no quiere Dios está prohibido, y los pecados lo están porque Dios ha dicho que no los quiere. Las cosas que no ha prohibido en general no por eso son siempre lícitas. Porque cuando Dios parece que se aleja de uno en alguna cosa, es que no quiere que se haga, y nos está prohibida. Sin embargo, es seguro que Dios no querrá nunca el pecado, y no es tan seguro lo otro. Mas lo que Dios no quiera lo hemos de mirar como pecado.

669.—Hay que cambiar de símbolo por nuestra debilidad.

670.—Los judíos envejecieron en estos pensamientos terrenos: que Dios amaba a su padre Abraham, su carne y lo que de él salía; que por ello los había multiplicado e impedido marcharse a otros pueblos; que los sacó de Egipto; que les dio el maná en el desierto; que les llevó a una tierra fértil; que les dio reyes y un gran templo para ofrecerle bestias, por la efusión de cuya sangre serían purificados; que, en fin, les enviaría al Mesías para hacerles dueños de todo el mundo. Al venir Jesucristo sin el brillo esperado, aunque en el tiempo predicho, no se creyó que fuese él. Tras su muerte, San Pablo enseñó a los hombres que todo eran símbolos; que el reino de Dios no era la carne, sino el espíritu; que el enemigo no eran los babilonios, sino las pasiones; que Dios no se complacía en templos, sino en corazones puros y humildes, que la circuncisión del corazón, y no la del cuerpo, hacía falta; que Dios no les había dado el pan del cielo, etc.

Mas no habiendo Dios querido descubrir esto a su pueblo, que era indigno, y queriendo, no obstante, vaticinarlo, para que fuese creído, predijo el tiempo claramente, y lo expresó todo en símbolos, para que se detuviesen en ellos los que amasen las figuras y viesen los que amaban lo figurado.

Cuanto no afecta a la caridad, es símbolo.

El único objeto de la Escritura es la caridad.

Cuanto no tiende al fin único es simbólico. Dios diversifica el precepto de caridad para satisfacer a nuestra curiosidad, que busca lo diverso, aunque sólo una cosa nos es necesaria. Así, Dios, por esas diversidades, que conducen a un solo fin, satisface a unos y a otros.

Los judíos amaron tanto el exterior de las figuras y las han conservado y atendido tanto, que han desconocido la realidad cuando ha venido, según estaba profetizado.

Los rabinos toman por símbolo los pechos de la Esposa y cuanto no expresa su único fin: los bienes temporales. Y los cristianos toman hasta la Eucaristía por imagen de la gloria a que tienden.

671.—Los judíos, llamados a dominar reyes y naciones, han sido esclavos del pecado, y los cristianos, cuya vocación es la obediencia, son libres.

672.—Cuando San Pedro y los apóstoles deliberaron sobre abolir la circuncisión, en lo que se iba contra la ley de Dios, no consultaron a los profetas, sino sencillamente la recepción del Espíritu Santo en las personas de los incircuncisos. Y juzgando que Dios aprueba a los que llena de su espíritu más que a los que observan la ley, y no siendo el fin de ésta más que llegar al Espíritu Santo, les pareció que la circuncisión era innecesaria.

673.—*Fac secundum exemplar quod tibi ostensum est in monte*[96].

La religión ha sido formada sobre la semejanza de la verdad del Mesías, y la verdad del Mesías ha sido reconocida por la religión de los judíos, que era su símbolo.

Entre los judíos, la verdad era simbólica, y en el cielo, descubierta.

En la Iglesia está oculta y reconocida por la relación al símbolo.

El símbolo se ha hecho sobre la verdad, y la verdad ha sido reconocida por símbolo.

San Pablo, habla a los corintios de un modo hábil, porque si un profeta hubiese dicho uno y San Pablo a continuación otro, se le hubiese acusado.

674.—"Hazlo todo según el modelo que se te dio en la montaña." San Pablo dice que los judíos han pintado las cosas celestiales.

675.—Y, no obstante, ese Testamento, hecho para cegar a unos e iluminar a otros, marca, en los que ciega, la verdad para los que ilumina. Porque los bienes visibles que recibían de Dios eran tales, que se mostraba patente para darles los invisibles y un Mesías. Pues la naturaleza es imagen de la gracia y los milagros visibles de los invisibles. *Ut sciatis... tibi dico: Surge*[97]. Isaías dice que la Redención será como el paso del Mar Rojo. Dios, en la salida de Egipto, en el maná, en la genealogía de Abraham, etc., ha mostrado que es capaz de dar el pan del cielo, de salvar, etc., con que el pueblo enemigo es el símbolo del Mesías que ignoran.

Nos ha enseñado, pues, que esas cosas eran puros símbolos, y lo que es "verdaderamente libre", "verdadero israelita", "verdadera circuncisión", "verdadero pan del cielo", etcétera.

En esas promesas cada uno encuentra lo que aspira en el fondo de su corazón: bienes espirituales o terrenos, Dios o las criaturas; mas con la diferencia de que quienes buscan a las criaturas las encuentran, pero con contradicciones y con prohibición de amarlas, con la orden de sólo amar a Dios y de ser amadas por Él, lo que es una misma cosa, y, en fin, no ha venido el Mesías para ellos, mientras que los que buscan a Dios le encuentran, sin contradicción y con orden de sólo amarle a él. Para éstos ha venido un Mesías, en el tiempo predicho para darles los bienes a que aspiren.

---

[96] "Obra según el modelo que te ha sido mostrado en la montaña". *(N. del P.)*

[97] "Para que sepáis... te digo: Levántate". *(N. del P.)*

Así, los judíos tenían milagros y profecías que veían cumplirse, y la doctrina de su ley, que era amar a un solo Dios, era también perpetua. Tenían, pues, todas las señales de la verdadera religión y, por tanto, lo era. Pero hay que distinguir la doctrina de los judíos de la doctrina de la ley de los judíos. Porque la doctrina de los judíos no era verdadera, aunque tuviese milagros, profecías y perpetuidad, porque no tenía ese punto de amar a un solo Dios.

676.—El velo que hay sobre esos libros para los judíos lo hay también para los malos cristianos y para cuantos no se odien a sí mismos. Pero cuando se está bien dispuesto a entenderlos y a conocer a Cristo, ¡cómo se odia uno a sí mismo sinceramente!

677.—El símbolo implica ausencia y presencia, placer y disgusto. Es una cifra de doble sentido: uno oculto, otro claro.

678.—Un retrato implica ausencia y presencia, placer y disgusto. La realidad excluye ausencia y disgusto.

Para saber si la ley y los sacrificios son realidad o símbolo, hay que ver si los profetas, al hablar de esto, detenían en ello su vista y su pensamiento, de modo que no vieran más que esta antigua alianza, o si algo que fuese su imagen. No hay para eso más que examinar lo que dicen. Cuando dicen que es eterna, ¿hablan de la alianza que aseguran será cambiada? Cuando se lee una carta importante que tiene un sentido claro, y se dice, no obstante, en ella que su sentido está velado, y que se la leerá sin entenderla, ¿qué se deducirá sino que está cifrada, especialmente si tiene contradicciones en lo literal? Los profetas han dicho claramente que Israel sería siempre amado de Dios y la ley eterna, y han dicho que no entendería el sentido de esto.

¡Cómo debe estimarse a los que nos dan la clave y nos hacen conocer el sentido oculto! Eso han hecho Cristo y los apóstoles. Ellos han roto el velo y descubierto el espíritu. Por ellos hemos sabido que los enemigos del hombre son sus pasiones; que el Redentor y su reino serían espirituales; que tendría dos advenimientos, uno de miseria, para humillar al hombre ensoberbecido, y otro de gloria, para elevar al hombre humillado; que Jesucristo sería Dios y hombre.

679.—Cristo les abrió el espíritu para comprender las Escrituras. Por dos grandes conceptos se lo abrió: 1), todo lo tenían en símbolos *(vere israelitae, vere liberi)*[98], verdadero pan del cielo; 2), un Dios humillado hasta la cruz (fue preciso que el Cristo sufriera para entrar en la gloria) y que venciera a la muerte por su muerte. ¡Dos acontecimientos magnos!

680.—Abierto este secreto, es imposible no verlo. Léase el Viejo Testamento. ¿Eran verdaderos los sacrificios, la parentela con Abraham motivo de la amistad de Dios y el lugar de descanso en la tierra prometida? No: eran símbolos. Igual ocurría con todos los mandamientos y ceremonias.

---

[98] "Verdaderos israelitas, verdaderamente libres". *(N. del P.)*

Hay ahora que ver si los profetas se detenían en el Antiguo Testamento, o si veían otras cosas futuras.

681.—Clave de la cifra: *Veri adoratores. Ecce agnus Dei qui tollit peccata mundi*[99].

682.—Cambio del bien en mal y venganza de Dios. (Is., I. 21, etc.). Milagros (Is. XXXIII, 9, etc.). *Pravum est cor omnium et incrustabile: quid cognoscet illud?* ¿Quién conocerá toda su malicia? Porque ya se conoce que la tiene. *Ego Dominus*, etc. *Faciam domui huic*, etc. Confianza en los sacramentos externos. *Quia non sum locutus*, etc. Lo esencial no es el sacrificio externo. *Secundum numerum*, etcétera. Multitud de doctrinas.

683.—La letra mata, y todo está en símbolos. Esta cifra nos la da San Pablo. Hacía falta que Cristo sufriese. Un Dios humillado. Circuncisión de corazón, verdadero sacrificio, verdadera juventud, verdadero templo. Los profetas han indicado que todo esto debía ser espiritual.

No la vianda que perece, sino la que no perece.

"Seréis verdaderamente libres." Luego la otra libertad no es verdadera.

"Yo soy el verdadero pan del cielo."

684.—Para comprender el sentido de ¡mi autor hay que recordar todos los pasajes contrarios, como para poner buena fisonomía hay que acordarse de todas nuestras contrariedades. Así, para comprender la Escritura hay que retener un sentido en el que todos los pasajes concuerden, pues no basta el sentido que explica los pasajes concordantes, sino el que explica incluso los contrarios.

Todo autor, o no tiene ningún sentido, o tiene uno por el que concuerdan todos sus pasajes. Y de seguro que la Escritura y sus profetas tenían asaz buen sentido. Basta, pues, buscar el que concuerde todas las contradicciones. Los judíos no sabrían concordar el fin de la realeza y el principado, predicho por Oseas en la profecía de Jacob.

Tomando la ley y la realeza y los sacrificios por realidades, no concordarían todos los pasajes. Así, no pueden ser más que símbolos. Tampoco concordarían los pasajes de un mismo autor, ni de un mismo libro, ni de un mismo capítulo, lo que marca bien cuál era el sentido del autor, como cuando Ezequiel dice que se vivirá en los mandamientos de Dios, y que no se vivirá en ellos (XX).

685.—Si la ley y los sacrificios son verdad, es preciso que plazcan a Dios y no le disgusten. Si son símbolos, le placen y le disgustan a la vez. Y en toda la Escritura placen y disgustan. Se dice que la ley será cambiada; que el sacrificio será cambiado; que no tendrán ley, príncipe ni sacrificio; que se renovarían la alianza y la ley; que los preceptos que han recibido no son buenos, y que sus sacrificios son abominables; que Dios no los ha pedido; y se dice, al

---

[99] "Verdaderos adoradores. He aquí el cordero de dios que quita el pecado del mundo". *(N. del P.)*

contrario, que la ley durará siempre, que la alianza y el sacrificio serán eternos, y que no perderán el trono, pues que el Rey Eterno va a llegar.

¿Dicen todos esos pasajes que son realidad? No. ¿Dicen todos que son símbolo? No, sino que son realidad y símbolo. Pero los que excluyen la realidad indican ser símbolo solamente.

El conjunto de todos esos pasajes no puede ser llamado realidad, pero sí símbolo.

Agnus occisus est ab origine mundi[100]. Juez sacrificador.

686.—El cetro hasta el Mesías. Sin rey ni príncipe.

Ley eterna, cambiada.

Alianza eterna, alianza nueva.

Buenas leyes, malos preceptos (Ezeq.).

687.—Cuando la palabra de Dios, que es verdadera, es falsa literalmente, es verdad espiritualmente. *Sede a dextris meis*[101], es falso en lo literal, y, por ello mismo, es verdad en lo espiritual.

Con tales expresiones habla de Dios al modo de los hombres, y no significan sino que la intención que los hombres tienen haciendo sentarse a su derecha, Dios la tendrá también, lo que señala su intención y no su modo de ejecutarla.

Así, cuando dice: "Dios ha sentido el olor de vuestro incienso y os dará en recompensa una tierra fértil", su intención es la que tendría un hombre que eso hiciera, como vosotros tenéis hacia él la intención que un hombre tiene a quien le ofrenda perfumes. Así, *iratus est*[102],etc. Porque las cosas de Dios son inexpresables. Aun hoy dice la Iglesia: *Quia confuntavit seras*[103], etc.

No es lícito atribuir a la Escritura los sentidos que no nos ha revelado tener. Decir que el *mem* de Isaías significa 600, no está revelado. Hubiese él podido decir que las *tsade* finales y los *he deficientes* significaban misterios. No es, pues, lícito afirmarlo, y menos decir que es la fórmula de la piedra filosofal. Pero sí podemos decir que el sentido literal no es el verdadero, porque los profetas nos lo han revelado.

688.—Yo no digo que el *mem* sea misterioso.

689.—Moisés (*Deut.*, XXX) promete que Dios les circuncidará el corazón, para hacerles capaces de amarle.

690.—Una frase así, en David o en Moisés, hace juzgar de su espíritu. Que todos sus demás discursos sean equívocos y dudosos de ser filosóficos o cristianos, no quita para que una frase así determine las demás, como una frase de Epicteto determina todo el resto de las suyas, aunque sean contrarias. La ambigüedad dura hasta ahí, y no más.

---

[100] "El cordero muerto desde el origen del mundo" *(N. del P.)*
[101] "Sentaros a mi derecha". *(N. del P.)*
[102] "Ha sido enojado". *(N. del P.)*
[103] "Porque ha cerrado las puertas". *(N. del P.)*

691.—Entre dos personas que cuenten necias historias, una con un sentido en la *Cábala* y la otra con un solo sentido, en principio se les juzgará iguales. Pero si luego el uno discurre cosas angélicas y el otro cosas vulgares, se juzgará que uno habla con misterio y el otro no, ya que uno se muestra capaz de misterio e incapaz de necedad, y al revés el otro.

El Viejo Testamento está cifrado.

692.—Hay quienes ven bien que no haya otro enemigo del hombre que la concupiscencia, que le aparta de Dios, ni otro bien que Dios y no una tierra fértil. Los que crean que el bien humano está en la carne, y que el enemigo es el que nos impide el placer de los sentidos, que se embriaguen y mueran. Pero los que buscan a Dios con todo su corazón y no tienen más disgusto que estar privados de su vista, ni más deseo que el de poseerle, y que se afligen de verse rodeados de enemigos, consuélense. Yo les anuncio una noticia feliz. Hay un libertador para ellos, y no le haré ver a los otros. Hay un Dios para ellos, y no le haré ver a los otros. Les haré ver que ha sido prometido un Mesías, el cual libraría de los enemigos, y que ha venido para librar de las iniquidades, mas no de los enemigos.

Cuando David predijo que el Mesías libraría a su pueblo de sus enemigos, puede creerse casualmente que sería delos egipcios, y entonces yo no podría demostrar que la profecía se hubiese cumplido. Pero hay que creer que es de las iniquidades, que son los verdaderos enemigos, y no los egipcios. Esa palabra "enemigos" es equívoca. Pero sí dice, como lo hace, que librará al pueblo de sus pecados, desaparece el equívoco, y el sentido de enemigos se entiende por iniquidades. Porque podía designar a éstas por enemigos, y no a los enemigos por iniquidades.

Moisés, David e Isaías empleaban los mismos términos. ¿Cómo decir que no tenían igual sentido y que si David se refiere, hablando de enemigos, a las iniquidades, no quería expresar lo mismo por enemigos Moisés? Daniel (IX) ruega porque el pueblo sea librado del cautiverio de sus enemigos, pero pensaba en los pecados, y, para probarlo, asevera que Gabriel llegó a decirle que había sido escuchado, y que sólo debía esperar setenta semanas, después delo cual el pueblo sería libre de iniquidad, el pecado tendría. fin, y el liberador, el santo de los santos, haría la justicia, no legal, sino *eterna*.

XI

LAS PROFECÍAS

693.—Contemplando la ceguedad y la miseria del hombre, y viendo al universo mudo y al hombre sin luz, abandonado a sí mismo y extraviado en este rincón del universo, sin saber quién le ha puesto aquí, ni lo que ha venido a hacer, ni lo que hará cuando muera, incapaz de todo conocimiento, me espanto como un hombre que, dormido, hubiese sido llevado a una isla desierta y despertase sin saber dónde está, ni cómo salir de allí. Y admiró cómo no desesperarse de tan miserable estado. Veo junto a mí a mis semejantes, les pregunto si saben más que yo, me dicen que no, y observo cómo estos infelices extraviados se aferran a este lugar y a algunos objetos placenteros que hay en él. Por mi parte, no he podido aferrarme a esto, y, considerando que sólo hay apariencia en lo que veo, me he aferrado en ver si Dios ha dejado alguna huella de sí.

Veo varias religiones, todas falsas, excepto una, pero cada una de las cuales quiere ser creída por su propia autoridad y amenaza a los incrédulos. Pero cada uno puede decirse profeta. Mas veo la cristiana y hallo profecías, que es lo que cada uno no puede hacer.

694.—Y lo que lo corona todo es la predicción, para que no pueda decirse que lo ha hecho la casualidad.

Cualquiera, no teniendo que vivir más que ocho días, encontrará que hay que tomar el partido de que todo esto no es una casualidad. Y, si las pasiones no nos atenazan, ocho días y cien años son lo mismo.

695.—El gran Pan ha muerto.

696.—*Susceperunt verbum cum omni aviditate, scrutantes Scripturas, si ita se haberent*[104].

697.—*Prodita lege. Impleta cerne. Implenda collige*[105].

698.—No se comprenden las profecías, más que cuando se ven ocurrir sus predicciones. Así, las pruebas de la discreción, del silencio, etc., no se demuestran más que a quienes las saben y las creen.

José, tan interior en una ley toda exterior.

Las penitencias exteriores disponen a la interior como las humillaciones a la humildad. Así...

---

[104] "Recibieron la palabra con toda ansiedad, buscaban en las Escrituras asi sucedió así" .*(N. del P.)*

[105] "Una vez publicada la ley. Comprende lo que está cumplido. Reflexiona lo que ha de cumplirse". *(N. del P.)*

699.—La Sinagoga ha precedido a la Iglesia; los judíos a los cristianos; los profetas a San Juan y a Jesús han predicho.

700.—Bueno es ver con los ojos de la fe la historia de César y de Herodes.

701.—¿Qué pueblo ha tenido el celo que los judíos por su ley y su templo? Era preciso que lo tuviesen, como deponen Josefo y Filón (este último en su *Legatio ad Caïum*).

Jesucristo ha predicho, respecto al estado y tiempo del mundo: la cuarta monarquía. ¡Qué dicha tener esta luz con esta oscuridad! ¡Cómo es hermoso ver con los ojos de la fe a Ciro, Darío, Pompeyo, Alejandro, los romanos, Herodes, obrando, sin saberlo, por la gloria del Evangelio!

701.—Celo del pueblo judío por su ley, sobre todo desde que no tuvo profetas.

703.—Mientras hubo profetas para conservar la ley, el pueblo fue negligente, pero, cuando no los tuvo, fue celoso.

704.—El diablo turbó a los judíos antes de Cristo, porque era necesario; después, no.

El pueblo judío, mofado por los gentiles; el cristiano, perseguido por los gentiles.

705.—Profecías cumplidas: lo que precedio y siguió a Jesús.

706.—La mayor prueba de Cristo son las profecías. Es a lo que más Dios ha provisto, porque el acontecimiento que las motiva es un milagro que subsiste desde la creación de la Iglesia hasta su fin. Así, Dios ha dado profetas durante mil seiscientos años, y durante cuatrocientos años después ha esparcido por todas partes las profecías con los judíos dispersos. Así se ha preparado el nacimiento de Cristo, pues habiendo el Evangelio de ser creído, no bastaba que hubiese profecías que lo hiciesen creer, sino que se precisaba difundirlas por todo el mundo, para que todo el mundo creyese.

707.—Y, como no bastaba que las profecías existiesen, a más de ser esparcidas, el advenimiento y lo que le antecedio y siguió fue profetizado para que no se le tomase por un efecto de la casualidad.

708.—Fue predicho el tiempo, el estado del pueblo judío, el de los paganos, el estado del templo y el número de los años.

709.—Atrevido había que ser para profetizar con tanto detalle: que las cuatro monarquías idólatras o paganas, el fin del reino de Judá y las setenta semanas llegasen al mismo tiempo, y antes de que el segundo templo fuese destruido.

710.—Con sólo un hombre que hubiese hecho un libro profetizando las circunstancias en que Cristo vendría, al cumplirse éstas, ya tendrían una fuerza infinita. Pero aquí hay una sucesión de hombres que durante cuatro mil años vienen profetizando el mismo advenimiento. Un pueblo entero lo anuncia y subsiste desde entonces, sin que amenazas ni persecuciones le aparten de su misión de ser testigo del acontecimiento. Esto es muy considerable.

711.—Eran los judíos extranjeros en Egipto, sin poseer nada, ni en ese país, ni en ninguna parte. No había la menor apariencia de la realeza, nacida mucho después, ni del Sanedrín, que, instituido por Moisés, duró hasta Cristo. Todo eso estaba lejos de su estado de entonces, cuando, al morir Jacob, bendiciendo a sus hijos, les declaró que serían poseedores de una grande tierra, y que los descendientes de Judá serían reyes, y vasallos los de los otros, y que el Mesías que esperarían las naciones nacería de Judá, de quien no verían arrebatado el cetro hasta que ese Mesías naciera de sus descendientes.

El mismo Jacob, disponiendo de esa tierra futura como si fuese su dueño, dio una parte a José más que a los otros, y bendiciendo a sus hijos, Efraín y Manasés, que José le había presentado, puso al mayor, Manasés, a su diestra y al otro a su izquierda; puso su mano derecha sobre la cabeza de Efraín, y al significarle José que prefería al más joven, respondio: "Ya lo sé, hijo, pero Efraín crecerá más que Manasés." Lo que en efecto fue tan verdad que, siendo tan abundante que dos líneas enteras componían, un reino, han sido siempre llamadas por el solo nombre de Efraín.

El mismo José, al morir, recomendó a sus hijos que llevasen sus huesos a aquella tierra prometida, lo que no ocurrió hasta doscientos años más tarde.

Moisés, que escribió todas estas cosas tanto tiempo antes de que ocurriesen, repartió también las tierras a cada familia, como si fuese uno de ellos, y declaró que Dios haría nacer un profeta de su nación y raza, y les profetizó cuanto debía ocurrirles en la tierra adonde llegarían después de su muerte, las victorias que les daría Dios, su ingratitud hacia Él, los castigos que recibirían, y el resto de sus andanzas, y les prescribió cómo se gobernarían, las ciudades que habrían de construir, etc.

712.—Las profecías están mezcladas de cosas particulares y de cosas del Mesías, para que éstas no quedasen sin probar ni aquéllas sin fruto.

713.—Jeremías dice (XI, 11): "Yo haré venir sobre Judá males de que no podrán librarse." Is., V: "El Señor tiene una viña, de la que espera uvas dulces, y sólo ha producido frutos en agraz. Yo la destruiré; la tierra no producirá más que espinas, e impediré al cielo llover. La viña del Señor es la tribu de Israel, y los hombres de Judá son el germen deleitoso. Yo esperaba que hiciesen actos justos y sólo han cometido iniquidades."

Is., VIII: "Santificad al Señor y temedle; no temáis más que a Él y Él irá en vuestra santificación; pero será piedra de escándalo en las dos casas de Israel. Y será lazo y ruina el pueblo de Jerusalén, y muchos tropezarán en aquella piedra, y sucumbirán, y serán destrozados, y caerán en ese lazo, y perecerán. Velad mis palabras y cubrid mi ley a mis discípulos. Yo esperaré con paciencia al Señor que se oculta en la casa de Jacob."

Is., XXIX: "Confúndete y sorpréndete, pueblo de Israel; titubea, tropieza y embriágate, aunque no de una embriaguez de vino; porque Dios os velará los ojos y oscurecerá las visiones de vuestros príncipes y profetas." Daniel (XIII): "Los malos no la comprenderán, pero sí los que están instruidos." Oseas, en su último capítulo, versículo último, dice: "¿Dónde está el prudente? El comprenderá estas cosas", etc. Y las visiones de todos los profetas os serán como un libro sellado, que si se da a un hombre sabio, que lo pueda leer, dirá: "No lo puedo leer porque está sellado"; y si se les da a los ignorantes, dirán: "No entiendo las letras".

Y el Señor me ha dicho: Porque ese pueblo me honra con los labios, pero su corazón está lejos de mí (si adorasen a Dios, comprenderían las profecías; he aquí la causa), y no me sirve más que por vías humanas; y por esta razón yo añadiré a los demás el llevar a ese pueblo una sorprendente maravilla y un prodigio grande y terrible; la sabiduría de los sabios proveerá, y su inteligencia será adormecida.

Is., XLI: "Si sois dioses, anunciadnos las cosas futuras e inclinaremos nuestro corazón a vuestras palabras. Enseñadnos las cosas que hubo en el principio y las que deben venir. Así sabremos si sois dioses. Haced el bien o el mal, si podéis. Veamos y razonemos. Pero no sois más que abominaciones, etc. ¿Quién de vosotros nos instruye en las cosas que fueron desde el origen, para que le digamos: Tú eres el justo? No hay nadie que nos enseñe ni prediga el porvenir."

Is., XLII: "Yo, que soy el Señor, no comunico mi gloria a otros. Yo soy quien hago decir las cosas que han pasado y las que deben pasar. Cantad un nuevo canto a Dios en toda la tierra.

"Condúceme aquí ese pueblo que tiene ojos y no ve, que tiene oídos y no oye. Que se junten las naciones. ¿Cuál de ellas, y de sus dioses, os instruirá de lo pasado y de lo por venir? Produzcan testimonios para justificarse, y confiesen, si no, que la verdad está aquí. Sois mis testigos, dice el Señor, vosotros y el servidor que yo he elegido, para que me conozcáis y sepáis que yo soy.

"He predicho, he salvado, he hecho maravillas ante vuestros ojos; sois testigos de mi divinidad, dice el Señor. Soy yo quien por vuestro amor ha destrozado a los babilonios, y yo soy quien os ha santificado y os ha creado. Soy yo quien os ha hecho pasar en medio del agua y del mar y de los torrentes, y quién ha sumergido y destruido para siempre los potentes enemigos que os perseguían. Mas apartad la vista de esos antiguos beneficios y no miréis a las cosas pasadas.

"He aquí que yo preparo cosas que pronto conoceréis: haré los desiertos habitables y deliciosos. Yo he formado este pueblo; yo lo he establecido para cantar mis alabanzas, etc.

"Pero es por mí mismo por lo que borraré vuestros pecados y olvidaré vuestros crímenes, porque, por vosotros, repasad con la memoria vuestras ingratitudes y ved si podéis justificarlas. Vuestro primer padre ha pecado y vuestros doctores han sido prevaricadores.

Is., XLIV: "Yo soy el primero y el último, dice el Señor; quien se iguale a mí, que cuente el orden de las cosas desde que he creado los primeros pueblos, y que anuncie lo que ha de ocurrir. No temáis nada; ¿no os he hecho comprender todas esas cosas? Sois mis testigos."

Is., XLV, 4: "A causa de Jacob, a quien he elegido, te he llamado por tu nombre."

Is., XLV. 5: "Venid y discutamos. ¿Quién ha hecho saber las cosas desde el principio? ¿Quién las ha predicho? ¿No soy yo, que soy el Señor?"

Is., XLVI: "Acordaos de los primeros siglos y convenceos de que no hay nada semejante a mí, que anuncié desde el comienzo lo que debía pasar hasta el fin. Mis mandamientos subsistirán y mis voluntades serán cumplidas."

Is., XLII: "Las primeras cosas han pasado como habían sido predichas, y he aquí que anuncio otras nuevas antes que ocurran."

Is., LXVIII, 3: "He hecho predecir las primeras y las he cumplido en seguida, y han pasado del modo que he dicho, porque sé bien que sois duros, y vuestro espíritu, rebelde; y porque eso les he querido anunciar antes que pasara, porque no podéis decir que fue obra de vuestros dioses y efecto de su orden."

"Veis llegado lo que ha sido predicho: ahora veréis cosas nuevas que conservo en mi potencia y no habéis visto aún: ahora os las preparo, y os las he tenido ocultas por temor a que os envanecieseis de haberlas visto vosotros. Porque no tenéis ningún conocimiento, ni nadie os ha hablado, ni nada habéis oído; porque yo os conozco y sé que estáis llenos de prevaricación, yo os he llamado prevaricadores desde vuestro origen."

Is., LXV: "Me han buscado los que no me consultaban me han hallado los que no me buscaban. Y yo he dicho: "¡Heme aquí!", al pueblo que no invocaba mi nombre. He tendido mis manos al pueblo incrédulo que sigue sus deseos y marcha por una vida mala; a ese pueblo que me provoca sin cesar por los crímenes que comete en mi presencia, y que sacrifica a los ídolos, etc. "Aquéllos serán evaporados como humo el día de mi furor, etc. Yo reuniré vuestras iniquidades y las de vuestros padres, y daré a cada uno según sus obras.

"El Señor dice así: Por el amor de mis servidores, no perderé todo Israel; pero reservaré algunos, como conservé en un racimo un solo grano, que era la bendición y esperanza de fruto. Así, yo tomaré de Jacob y de Judá para proveer las montañas que mis elegidos y mis servidoras tienen en herencia, y mis campiñas fértiles y abundantes; pero exterminaré a todos los otros, porque habéis olvidado a vuestro Dios para servir a dioses, extranjeros. Os he llamado y no habéis respondido; os he hablado y no habéis oído, y habéis elegido las cosas que yo os prohibía.

Es por eso que el Señor dice estas cosas. He aquí: mis servidores serán hartos y vosotros tendréis hambre; ellos serán alegres y vosotros confusos; ellos cantarían la alegría de su corazón, y vosotros gritaréis en la aflicción de vuestro espíritu.

Vuestro nombre será abominado de mis elegidos. El Señor os exterminará y llamará a sus servidores por otro nombre, porque el que sea bendito en la tierra será bendito en Dios, etc.; porque los primeros dolores son olvidados. Porque yo creo nuevos cielos y nueva tierra, y las cosas pasadas no serán más en memoria ni vendrán al pensamiento.

Pero os regocijaréis para siempre en las cosas nuevas que yo cree, porque yo creo Jerusalén, que es alegría, y a su pueblo jubiloso. Y me placeré en Jerusalén y en su pueblo, y no habrá más gritos ni lloros.

Yo atenderé antes de que me demanden; yo oiré antes de que me empiecen a hablar. El lobo y el cordero pacerán juntos; el león y el buey comerán la misma paja; la serpiente no comerá más que polvo, y no habrá más homicidio ni violencia en toda mi santa montaña."

Is., LVI, 3: "El Señor dice estas cosas: sed justos y rectos, porque la salvación está cercana y mi justicia se va a revelar. Bienaventurado quien haga esas cosas y observe mi sábado, y guarde sus manos de cometer ningún mal.

Y que los extranjeros no digan: Dios me separará de su pueblo. Porque dice el Señor: Quienquiera que sea quien guarde mi sábado y elija hacer mis voluntades y guarde mi alianza, yo le daré lugar en mi mansión y un nombre mejor que el que he dado a mis hijos; será un nombre eterno que nunca perecerá."

Is., LIX, 9: "Es por nuestros crímenes por lo que la justicia se ha alejado de nosotros. Hemos esperado la luz y sólo hallamos tinieblas. Hemos tropezado con la pared como ciegos, y en pleno día hemos estado como en medio de la noche, tal que los muertos en lugares tenebrosos.

Rugiremos como osos; gemiremos como palomas. Esperábamos la justicia, y no viene; la salvación, y se aleja de nosotros.

Is., LXVI, 18: "Pero yo veré sus obras y sus pensamientos cuando venga a reunirlos con todas las naciones, y entonces verán mi gloria. Y les impondré un signo, y de los que sean salvados haré enviados a África, y a Lydia, y a Italia, y a Grecia, y a los pueblos que no han oído hablar de mí ni saben mi gloria. Y ellos conducirán a nuestros hermanos."

Jer., VII: "Id a Silo, donde yo establecí mi nombre era el comienzo, y ved lo que yo he hecho a causa de los pecados de mi pueblo. Y ahora, dice el Señor, porque habéis cometido los mismos crímenes, yo haré de ese templo, donde mi nombre es invocado, y en el cual confiáis, y que yo mismo he dado a vuestros sacerdotes, lo mismo que he hecho con Silo.

Y os arrojaré lejos de mí, como a vuestros hermanos, los hijos de Efraín. No roguéis, pues, por ese pueblo."

Jer., VII, 22: "¿De qué os sirve hacer sacrificio tras sacrificio? Cuando saqué a vuestros padres de Egipto no les hablé de sacrificios ni de holocaustos, y el precepto que les di fue de esta suerte: sed fieles a mis mandamientos y yo seré vuestro Dios y vosotros seréis mi pueblo (Sólo después del becerro de oro he dado los sacrificios para volver en bien una mala costumbre)."

Jer., VII, 4: "No confiéis en las palabras mentirosas de los que os dicen: El templo del Señor, el templo del Señor, el templo del Señor."

714.—Los judíos, testigos de Dios. (Is., XLIII, 9; XLIV, 8). Reprobados los sacrificios de los judíos, y los de los paganos, en todas partes (Malaq., I, II).

Moisés predijo antes de morir la reprobación de los judíos y la vocación de los gentiles.

Moisés predijo lo que había de pasar a cada tribu.

"Vuestro nombre será execrado de mis elegidos, y yo les daré otro nombre."

715.—Amos y tacaños: Han vendido al justo y no sería nunca esto olvidado. Jesús traicionado.

No habrá más memoria de Egipto (véase Is.).

Los judíos serán esparcidos (Is.). Ley nueva.

El segundo templo glorioso. Cristo vendrá (Ag., II, 7 a 10).

Vocación de los gentiles (Joel, II, 28, os. II, 24; Deut., XXXII, 21; Mal., I, II).

716.—"Se ha predicho hace mucho tiempo para que sepan que soy yo."

717.—Juramento de que David tendría siempre sucesores (Jer.).

718.—El reino eterno de la raza de David. No se ha cumplido temporalmente.

719.—Se podría pensar que cuando los profetas dijeron que el cetro no saldría de Judá, lo hacían por adular al pueblo, y que su profecía falla en Herodes. Mas, para mostrar que ellos sabían que ese reino temporal debía cesar, dicen que estarán mucho tiempo sin rey y sin príncipe. (Oreas, III, 4.)

720.—*Non habemus regem nisi Cæsarem*[106]. Puesto que Cristo era el Mesías, puesto que no tenían más rey que un extranjero y no querían otro.

721.—No tenemos más rey que el César.

722.—Daniel, II: "Todos vuestros adivinos no saben descubrir el misterio que se les pregunta. Y hay un Dios en el cielo que lo puede y os ha revelado en el sueño las cosas que deben ocurrir en los últimos tiempos."

Y no es por mi propia conciencia por lo que he conocido este secreto, sino por revelación del propio Dios, que me lo ha descubierto para que os lo manifieste.

Vuestro sueño era así: Habíais visto una estatua grande y terrible, erigida ante vosotros; la cabeza era de oro; el pecho y los brazos, de plata; el vientre y los muslos, de bronce; las piernas, de hierro; pero los pies, de arcilla. Y la

---

[106] "No tenemos rey sino César". *(N. del P.)*

contemplaban de esta suerte hasta que la piedra tallada sin manos ha herido la estatua por los pies de arcilla y los ha roto.

Y entonces se han hecho polvo la arcilla, el hierro, el bronce, la plata y el oro; pero la piedra que ha herido la estatua ha crecido y se ha hecho una gran montaña, y ha ocupado toda la tierra. Ese era vuestro sueño, y yo os daré su interpretación.

Vosotros, que sois del más grande de los reyes, sois la cabeza de oro. Pero otro imperio le sucederá que no será tan potente, y otro en seguida, de bronce, que se extenderá por todo el mundo.

Pero el cuarto será fuerte como el hierro, y así como el hierro destroza todas las cosas, este imperio lo destrozará todo. Y los pies, que son parte de tierra y parte de hierro, muestran que ese imperio se dividirá, y tendrá parte la fragilidad de la tierra, y parte la primera del hierro. Pero como la tierra no puede aliarse sólidamente al hierro, los que estarán representados por ellos no podrán aliarse sólidamente.

"Será en el tiempo de estos monarcas cuando Dios creará un reino que nunca será destruido ni transportado a otro pueblo, y que disipará todos esos imperios, como os lo ha mostrado esa piedra, que ha caído de la montaña y ha destruido el hierro, la tierra, el bronce, la plata y el oro, así Dios os ha mostrado lo que pasará en el correr del tiempo. Ese sueño es verdadero, y la interpretación, fiel. Entonces cayó Nabucodonosor, el rostro contra tierra, etc."

Daniel, VIII, 8: "Habiendo visto Daniel el combate de los carneros, de los que el que venció dominó toda la tierra, y al que, habiéndole un cuerno caído, saliéronle cuatro que apuntaban a los cuatro puntos cardinales; de uno de estos cuernos salió un cuernecillo que se ensanchó hacia Oriente y hacia la tierra de Israel, y se elevó contra el ejército celestial, trastornó las estrellas y las tendio a sus pies, y, en fin, abatió al príncipe, e hizo cesar el sacrificio perpetuo y puso en desolación el santuario; y viendo esto Daniel y pidiendo la explicación, oyó una voz que dijo: "Gabriel, explícale la visión que ha tenido"; y Gabriel le dijo:

"El carnero vencido es el rey de los medos y de los persas, y el vencedor es el rey de los griegos, y el gran cuerno que tenía entre los ojos es el primer rey de esta monarquía. Roto este cuerno, los cuatro que le suceden son los cuatro reyes que le sucederán, pero no con la misma potencia.

Al declinar estos reinos, creciendo las iniquidades, se elevará un rey insolente y fuerte, al que todas las empresas saldrán a su gusto, y pondrá en desesperación al pueblo santo, y matará muchos, y aun se alzará contra el príncipe de los príncipes; pero morirá desgraciadamente, y no, sin embargo, a mano airada."

Daniel, IX, 20: "Cuando yo rogaba a Dios con todo mi corazón, confesando mi pecado y el de todo mi pueblo, he aquí que Gabriel, al que había visto su visión al empezar, vino a mí y me tocó, y dándome la inteligencia, me dijo: "Daniel, he venido a ti para abrirte el conocimiento de las cosas. Desde el comienzo de tus oraciones he venido a ver qué deseabas. Comprende la palabra y entra en la inteligencia de la visión. Setenta semanas están prescritas a vuestro pueblo y a vuestra santa ciudad para poner fin a los pecados y expiar vuestros crímenes, abolir la iniquidad y establecer la justicia eterna, para cumplir visiones y profecías y llegar al santo de los santos. (Cuando este pueblo no sea vuestro pueblo ni esta ciudad la santa ciudad, el tiempo de cólera se habrá pasado y los días de gracia vendrán para siempre)."

Sabe, pues, y entiende. Desde que salga la palabra para restablecer Jerusalén, hasta el Mesías, habrá siete semanas y sesenta y dos semanas. (Los hebreos acostumbraban a dividir los números y poner el pequeño primero; 7 y 62 hacen 69; de las 70 quedará, pues, la 70.ª, es decir, los siete últimos años, de que hablará en seguida.)

Después que los muros sean edificados en un tiempo de aflicción, y tras esas sesenta y dos semanas (que habrán seguido a las siete primeras. Cristo será muerto después de las sesenta y nueve semanas, esto es, en la última semana), el Cristo será muerto, y su pueblo vendrá con su príncipe, y destruirá el templo y el santuario, y consumará la desolación."

"Ahora: una semana (la setenta que resta) restablecerá la alianza, y la mitad de la semana (los últimos tres años y medio) abolirá el sacrificio y la hostia, y hará sorprendente la extensión de la abominación que se esparcerá sobre los mismos que se sorprendieron hasta la consumación de las cosas.

Daniel, XI: "El ángel dijo a Daniel: Y habrá aún (después de Ciro) tres reyes de Persia (Cambises, Smerdis, Darió), y el cuarto que llegue (Jerjes) será poderoso en riquezas, y en fuerzas, y llevará todos sus pueblos contra los griegos.

Pero surgirá un poderoso rey (Alejandro), cuyo imperio tendrá una extensión inmensa, y que triunfará en todas sus empresas, según su deseo. Pero en cuanto su monarquía sea establecida, perecerá y será dividida en cuatro partes hacia los cuatro puntos cardinales; y sus sucesores no igualarán su potencia, porque su mismo sino será dispersado.

Y aquél de sus sucesores que reinará en el Sur (Egipto: Ptolomeo, hijo de Lago), será poderoso; pero otro le superará, y su Estado será un gran Estado (Seleuco, rey de Siria. Apiano, dice que es el más potente de los sucesores de Alejandro)..

Y corriendo los años, se aliarán, y la hija del rey del Sur (Berenice, hija del rey Ptolomeo Filadelfo, hijo del otro Ptolomeo) irá al rey de Aquilón (Antioco II, rey de Siria y Asia, nieto de Seleuco Lagidas), para establecer la paz entre estos príncipes.

Mas ni ella ni sus descendientes tendrán larga autoridad, porque ella y sus hijos y sus amigos serán muertos (lo fueron por Seleuco Callinico).

Pero se educará un retoño de estas raíces (Ptolomeo Evergetas nacerá del mismo padre que Berenice), que irá con un ejército potente a las tierras del rey de Aquilón, y lo sujetará todo a sus dominios, y llevará a Egipto sus dioses, sus príncipes, su oro, su plata y sus más preciosos despojos, y pasarán algunos años sin que el rey de Aquilón pueda nada contra él.

Así volverá a su reino; pero los hijos del otro, irritados, reunirán grandes fuerzas (Seleuco Cerauno, Antioco Magno). Y su ejército llegará y lo asolará todo; mas, irritado el rey del Mediodía, formará un gran ejército y dará la batalla (Ptolomeo Filopator contra Antioco Magno, en Rafia), y vencerá; y sus tropas se harán insolentes y su corazón se llenará de orgullo (Josefo dice que este Ptolomeo profanó el templo); vencerá miles de hombres; pero su victoria no será firme, porque el rey de Aquilón (Antioco Magno) volverá con muchas más fuerzas, y entonces muchos enemigos se alzarán contra el rey del Sur (reinando el joven Ptolomeo Epifanes), y muchos hombres apóstatas y violentos se alzarán y perecerán, para que las visiones sean cumplidas. Y el rey de Aquilón destruirá las fortalezas, tomará las ciudades mejor defendidas, y toda la fuerza del Sur no podrá detenerle y todo cederá a su voluntad; se detendrá en la tierra de Israel, y ella cederá. Y pensará en ser dueño de todo el imperio de Egipto. Y para eso hará alianza con él y le dará su hija (Cleopatra, a fin de que traicionase a su marido, sobre lo que Apiano dice que, desconfiando apoderarse de Egipto por la fuerza, a causa de la protección de los romanos, quiso lograrlo por otro medio). El la querrá corromper, pero ella no seguirá su intención; y entonces él se lanzará a apoderarse de algunas islas y tomará varias (como dice Apiano).

Pero un gran jefe se opondrá a sus conquistas (Escipión el Africano, que detuvo los progresos de Antioco por haber ofendido a Roma en sus aliados). El volverá a su reino y perecerá (fue muerto por los suyos).

Y aquél que le sucederá (Seleuco Filopator, hijo de Antioco Magno) será un tirano que afligirá con impuestos al reino; pero a poco morirá, no por sedición ni por guerra. Y ocupará su puesto un hombre despreciable e indigno de la realeza, que se introducirá por los halagos. Todos los ejércitos cederán ante él, incluso el príncipe con quien había hecho alianza, porque, habiéndola renovado, le engañará, y entrando con pocas tropas en sus provincias, confiadas y sin temor, tomará los mejores puntos, hará lo que sus padres no habían hecho y formará grandes planes durante su vida."

723.—Las setenta semanas de Daniel son equívocas por la fecha del comienzo, a causa de los términos de la profecía, y por el término del fin, a causa de la diversidad de los cronologistas. Pero toda la diferencia no llega más que a doscientos años.

724.—Se predijo que en la cuarta monarquía, antes de la segunda destrucción del templo, antes de que acabase la denominación de los judíos, en la setena semana de David, durante la existencia del segundo templo, los paganos serían instruidos y llevados al conocimiento del Dios adorado por los judíos, y que quienes lo amasen serían liberados de sus enemigos y llenos de su amor y su temor.

Y ocurrió que en la cuarta monarquía, antes de la segunda destrucción del templo, etc., los paganos en muchedumbre adoraron a Dios y se inclinaron a una vida angélica; las doncellas, consagraron a Dios su virginidad y su vida; los hombres, renunciaron a todos los placeres. Lo que Platón no pudo persuadir más que a pocos hombres elegidos e instruidos, una fuerza secreta lo hizo creer a cien millares de hombres ignorantes, con la virtud de pocas palabras.

Los ricos dejaron sus bienes, y los hijos las cómodas casas de sus padres, para ir a la austeridad de un desierto, etcétera (véase a Filón). ¿Qué es esto? Lo que ha sido predicho tanto tiempo antes. Desde dos mil años atrás, ningún pagano había adorado el Dios de los judíos, y, en el tiempo predicho, la multitud pagana adora al único Dios. Los templos son destruidos, y los mismos reyes se someten a la cruz. ¿Qué es esto? Es el espíritu de Dios que se extiende sobre la tierra.

Ningún pagano, desde Moisés a Cristo, según los rabinos mismos. Y después de Cristo, la muchedumbre de los paganos cree en los libros de Moisés, observa su esencia y su espíritu y sólo rechaza lo inútil.

725.—La conversión de los egipcios: un altar en Egipto al verdadero Dios (Is., XIX, 19).

726.—En Egipto, *Pugio Fidei*, página 659, *Talmud*: "Es tradición entre nosotros que, cuando el Mesías llegue, la casa de Dios estará llena de basuras e impureza, y la sabiduría de los escribas estará corrompida y podrida. Los que intenten pecar serán reprobados por el pueblo y tratados de locos e insensatos."

Is., XLIX, dice: "Escuchad, pueblos remotos, y habitantes de las islas del mar: el Señor me ha llamado por mi nombre desde el vientre de mi madre; me protege con la sombra de su mano; ha puesto en mis palabras como un cuchillo agudo, y me ha dicho: Tú eres mi servidor y para ti haré aparecer mi gloria. Y yo he dicho: Señor, ¿he trabajado en vano? ¿En vano he consumido toda mi fuerza? Juzgad, Señor, mi trabajo ante vos. Entonces el Señor no me ha formado desde el vientre de mi madre para ser todo suyo; a fin de reconducir a Jacob e Israel, me ha dicho: Tú serás glorioso en mi presencia, y yo mismo seré tu fuerza; es poco que tú conviertas la tribu de Jacob; yo te he creado para ser la luz de los gentiles y para llevar mi salvación a los extremos de la tierra. Esas son las cosas que el Señor ha dicho al que ha humillado su alma, que ha sido desprecio y abominación de los gentiles, y que se ha sometido a los poderosos de la tierra. Los príncipes y reyes te adorarán, porque el Señor que te ha elegido es fiel.

El Señor me ha dicho aún: Yo te he atendido en los días de salvación y de misericordia, y te he establecido para ser la alianza del pueblo y ponerte en posesión de las naciones más abandonadas, para que digas a los que están encadenados: sed en libertad; y a los que están en las tinieblas: Venid a la luz y poseed tierras ricas y fértiles. No más os molestarán el hambre y la sed, ni el ardor del sol, porque el que ha tenido compasión de ellos será su conductor, y les llevará a las fuentes del agua y aplastará las montañas ante ellos. Y llegarán los pueblos de todas partes, de Oriente, de Occidente, de Aquilón y de Mediodía. Haga el cielo gloria a Dios, regocíjese la tierra, porque plugo al Señor alegrar a su pueblo y al fin tendrá piedad de los pobres que esperan en él.

Y sin embargo, Sión ha osado decir: El Señor me ha abandonado, y no se acuerda de mí. ¿Puede una madre olvidar y perder la ternura para el que ha llevado en su seno? Mas, aun cuando ella fuese capaz, yo no te olvidaría nunca, Sión. Te llevo siempre entre mis manos y tus muros son siempre mis ojos. Ya acuden los que deben socorrerte y tus destructores serán alejados. Abre tus ojos y mira la multitud que viene a ti. Yo juro que esos pueblos te serán dados como adorno del que ya siempre estarás revestida; tus desiertos y tus tierras, que son hoy desolados, serán demasiado estrechos para el gran número de tus habitantes, y los hijos que te nacieron en los años de la esterilidad te dirán: Escaso es el sitio; ensancha las fronteras y danos sitio en que habitar. Entonces dirás dentro de ti: ¿Qué es lo que me ha dado esta abundancia de hijos, a mí que no concebía, que era estéril y cautiva? ¿Y quién me los ha nutrido, si yo no tenía recursos? ¿De dónde han venido todos éstos? Y el Señor te dirá: He aquí que yo he hecho ver mi poder a los gentiles y he alzado mi estandarte sobre los pueblos, y ellos te trajeron hijos en sus brazos y en sus senos, y reinas fueron tus nodrizas, y te adoraron con el rostro en tierra, y besaron el polvo de tus pies; y tú conocerás que yo soy el Señor, y que los que esperan en mí no son nunca confundidos, porque ¿quién puede arrebatar la presa al que es fuerte y poderoso? Pero aunque haya quien se la pueda quitar, nadie podrá impedir que yo salve a tus hijos y pierda a tus enemigos, y todo el mundo reconocerá que yo soy el Señor, tu salvador y el redentor poderoso de Jacob.

El Señor dice estas cosas: ¿Cuál es el documento de divorcio por el que he repudiado a la Sinagoga? ¿Y por qué la he puesto yo en las manos de vuestros enemigos? ¿No es por sus impiedades y por sus crímenes por lo que la he repudiado?

Porque yo he venido y nadie me ha recibido; he llamado y nadie me ha escuchado. ¿Es que mi brazo es corto y no tengo el poder de salvar?

Por eso haré aparecer las trazas de mi cólera; cubriré los cielos de tinieblas y los esconderé bajo su velo.

El Señor me ha dado una lengua instruida para que mi palabra pueda consolar al que está triste. El me ha hecho atento a sus discursos y le he escuchado como a un maestro.

El Señor me ha revelado sus voluntades y yo no he sido rebelde.

He entregado mi cuerpo a los golpes y mis mejillas a los ultrajes; he abandonado mi rostro a las ignominias; pero el Señor me ha sostenido y yo no he sido confundido.

El que me justifica está conmigo. ¿Quién se atreverá a acusarme? ¿Quién se alzará para acusarme de pecado, si Dios mismo es mi protector?

Todos los hombres pasarán y serán consumidos por el tiempo; que los que temen a Dios oigan las palabras de su servidor; que el que languidece en las tinieblas ponga su confianza en el Señor. Pero vosotros, que no hacéis más que atraer la cólera divina sobre vosotros, andad sobre las llamas que vosotros mismos habéis encendido. Es mi mano la que ha hecho venir esos males sobre vosotros, y pereceréis entre dolores.

Escuchadme los que seguís la justicia y buscáis al Señor. Mirad a la piedra en que estáis tallados y al pozo de que habéis sido sacados. Mirad a Abraham, vuestro padre, y a Sara, que os ha parido. Ved que estaba solo y sin hijos cuando le he llamado y que le he dado una posteridad numerosa; ved cuántas bendiciones he esparcido sobre Sión y de cuántas gracias y consolaciones la he colmado.

Considerad todas estas cosas, pueblo mío, y atended mis palabras, porque una ley saldrá de mí y un juicio que será la luz de los gentiles."

Amós, VIII: "El profeta, habiendo enumerado los pecados de Israel, ha dicho que Dios ha jurado la venganza.

Dice así: En ese día, dijo el Señor, hará ponerse el sol al mediodía y cubrirá la tierra de tinieblas; cambiaré vuestras fiestas en llantos y vuestros cantos en lamentos.

Estaréis en la tristeza y en los sufrimientos y pondré a esta nación en una desolación semejante a la de la muerte de un hijo único, y esos últimos tiempos serán tiempos de amargura. Porque los días vienen, dice el Señor, en que enviaré sobre la tierra el hambre y la sed, no de pan y agua, sino de oír las palabras del Señor. E irán errantes de un mar al otro, y de Aquilón a Oriente, buscando en todas partes las palabras del Señor, y no las hallarán.

Y sus vírgenes y sus donceles morirán en esta red; ellos que han seguido los ídolos de Samaria, que han jurado por el Dios adorado en Dan, que han seguido el culto de Berzabée, caerán y no se levantarán más."

Amós, III, 2. "De todas las naciones de la tierra os he reconocido a vosotros para ser mi pueblo."

Daniel, XII, 7. Habiendo descrito toda la extensión del reino del Mesías, dice: "Todo esto se cumplirá cuando se cumpla la dispersión del pueblo de Israel."

Aggeo, II, 4. "Vosotros, los que comparando esta segunda mansión a la gloria de la primera, la despreciáis, tened valor, dijo el Señor, a ti, Yorobabel, y a ti, Jesús, gran sacerdote, y a ti, pueblo todo de la tierra, y no dejéis de trabajar. Porque yo estoy con vosotros, dijo el Señor de los Ejércitos; subsiste la promesa que os hice cuando el éxodo de Egipto: mi espíritu está entre vosotros. No perdáis la esperanza, porque el Señor de los ejércitos ha dicho: Un poco más, y yo cambiaré el cielo y la tierra, y la mar y los continentes, y cambiaré todas las naciones. Entonces vendrá el que es deseado por todos los gentiles, y yo llenaré esta casa de gloria, dijo el Señor.

El oro y la plata están en mí, dijo el Señor; la gloria de este segundo templo será mayor que la del primero, dijo el Señor de los ejércitos, y yo estableceré mi nación aquí, dijo el Señor.

En Hoxeb, el día que allí estabais reunidos y que dijisteis que el Señor no nos hable más y que no veamos ese fuego, por miedo a morir. Y el Señor me dijo; su ruego es justo; yo les daré un profeta tal que tú del medio de sus hermanos, y en la boca del cual yo pondré mis palabras, y les dirá todo lo que yo le habré ordenado, y ocurrirá que si alguien no atiende las palabras que yo ponga en su boca, yo mismo le juzgaré."

Génesis, XLIX: "Tú, Judá, serás loado de tus hermanos y vencedor de tus enemigos; los hijos de tu padre te admirarán. Judá, cachorro de león, tú tendrás la presa, ¡oh hijo mío!, y estarás acostado como un león, y como una leona que se despierta.

El cetro no saldrá de Judá, ni el legislador de entre sus pies, y las naciones se reunirán ante él para obedecerlo."

727.—*Aenigmatis* (Ezeq. XVII).

Su precursor (Malaq. III).

Nacerá niño (Is. IX).

Nacerá en la villa de Bethleem (Mich. V). Aparecerá principalmente en Jerusalén, y nacerá de la familia de Judá y de David.

Cegará a los prudentes y a los sabios (Is. VI, VIII, etc.) y anunciará el Evangelio a los pequeños (Is. XXIX); abrirá los ojos a los ciegos, dará la salud a los enfermos y llevará a la luz a los que languidecen en las tinieblas (Is. LXI).

Enseñará la vida perfecta y será el preceptor de los gentiles (Is. LV, XLII, 1-7).

Sus profecías serán ininteligibles a los impíos (Dan. XII, Os. ult. 10), pero inteligibles a los instruidos.

Las profecías que le representan pobre le representan dueño de naciones (Is., Zac.).

Las profecías que predican el tiempo, no le representan en las nubes, ni juez. Las que le señalan justiciero y glorioso, no señalan cuándo.

Debe ser la víctima ofrecida por los pecados del mundo (Is.).

Debe ser la piedra fundamental preciosa (Is.).

Debe ser la piedra de escándalo (Is.). Jerusalén debe tropezar en esta piedra.

Dios debe hacer de esta piedra la angular.

Y esta piedra debe convertirse en una inmensa montaña y llenar la tierra (Daniel, II).

Debe ser negado, desconocido y traicionado (Ps., CVIII), vendido, abofeteado, afligido de mil maneras, herido de espinas, muerto y sus vestiduras sorteadas.

Que resucitará (Ps. XV) al tercero día (Os., VI, 3).
Que subirá al cielo para sentarse a la diestra de Dios (Ps., CX).
Que los reyes se aunarán contra él (Ps., II).
Que, estando a la diestra del Padre, será victorioso de sus enemigos.
Que los reyes y los pueblos le adorarán (Is.).
Que los judíos subsistirán como nación (Jer.).
Que estarán errantes, sin rey, etc. (Oxeo, III), sin profetas (Amós), esperando la salvación y no encontrádola (Is.).
Vocación de los gentiles por Jesús (Is., LII, 15, etcétera; Ps., LXXXI).
Os. I, 9. "No seréis más mi pueblo y no seré más vuestro Dios después que os multipliquéis en la dispersión. Y a los que yo no llamo mi pueblo, les llamaré mi pueblo".

728.—No era permitido sacrificar fuera de Jerusalén, que era el lugar que el Señor había elegido, ni incluso comer los diezmos (Deut., XIII, 5, etc.).

Oseas predijo que se verían sin rey, sin príncipes, sin sacrificios y sin ídolo, lo que se ha cumplido hoy, ya que no se puede hacer sacrificio legítimo fuera de Jerusalén.

729.—Se ha predicho que en tiempo del Mesías se establecería una nueva alianza, que haría olvidar la salida de Egipto (Jer., XXIII; Is., XLIII, 16); que pondría la ley, no en el exterior, sino en los corazones; que pondría su temor, más que fuera, dentro. ¿Quién no ve en todo esto la ley cristiana?

730.—Que entonces la idolatría sería derribada, que ese Mesías abatiría todos los ídolos y haría entrar a los hombres en el culto del verdadero Dios.

Que los templos de los ídolos serían abatidos y que en todas partes del mundo le sería ofrecida a Dios una hostia pura y no animales.

Que sería rey de los judíos y de los gentiles. Y he aquí al rey de los gentiles y los judíos oprimido por unos y otros, que conspiran a su muerte, dominador de unos y otros, y destruyendo el culto de Moisés en Jerusalén, que era su centro, donde Él funda su primera iglesia y el culto de los ídolos de Roma, que era el centro de ellos, y donde fundó su Iglesia principal.

731.—Jesús estará a la derecha, mientras Dios dominará a sus enemigos. Luego no los dominará él mismo.

732.—"... Que se le mostrará a su vecino diciendo: "He aquí al Señor, porque *Dios se hará sentir a todos.*" "*Vuestros hijos profetizarán.*" "Yo pondré mi espíritu y mi temor *en vuestro corazón.*" Todo es la misma cosa. Profetizar es hablar a Dios, no por pruebas externas, sino por sentimiento interior e inmediato.

733.—Que Él enseñará a los hombres la vía perfecta. Y nunca, ni antes ni después de Él, ha venido ningún hombre que enseñara nada divino que se aproximara a esto.

734.—... Que Cristo sería pequeño en su principio y crecería en seguida. La piedra de Daniel.

Si no hubiese oído hablar del Mesías, después de las admirables predicciones del orden del mundo, que veo cumplidas, diría que eso es divino. Y, sabiendo que esos mismos libros predicen un Mesías, me aseguraría de que ha venido, y más viendo que ponen su tiempo antes de la destrucción del segundo templo.

735.—Que los judíos reprobarían a Cristo y serían reprobados de Dios, por lo de que la viña elegida sólo daba agraz. Que el pueblo elegido sería infiel, ingrato e incrédulo *(populum non credentem et contradicentem)*[107]. Que Dios los cegaría y vacilarían en pleno día como los ciegos. Que un precursor vendría antes de él. Esto se ha profetizado.

736.—*Transfixerunt* (Zac., XII, 10).

Que debía venir un liberador que quebraría la cabeza del demonio; que debía librar a su pueblo de sus pecados, *(ex omnibus iniquitatibus)*[108]*;* que habría un Nuevo Testamento que sería eterno; que habría otro sacerdocio, según el orden de Melquisedec, y que sería eterno; que el Cristo sería glorioso, potente, fuerte y, no obstante, tan miserable que no sería reconocido; que se le negaría, que se le mataría, que su pueblo, que le había negado, no sería su pueblo; que los idólatras le recibirían; que dejaría Sión para reinar en el centro de la idolatría; que los judíos subsistirían, no obstante; que saldría de Judá y cuando no hubiese rey.

---

[107] "Pueblo incrédulo y contradictorio". *(N. del P.)*
[108] "De todas sus inquietudes". *(N. del P.)*

XII

LAS PRUEBAS DE JESUCRISTO

737.—Por ahí rechazo las demás religiones. Por ahí hallo respuesta a todas las objeciones. Es justo que un Dios tan puro no se descubra más que a los que tienen el corazón purificado. Me es, pues, esta religión amable, y la encuentro ya autorizada por una moral divina. Pero encuentro más.

Encuentro efectivo que mientras dura la memoria de los hombres subsiste un pueblo más antiguo que ningún otro; que se anuncia constantemente a los hombres que están en una corrupción universal, pero que vendrá un Reparador, cuya venida anuncia un pueblo entero, y que por un pueblo entero es después adorado; que no lo dice un hombre, sino una infinidad de hombres y un pueblo entero durante cuatro mil años. Y cuanto más examino sus libros, más verdades encuentro; en lo que ha precedido y en lo que ha seguido; en fin, ellos, sin ídolos ni reyes, y esta Sinagoga que es predicha y esos miserables que le siguen, y que, siendo nuestros enemigos, son testigos admirables de la verdad de esas profecías, en las que está predicha hasta su ceguera.

Encuentro este encadenamiento, esta religión, divina en su autoridad, en su existencia, en su perpetuidad, en su moral, en su doctrina, en sus efectos, y las tinieblas de los judíos espantables y predichas: *Eris palpans in meridie. Dabitur liber scienti litteras, et dicet: Non possum legere*[109].

Así yo tiendo los brazos a mi *Liberador*, que, habiendo sido predicho durante cuatro mil años, ha venido a sufrir y morir por mí en la tierra en los tiempos y circunstancias profetizadas, y, por su gracia, espero la muerte en paz, en la esperanza de quedarle eternamente unido, y de merecer ora los bienes que sea servido darme, ora los males que me convengan, y de que me ha dado el ejemplo sufriéndolos él.

738.—Habiendo las profecías dado indicios que debían ocurrir al advenir el Mesías, era preciso que esas señales llegasen en un mismo tiempo. Así tenía que venir la cuarta monarquía, cuando se cumpliesen las siete semanas de Daniel y que el cetro hubiese salido de Judá, y todo eso ocurrió, y llegó el Mesías, y eso marca bien que las profecías decían verdad.

739.—Los profetas han predicho y no han sido predichos. Los santos, predichos, no predicientes. Cristo, predicho y prediciente.

---

[109] "Irás a tientas al mediodía. Se dará el libro al instruido y dirá: No puedo leer". *(N. del P.)*

740.—Los dos Testamentos se refieren a Cristo; el Antiguo, como su espera; el Nuevo, como su modelo, y los dos como su centro.

741.—Los más antiguos libros del mundo (Moisés y Job) judío, uno, y otro pagano, miran ambos a Cristo como su centro común y como su común objeto: Moisés relacionando las promesas de Dios a Abraham, Jacob, etc., y sus profecías; y Job diciendo que *quis mihi det ut. Scio enim quod redemptor meus virit*[110], etc.

742.—El Evangelio no habla de la virginidad de María más que hasta el nacimiento de Cristo. Todo por relación a él.

743.—¿Por qué se ha conservado el libro de Ruth? ¿Por qué la historia de Thamar?

744.—"Orad para que no entréis en tentación." Es peligroso ser tentado, y los que lo son, es porque no oran.

Et tu conversus confirma fratres tuos[111]. Pero antes *conversus Jesús respexit Petrum*.

San Pedro pide permiso para herir a Malco, y hiere antes de oír la respuesta, y Jesús responde después.

La palabra *galileo*, que la muchedumbre pronuncia por casualidad acercando a Cristo ante Pilatos, da motivo a Pilatos para enviar a Jesús ante Herodes, por lo que se cumplió el misterio de que debía ser juzgado por los judíos y los gentiles. La casualidad aparente hizo cumplir el misterio.

745.—Los que no sienten trabajo en creer, preguntan: "¿Por qué no creían los judíos?" Y casi querían que creyesen para no ser detenidos por su negativa a creer. Pero esa negativa es el fundamento de nuestra creencia. Estaríamos menos bien dispuestos si ellos fueran de los nuestros. Pondríamos pretextos más amplios. Es admirable haber hecho a los judíos muy aficionados a las cosas predichas y muy poco a reconocerlas cumplidas.

746.—Los judíos estaban acostumbrados a los grandes milagros, y así al paso del Mar Rojo y la Tierra de Canaán les hacían esperar de su Mesías cosas más sorprendentes.

747.—Los judíos carnales y los paganos tienen miserias, y los cristianos también. No hay Redentor para los paganos, sólo porque no esperan nada. No hay Redentor para los judíos, porque esperan en vano. No hay Redentor más que para los cristianos.

748.—En el tiempo del Mesías el pueblo se dividió. Los espirituales abrazaron al Mesías, y los carnales quedaron para ser testigos de su advenimiento.

749.—"Si estaba tan claramente predicho a los judíos, ¿cómo no lo creyeron? ¿Cómo no fueron exterminados por resistirse a creer una cosa tan clara?"

---

[110] "¿Quién me permitirá? Sé, pues, que mi redentor vive". *(N. del P.)*

[111] "Y tú convertido confírmalo a tus hermanos. Jesús se volvió hacia Pedro". *(N. del P.)*

Primeramente, ha sido profetizado que ellos no creerían una cosa tan clara y que no por eso serían exterminados. Nada más glorioso al Mesías, porque no bastaba que hubiese profetas, era preciso que se mantuviesen sin sospecha.

750.—Si todos los judíos se hubiesen convertido a Jesús, no tendríamos más que testimonios sospechosos. Y si hubiesen sido exterminados, no tendríamos ninguno.

751.—¿Qué dicen los profetas de Cristo? ¿Qué evidentemente sería Dios? No, sino que sería un Dios verdaderamente oculto, que sería desconocido, que no se pensaría que lo fuera, que sería una piedra de escándalo en la que muchos tropezarían, etc. No se nos reproche la falta de claridad, pues no hacemos profesión de ella. "Pero (se dice) hay oscuridades. Y sin eso no se insistiría en Cristo." Que es uno de los designios formales de los profetas: *Excaeca...*

572.—Moisés enseñó la Trinidad, el pecado original, el Mesías.

David es un gran testimonio. Rey justo, clemente, alma hermosa, buen espíritu, poderoso, profetiza, y sucede su milagro. Esto es infinito.

No tenía más que decir que era el Mesías si hubiese sentido vanidad, porque las profecías son más claras en él que en Jesucristo. Y lo mismo San Juan.

753.—Herodes creyó en el Mesías. Había quitado el trono a Judá, pero no era de Judá. Esto creó una secta considerable. Y Barcosba y otro recibido por los judíos. Y el ruido que había en aquel tiempo por todas partes (Suetonio, Tácito, Josefo).

Maldición de los griegos contra los que cuentan tres períodos de tiempo.

Era preciso que fuese el Mesías, pues que para él el cetro debía estar eternamente en Judá, y, a su llegada, el cetro debía ser arrebatado a Judá.

Nada podía hacerse mejor para hacer que, viendo, no viesen nada.

754.—*Homo existens te Deum facit. Scriptum est. Dii estis et non potest solvi Scriptura. Haec infirmitas non est ad vitam et est ad mortem. Lazarus dormit, et deinde dixit: Lazarus mortum est.* "Siendo hombre te hacen Dios. No está escrito de sois dioses. Esta debilidad no es para la vida sino para la muerte. Lázaro duerme y después dijo: Lázaro ha muerto" (N. del P).

755.—Las discordancias aparentes de los Evangelios prueban que sus autores no han querido engañarnos.

756.—¿Qué se puede sentir sino veneración hacia un hombre que predice tan claramente cosas que ocurren y que declara su designio de cegar e iluminar, y que mezcla oscuridades entre las cosas claras que ocurren?

757.—El tiempo del primer advenimiento estuvo predicho, y el del segundo, no, porque el primero debía ser oculto y el segundo tan manifiesto que sus mismos enemigos lo habían de reconocer. Pero como no debía venir sino oscuramente y sólo ser conocido de los que sondearan las Escrituras...

758.—Dios, para hacer al Mesías cognoscible a los buenos y no a los malos, le ha hecho predecir de esa manera. Si se le hubiese predicho claramente, no hubiese habido oscuridad ni para los malos. Si el tiempo se hubiese predicho oscuramente, hubiera habido oscuridad hasta para los buenos, porque la bondad de su corazón no les hubiese hecho entender que, por ejemplo, el *mem* significaba seiscientos años. Pero el tiempo se predijo claramente y el modo en símbolos, por cuyo medio los malos se extraviaron y los buenos, no. Porque la inteligencia de los bienes prometidos depende del corazón, que llama *bien* a lo que ama, en tanto que la inteligencia del tiempo prometido no depende del corazón. Y así, la clara predicción del tiempo y la oscura de los bienes sólo desconcertó a los malos.

759.—Preciso es que o los judíos o los cristianos sean malos.

760.—Los judíos le rechazan, pero no todos: los santos le reciben, y no los carnales. Y éste es el último rasgo que redondea su obra. Como que la razón que tienen, y la única que se halla en sus escritos, en el *Talmud* y en los rabinos, es que Cristo no ha dominado las naciones a mano armada (*gladium tuum, potentissime*)[112]. ¿No tienen más que esto que decir? Jesús ha muerto, dicen; ha sucumbido; no ha vencido a los paganos por su fuerza; no les ha dado despojos, no procura riquezas. ¿No tienen más que decir? Pues eso es lo que me es amable. Yo no querría al que ellos se imaginaban; es visible que no es más que su vida la que les ha impedido recibirlo, y por esa negativa ellos son testigos de excepción, con lo que se cumplen las profecías. Así ha ocurrido esta maravilla: las profecías son los únicos milagros permanentes que cabe hacer, pero están sujetas a ser contradichas.

761.—Los judíos, matándole por no recibirle como Mesías, le han dado la última prueba de que lo era. Y continuando en desconocerle, se han hecho testigos irreprochables, y matándole y siguiéndole negando, se han cumplido las profecías (Is., LX; Ps., LXX).

762.—¿Qué podían los judíos, sus enemigos? Si le reciben, lo prueban por su recepción, y, si le niegan, lo reconocen por su negativa.

763.—Los judíos, probando si era Dios, han probado que era hombre.

764.—La Iglesia ha tenido tanto trabajo en probar que era Dios como sus enemigos en probar que era hombre.

765.—Un Dios humillado hasta la cruz y un Mesías triunfante de la muerte por su muerte. Dos naturalezas en Cristo, dos advenimientos, dos estados de la naturaleza del hombre.

766.—Símbolos: salvador, padre, sacrificador, hostia, rey, sabio, legislador, afligido, pobre, estaba destinado a crear un pueblo que había de conducir, nutrir e introducir en su tierra...

El sólo debía crear un gran pueblo, santo y elegido, alimentarle y guiarle, hacerle santo ante Dios, reconciliarle con Dios, liberarle de la cólera de Dios,

---

[112] "Tu espada, potentísima". *(N. del P.)*

liberarle del yugo del pecado, que reina notoriamente en el hombre, dar leyes a este pueblo, grabarlas en su corazón, ofrecerse y sacrificarse a Dios por ellos, ser a la vez sacrificador y hostia sin mácula, en fin, ofrecerse él mismo, su cuerpo y su sangre, y ofrecer pan y vino a Dios...
Ingredius mundum[113].
"Piedra sobre piedra."
Lo que le ha precedido y seguido. Los judíos subsistentes y vagabundos.

767.—De cuanto hay en la tierra sólo participa de los displaceres, y no de los placeres. Ama a su prójimo, pero su caridad no se encierra en estos límites, y ama a sus enemigos, y después a los de Dios.

768.—Jesús figurado por José: bien amado de su padre, enviado por su padre para ver a sus hermanos, etc., inocente, vendido por sus hermanos en veinte dineros, y por ahí hecho su señor, su salvador y el de los extranjeros y del mundo, lo que no hubiese sido sin la reprobación, la venta y el proyecto de perderle.

En la prisión, José inocente entre dos criminales; Jesús, en la cruz, entre dos ladrones. Ambos predicen la salvación a uno y la muerte a otro con iguales apariencias. Jesús salva a los elegidos y condena a los reprobos. José no hace más que predecir. Jesucristo obra. José pide al que será salvado que le recuerde en su gloria. Y aquel a quien Cristo salva le pide que le recuerde en su reino.

769.—La conversión de los paganos no estaba reservada más que a la gracia del Mesías. Los judíos trataron sin éxito de convertirles durante mucho tiempo, pero cuanto dijeron Salomón y los profetas fue inútil. Los sabios como Platón y Sócrates no lograron persuadirles.

770.—Tras muchas gentes que le han predicho llega al fin Cristo y dice: "Heme aquí y he aquí el tiempo. Lo que los profetas han dicho que ocurrirá, yo digo que mis apóstoles lo van a hacer. Los judíos serán desechados, Jerusalén destruida y los paganos entrarán en el conocimiento de Dios. Mis apóstoles lo harán en cuanto vosotros hayáis matado al heredero de la viña." Y luego los apóstoles han dicho a los judíos: "Vais a ser malditos." (*Celso se mofaba de ello.*) Y a los paganos: "Vais a entrar en el conocimiento de Dios." Y eso ha sucedido.

771.—Cristo ha venido a cegar a los que veían claro y a dar vista a los ciegos, curar a los enfermos y dejar morir a los sanos, exhortar a la penitencia y justificar a los pecadores, dejar a los justos en sus pecados, dar a los indigentes, y quitar a los ricos.

772.—*Effundam spiritum meum*[114]. Todos los pueblos estaban en la infidelidad y en la concupiscencia, y toda la tierra ardio en caridad. Los príncipes abandonaron sus grandezas, y los jóvenes sufrieron el martirio.

---

[113] "Ha entrado al mundo". (*N. del P.*)
[114] "Derramaré mi espíritu". (*N. del P.*)

¿De dónde viene esta fuerza? Es que ha llegado el Mesías; he ahí las señales de su llegada.

773.—Ruina de los judíos y de los paganos por Jesucristo. *Omnes gentes venient et adorebunt eum. Parum est et ut,* etcétera. *Postula a me. Adorabunt eum omnes reges. Testes iniqui. Dabit maxillam percutienti. Dederunt fel in escam*[115].

774.—Cristo para todos. Moisés para un pueblo.

Los judíos benditos en Abraham. "Bendeciré a quienes te bendigan." Pero "todas las naciones benditas en su semilla". *Parum est et,* "Es poco y ", etc.

Lumen ad revelationem gentium[116].

Non fecit taliter omni nationi[117], decía David hablando de la ley. Pero hablando de Cristo hay que decir: *Fecit taliter omni nationi. Parum*[118], etc. (Isaías). Condición fue de Jesús ser universal. La Iglesia misma no ofrece el sacrificio más que para los fieles; Jesús, la cruz para todos.

775.—Hay herejía en explicar siempre *omnes* por *todos*, y herejía en no explicar a veces por todos. *In quo omnes peccaverunt*[119], hugonotes, herejes, etc., exceptuando los hijos de los fieles. *Rabide ex hoc omnes*[120], hugonotes, herejes, refiriéndose a los judíos. Hay que seguir a los Padres y a la tradición para no saber cuándo hay herejía de este lado o del otro.

776.—*Ne timeas pusillus grex. Timore et tremore. Quid ergo? Ne timeas, timeas.* No temáis, pues que teméis; temed, si no teméis.

Quid me recipit, non me recipit, sed eum qui me misit.
Nemo scit, neque Filius.
Nubes lucida obumbravit.[121]

San Juan debía convertir los corazones de los padres a los hijos, y Cristo poner la división. Sin contradicción.

777.—Los efectos, *in comummi*, e *in particulari*. Los pelagianos yerran diciendo *in communi*, lo que no es verdad más que *in particulari*, y los calvinistas diciendo *in particulari* lo que es verdad *in communi*.

778.—*Omnis Judaea regio, et Jerosolomytae universi, et baptizabantur*[122]. A causa de las condiciones de los hombres que allí iban. Las piedras *pueden* ser hijas de Abraham.

---

[115] "Todas las naciones vendrán y le adorarán. Poco es y sin embargo. Me demandan. Le adorarán todos los reyes. Testigo injustos. A quien golpea pondrá la mejilla. Pondrás hiel en la comidad". *(N. del P.)*

[116] "Luz para iluminación de los pueblos". *(N. del P.)*

[117] "No hizo del mismo modo para toda la nación". *(N. del P.)*

[118] "Del mismo modo hizo para toda nación". *(N. del P.)*

[119] "En quien todos han pecado". *(N. del P.)*

[120] "Todos con rabia por esto". *(N. del P.)*

[121] "No tenemos pequeño rebaño. Temor y temblor. ¿Qué temes?, no temas. El que me recibe no me recibe a mí sino al que me ha enviado. Nadie lo sabe, ni el Hijo. La nube clara ha oscurecido". *(N. del P.)*

[122] "Toda la región de Judea y todos los de Jerusalem eran bautizados" *(N. del P.)*

779.—Si se conociese, Dios curaría y perdonaría, *Ne convertantur et sanem et sanem eos, et dimittantur eis peccata*[123].

780.—Cristo no ha condenado nunca sin oír. A Judas. *Amice, ad quid venisti?*[124] Al que no llevaba el traje nupcial, lo mismo.

781.—Los símbolos de la totalidad de la redención, como que el sol alumbra a todos, no marcan más que una totalidad. Pero los símbolos de las exclusiones, como los judíos elegidos con exclusión de los gentiles, señalan la exclusión.

"Jesucristo redentor de todos." Sí, porque lo ha ofrecido, como quien rescata a cuantos quieran venir a él. Aquellos que murieron en el camino tuvieron desgracia, pero cuanto a él, les había ofrecido la redención. Eso es bueno en este ejemplo, en el que el que rescata y el que impide morir son dos, pero no en Cristo, que hace lo uno y lo otro. No, porque Cristo, en su calidad de redentor, no es quizá dueño de todos, mientras que sí es redentor de todos.

Cuando se dice que Cristo no ha muerto para todos, abusáis de un vicio de los hombres, que se aplican en seguida esta excepción, lo que es favorecer la desesperación, en lugar de hacerlos cambiar para favorecer la esperanza. Porque se acostumbra así a las virtudes interiores por esos hábitos externos.

782.—La victoria sobre la muerte. ¿De qué le sirve al hombre ganar todo el mundo, si pierde su alma? Quien quiera guardar su alma, la perderá.

"No he venido a destruir la ley, sino a cumplirla."

"Los corderos no quitan los pecados del mundo, pero yo soy el cordero que quita los pecados."

"Moisés no os ha dado el pan celeste. Moisés no os ha sacado del cautiverio, ni os ha hecho verdaderamente libres."

783.—... Jesús viene a decir a los hombres que no tienen otro enemigo que ellos mismos y que son sus pasiones las que les separan de Dios, pues viene a destruirlas y a darles su gracia, a fin de hacer de todos una Iglesia santa, que viene a reunir en esta Iglesia a los paganos y a los judíos, y que quiere destruir los ídolos de los unos y la superstición de los otros. A esto, no sólo se oponen los hombres, por su natural concupiscencia, sino que los reyes de la tierra se unen para abolir esa religión reciente, como se había profetizado (Prof.: *Quare fremerunt gentes... reyes terrae... adversus Christum*)[125].

Todo lo que hay de grande sobre la tierra: sabios, prudentes, reyes, se unen en contra. Unos escriben, otros condenan, otros matan. Y, pese a todas esas oposiciones, aquellas gentes sencillas someten a esos reyes y a sus sabios

---

[123] "No se conviertan y sanen y se les perdonen". (*N. del P.*)
[124] "Amigo, ¿a qué has venido?". (*N. del P.*)
[125] "¿Por qué gimen los pueblos ... los reyes de la tierra ... adversarios de Cristo?". (*N. del P.*)

y arrancan la idolatría de la tierra. Y todo eso se hace por la fuerza que lo había predicho.

784.—Jesús no ha querido testimonio de los diablos, ni de los que no tenían vocación, sino de Dios y de San Juan Bautista.

785.—Yo considero a Cristo en todas las personas y en nosotros mismos. Jesucristo, como padre, en su Padre; como hermano, en sus hermanos; como pobre, en los pobres; como rico, en los ricos; como doctor y sacerdote, en los clérigos; como soberano, en los príncipes, etc. Porque, siendo Dios, es por su gloria cuanto hay de grande, y por su vida mortal cuanto hay de abyecto. Y ha tomado esta última condición para poder ser en todas las personas y modelo en todas las condiciones.

786.—Jesús está en tal oscuridad (según lo que llama el mundo oscuridad) que los historiadores, escribiendo los sucesos más importantes de los Estados, apenas dan noticia suya.

787.—Respecto a que Josefo ni Tácito, ni los demás historiadores, hayan hablado de Jesucristo, lo que parece ser contra, redunda en pro, porque siendo cierto que Cristo y su religión hicieron gran ruido, y aquéllos no lo ignoraban, es notorio que lo han callado adrede; o que sus textos han sido mutilados o cambiados.

788.—"Me he reservado siete mil." Amo los adoradores desconocidos al mundo y a los mismos profetas.

789.—Como Cristo vivio desconocido entre los hombres, así vive su verdad entre las opiniones comunes, y así la Escritura entre el pan común.

790.—Jesucristo quiso morir con las formalidades de la justicia, porque es más ignominioso morir por justicia que por una sedición injusta.

791.—La falsa justicia de Pilatos sólo sirvio para hacer sufrir a Cristo, porque le hizo azotar primero y después le mató. Hubiera valido más matarle desde luego. Así los falsos justos, que hacen obras buenas y malas para agradar al mundo y mostrar que no están del todo en Jesucristo, porque les da vergüenza. Y en las grandes ocasiones y tentaciones le matan.

792.—¿Qué hombre tuvo nunca más esplendor? El pueblo judío le predijo antes de venir. El pueblo gentil le adoró después. Los dos pueblos, gentil y judío, le miran como su centro. Y, sin embargo, ¿qué hombre ha gozado menos de su esplendor? De treinta y tres años, permaneció treinta oculto. Durante tres años, pasó por un impostor; los sacerdotes y gente principal le rechazaron; sus parientes y amigos le despreciaron. Y al fin murió traicionado por uno de los suyos, negado por otro y abandonado por todos. ¿En qué ha participado de su brillo? Ningún hombre ha tenido más esplendor, ni más ignominia. Todo ese esplendor ha servido para hacerlo reconocer, y a él para nada.

793.—La infinita distancia de los cuerpos a los espíritus simboliza la distancia, infinitamente mayor, de los espíritus a la caridad, porque ésta es sobrenatural.

Todo el esplendor de las grandezas no tiene brillo alguno para quienes se ocupan en las búsquedas del espíritu.

La grandeza de las gentes espirituales es invisible a los reyes, a los ricos, a los caudillos, a todas las gentes carnales.

La grandeza de la sabiduría, que es nula si no es de Dios, es invisible a los carnales y a los espirituales. Son tres órdenes diferentes en su género.

Los grandes genios tienen su esplendor, su imperio, su grandeza, sus victorias, su brillo, y no sienten necesidad ninguna de las grandezas carnales, ni se relacionan con ellas. Se les ve, no con los ojos, sino con el espíritu, y basta.

Los santos tienen su imperio, su esplendor, su grandeza, su brillo, sus victorias, y no tienen ninguna necesidad de las grandezas carnales ni espirituales, ni guardan relación con ellas, porque no les dan ni les quitan. Las ven Dios y los ángeles, no los cuerpos ni los espíritus curiosos, y Dios les basta.

Arquímedes, aun sin brillo, habría obtenido la misma veneración. No ha dado batallas para los ojos, pero ha proporcionado a los espíritus sus inventos. ¡Oh, cómo ha brillado ante los espíritus!

Jesucristo, sin bienes y sin ninguna aportación a la ciencia, está en el orden de la santidad. No ha inventado, no ha reinado, pero ha sido humilde, paciente, santo, santo a Dios, terrible a los demonios, sin ningún pecado. ¡Oh, con qué gran pompa y con qué prodigiosa magnificencia ha venido a los ojos del corazón, que ven la sabiduría!

Hubiese sido inútil a Arquímedes presumir de príncipe en sus libros de geometría, aunque lo fuese.

Hubiese sido inútil a Nuestro Señor Jesucristo, para brillar en su reino de santidad, venir como rey. Pero ¡cómo ha venido circundado del brillo de su orden!

Es ridículo escandalizarse de la bajeza de Cristo como si esta bajeza fuese del mismo orden que es la grandeza que él venía a hacer aparecer. Considérese esta grandeza en su vida, en su pasión, en su oscuridad, en su muerte, en la elección de los suyos, en su abandono, en su secreta resurrección, y se la verá tan grande que no habrá causa de escandalizarse de una bajeza que no existe.

Pero hay quienes no pueden admirar más grandezas que las carnales, como si no las hubiese espirituales, y otros que sólo admiran las espirituales, como si no hubiese otras infinitamente más grandes en la sabiduría.

Todos los cuerpos, el firmamento, las estrellas, la tierra y sus reinos, no valen lo que el menor de los espíritus, porque él conoce todo eso y a sí mismo, y los cuerpos, nada.

Todos los cuerpos y espíritus juntos, y todas sus producciones, no valen lo que el menor movimiento de caridad, que es cosa de un orden infinitamente más elevado.

De todos los cuerpos juntos no se lograría obtener un solo pensamiento, cosa imposible y de otro orden. De todos los cuerpos y espíritus juntos no se lograría obtener un solo movimiento de caridad, cosa imposible y de otro orden, porque la caridad es sobrenatural.

794.—¿Por qué no ha venido Cristo de una manera ostensible, en vez de sacar su prueba de las profecías precedentes? ¿Por qué se ha hecho predecir en símbolos?

795.—Si Cristo no hubiese venido más que a santificar, la Escritura y todas las cosas tenderían a ello y sería fácil convertir a los infieles. Si Cristo no hubiese venido más que para cegar, su conducta sería confusa y no podríamos convencer a los infieles. Pero como ha venido *in sanctificationem et in scandalum*[126], como dice Isaías, nosotros no podemos convertir a los infieles y ellos no nos pueden convencer. Mas, por lo mismo, les convencemos, pues que decimos que no hay convicción en su conducta de una parte ni de otra.

796.—Jesús no dijo que no era de Nazareth, ni que no era hijo de José, para dejar a los malos en la ceguera.

797.—Jesús ha dicho las cosas más grandes tan sencillamente, que parece que no las ha pensado, y tan claramente, que se ve bien que las pensaba. Es admirable esa claridad unida a esa candidez.

798.—El estilo del Evangelio es admirable, no poniendo invectiva alguna contra los enemigos de Cristo. Ninguna hay contra Judas, Pilatos ni los judíos. Si esta modestia de los evangelistas fuese afectada, por no afear los rasgos de un tan bello carácter, no hubieran dejado de buscar amigos que se encargasen de señalar lo que ellos no osaban por sí mismos. Pero como obraron sin afectación, y por un movimiento desinteresado, no han señalado nada, ni encargado de ello a nadie. Creo que muchas de estas cosas no se han señalado hasta aquí, lo que atestigua la frialdad con que la cosa se hizo.

799.—Un artesano habla de riquezas, un procurador habla de la guerra, de la realeza, etc., pero el rico habla bien de la riqueza, el rey habla fríamente de un bien que acaba de hacer, y Dios habla bien de Dios.

800.—¿Quién ha enseñado a los evangelistas las cualidades de un alma perfectamente heroica para pintarla tan perfectamente en Jesucristo? ¿Por qué le hacen débil en su agonía? ¿No le saben pintar íntegro ante la muerte? Sí, porque San Lucas pinta la de San Esteban más fuerte que la de Cristo. Le hacen capaz de temor antes que la necesidad de morir llegue, y en seguida fortísimo. Pero cuando ellos le describen turbado es cuando se turba él mismo, y, cuando los hombres le turban, es fuerte.

801.—La hipótesis de los apóstoles embusteros es absurda. Sigámosla y supongamos a estos doce hombres reunidos para acordar fingir que Cristo ha resucitado. Por ahí atacan todas las potencias. El corazón humano está inclinado a la ligereza, al cambio, a las promesas, a los bienes. Con que uno

---

[126] "En satisfacción y en escándalo". *(N. del P.)*

solo se viese desmentido por estos atractivos, o lo que es más, por la prisión o la tortura, todo estaba perdido.

802.—Los apóstoles habían de ser engañados o engañadores, cosas difíciles ambas, porque no es fácil tomar un hombre y hacerle resucitar.

Mientras Cristo estuvo con ellos, les pudo contener. Pero luego de esto, si no se les ha aparecido, ¿quién les ha hecho obrar?

XIII

LOS MILAGROS

803.—Los milagros disciernen la doctrina y la doctrina discierne los milagros.
Los hay falsos y verdaderos. Hace falta una señal para reconocerlos, pues si no serían inútiles. Pero no son inútiles, sino fundamentales. Ahora es preciso que la regla que tengamos no destruya la prueba que los verdaderos milagros dan de la verdad, que es su fin principal.
Moisés ha dado dos: que la predicción no llega, y que no llevan a la idolatría (Deut., XIII, XVIII), y Cristo uno.
Si la doctrina regula los milagros, los milagros son inútiles para la doctrina. Si los milagros regulan...
Discernimiento de los tiempos. Una regla con Moisés, otra al presente.

804.—El milagro es un efecto que excede la fuerza natural de los medios que se emplean, y el no milagro es un efecto que no excede la fuerza natural de los medios que se emplean. Así, los que curan por invocación del diablo, no hacen un milagro, porque eso no excede la fuerza natural del diablo. Pero...

805.—Los dos fundamentos, uno interior, otro exterior: la gracia, los milagros; los dos sobrenaturales.

806.—Los milagros y la verdad son necesarios, porque hay que convencer al hombre entero, en cuerpo y alma.

807.—Los hombres han hablado siempre del verdadero Dios, o el verdadero Dios ha hablado a los hombres.

808.—Cristo ha mostrado que era el Mesías, nunca probando su doctrina por la Escritura o las profecías, y siempre por el milagro. Prueba que remite los pecados por un milagro.
No os regocijéis, dice Jesús, de vuestros milagros, sino de que vuestros nombres estén escritos en los cielos.
Si no creen a Moisés, no creerán a un resucitado.
Nicodemo reconoce por sus milagros que su doctrina es de Dios. *Scimus quia venisti a Deo, magister? Nemo enim potest haec signa facere quae tu facis nisi Deus fuerit cum eo*[127]. No juzga los milagros por la doctrina, sino la doctrina por los milagros.

---

[127] "Maestro, ¿por qué sabemos que vienes (en nombre) de Dios? Nadie, pues, puede hacer los signos que tú haces si Dios no estuviera en Él". *(N. del P.)*

Los judíos tenían una doctrina de Dios como nosotros una de Cristo, y confirmada por milagros, y que prohibe creer en todos los hacedores de milagros, ordenando, en cambio, atenerse a los grandes sacerdotes.

Y todas las razones que tenemos para no creer en los hacedores de milagros ellos las tenían respecto a sus profetas. Sin embargo, hacían mal en rechazar los profetas por sus milagros, y a Cristo, y no hubiesen sido culpables si no hubiesen visto los milagros: *Nisi fecissem... peccatum non haberent*[128]. Así que toda la creencia reposa sobre los milagros.

La profecía no es llamada milagro. San Juan habla del primer milagro en Caná, y después de lo que Jesús dice a la Samaritana, que descubre toda su vida oculta. Más tarde cura al hijo de un alguacil, y a eso lo llama San Juan "el segundo signo".

809.—Las combinaciones de milagros.

810.—El segundo milagro puede suponer el primero, pero el primero puede no suponer el segundo.

811.—Se habría pecado creyendo a Jesucristo sin los milagros.

812.—Yo no sería cristiano sin los milagros, dice San Agustín.

813.—¡Cómo odio a los que dudan de los milagros! Montaigne habla como se debe en los dos lugares. Se ve en uno qué prudente es, y en el otro se muestra creyente y se burla de los incrédulos.

La Iglesia carecería de pruebas, si los que dudan de esto tuviesen razón.

814.—Montaigne contra los milagros. Montaigne por los milagros.

815.—Razonablemente no es posible creer contra los milagros.

816.—Los incrédulos son los más crédulos. Con tal de no creer en los milagros de Moisés, creen en los de Vespasiano.

817.—Considerando como es que con frecuencia se da crédito a impostores que aseguran tener secretos, incluso para que nuestra vida esté a merced suya, me ha parecido que la causa cierta es que hay algunas verdaderas, porque sería imposible que se diese tanto crédito a lo que no tuviese ningún origen de verdad. Si no hubiese remedio a ningún mal y todos fuesen incurables, los hombres no creerían que pudiese darse remedio, como si un hombre se envaneciese de no morir nadie le creería, porque no hay ejemplo de eso. Pero como hay remedios verdaderos, la creencia de los hombres se ha extendido a creer que lo son muchos que no lo son en realidad, porque el pueblo razona así: "Una cosa es posible: luego es." Pues que al no poder ser negada la cosa en general, ya que tiene efectos particulares verdaderos, el pueblo, que no puede discernir los verdaderos de los falsos, los cree todos, como cree en tantos falsos efectos de la luna basándose en los efectivos, como las mareas.

Igual pasa con las profecías, milagros, adivinación por los sueños, sortilegios, etc. Si nada de eso hubiese sido verdadero, nada hubiera sido

---

[128] "Si no hicieran … no tendrían pecado". *(N. del P.)*

creído, y así, en vez de concluir que no hay verdaderos milagros porque los hay falsos, hay que concluir que, puesto que los hay falsos, los hay verdaderos. Lo mismo hay que razonar en la religión: que no hubieran imaginado los hombres tantas falsas si no hubiese habido una verdadera. La objeción de que los salvajes tienen una religión, se contesta diciendo que han oído hablar de ella, como se ve por el diluvio, la circuncisión, la cruz de San Andrés, etc.

818.—Habiendo considerado de dónde proviene que haya tantos falsos milagros, falsas revelaciones, sortilegios, etcétera, creo que la verdadera causa es que los hay auténticos, porque no sería posible que hubiese tantos falsos, si no hubiese algunos ciertos. Pues que si no hubiese lo cierto es imposible que los hombres lo hubieran imaginado y mucho menos que tantos otros lo hubiesen creído. Pero como ha habido grandes cosas verdaderas y han sido creídas por grandes hombres, esto ha motivado que el mundo fuese capaz de creer las falsas.

Y repitiendo los anteriores razonamientos, encuentro que el hombre, hallándose inclinado por la verdad de una parte, se ha hecho susceptible de recibir las falsedades por otra...

819.—Jeremías (XXIII, 32) habla de los *milagros* de los falsos profetas. En hebreo, hay las *ligerezas*.

Milagro no significa siempre milagro. I *Reyes,* 15, le da el significado de *temor,* y así está en hebreo. Lo mismo en Job (XXXIII, 7). Y en Jeremías e Isaías, *portentum* significa *simulacrum*. Cristo dice que él y los suyos harán *milagros*.

820.—Si el diablo favoreciese la doctrina que le destruye, sería divino, como dice Jesús. Si Dios favoreciese la doctrina que destruye la Iglesia sería dividido. *Omne reanum divisu*[129]. Porque Cristo obraba contra el diablo y destruía su imperio sobre los corazones por el exorcismo y la figuración, para establecer el reino de Dios. Así agrega: *In digito Dei...regnum Dei ad vos*[130].

821.—Hay diferencia entre tentar e inducir a error. Dios tienta, mas no induce a error. Tentar es procurar las ocasiones en que, sin necesidad, si no se ama a Dios, se hará cierta cosa. Inducir al error es poner al hombre en estado de seguir una falsedad.

822.—Abaham y Gedeón tuvieron signos antes de la revelación. Los judíos se ofuscaron juzgando los milagros por la Escritura. Dios no ha abandonado nunca a sus verdaderos adoradores.

Yo prefiero seguir a Cristo más que a ningún otro, porque tiene milagros, profecías, doctrina, perpetuidad, etc.

Donatistas: nada de milagro, lo que obliga a decir que interviene el diablo.

Se particulariza más: Dios, Jesucristo, la Iglesia...

---

[129] "Todo reino será dividido". *(N. del P.)*
[130] "Por el dedo de Dios .. el reino de Dios para vosotros". *(N. del P.)*

823.—Si no hubiese falsos milagros, habría certidumbre de ellos. Si no hubiese regla para discernirlos, serían inútiles y no habría que creerlos. No hay certidumbre humana, pero sí razón.

824.—O Dios ha confundido los falsos milagros o los ha predicho, y de un modo o de otro, se ha elevado respecto a lo que es sobrenatural a nuestra vista y nos ha elevado a nosotros.

825.—Los milagros no sirven para convertir, sino para condenar.

826.—Razones por que no se cree:

Joh., XII, 37: *Cum autem tanta signa fecisset, non credebant in eum, ut sermo Isaiae impleretur. Exeaecavit,* etcétera.

Haec dixil Isaiae, quiando vidit gloriam ejus et locutus est de eo.

Judaei signa petunt et graeci sapientiae quaerunt, nos autem Jesum crucifixum. Sed plenum signis, sed plenum sapientia? Vos, antem Christum non crucifixum et religionem sine miraculis et sine sapientia.[131]

Lo que hace que no se crean los verdaderos milagros es la falta de caridad. Job: *Sed vos non creditis, quia non estis ex ovibus*[132]. Lo que hace creer los falsos es la falta de caridad.

Fundamento de la religión: los milagros. ¿Y qué? ¿Hablará Dios contra los fundamentos de la fe? Si hay un Dios, era preciso que su fe fuese sobre la tierra. Los milagros de Cristo no son predichos por el Anticristo, pero los de éste sí por aquél, por lo que, si Cristo no fuese el Mesías, podría haber inducido a error, pero el Anticristo no podría inducir a error. Cuando Cristo ha profetizado los milagros del Anticristo, ¿ha creído destruir la fe en sus propios milagros?

Moisés ha predicho a Jesús y ordenado seguirle. Jesús ha predicho al Anticristo y prohibido seguirle.

Era imposible en tiempo de Moisés creer en el Anticristo, que no conocían. Pero es fácil en tiempo del Anticristo creer en Cristo, ya conocido.

No hay razón para creer en el Anticristo que no sirva para creer en Cristo, mas no al contrario.

827.—"Si el Señor nos hubiese querido matar, no nos hubiera mostrado todas esas cosas." (*Jueces,* XIII, 23).

Ezequías. Sennacheribb.

---

[131] "Aunque hizo tantos milabros no creían en él. Para que se cumpliese la palabra de Isaías. Ha cegado.
Al decir esto Isaías, cuando vio su gloria y que hablaba por él.
Los judíos piden señales y los griegos desean sabiduría.
Nosotros predicamos al verdadero Jesús Crucificado.
Pero lleno de signos, lleno de sabiduría.
Vosotros (predicáis) un Cristo no crucificado y una religión sin milagros ni sabiduría". *(N. del P.)*

[132] "Pero vosotros no creéis porque no sois de mis ovejas". *(N. del P.)*

Hannarias, falso profeta, muerto al séptimo mes. (Jer.)
El templo a punto de ser robado, socorrido milagrosamente (II Mac., III).
La viuda a Elías, que había resucitado a su hijo: "Por ahí conozco que tus palabras son verdaderas." (III *Reyes*, XVII).
Elías con los profetas de Baal (III *Reyes*, XVIII).

828.—Abel, Caín; Moisés, magos. Elias, falsos profetas; Jeremías, Annanías; Miqueo, falsos profetas; Cristo, fariseos; San Pablo, Barjesu; católicos, herejes; Elías, Enoch; Anticristo. Siempre la verdad prevaleciendo en los milagros. Las dos cruces.

829.—Jesucristo dice que las Escrituras dan fe de Él, pero no dice cómo. Incluso las profecías no podían probar a Jesús durante su vida, y no hubiese habido culpa en no creerle si los milagros no bastaran a la doctrina. Los que no creían en él mientras vivía, eran pecadores que, aunque no tenían nuestra demostración, tenían los milagros, en los que hay que creer cuando no contrarían la doctrina.

Unos creían en Jesús y otros no, a causa de las profecías de que nacería en Bethleem. Pero, pues sus milagros eran convincentes, debían asegurarse de las supuestas contradicciones de su doctrina en la Escritura, y esta oscuridad no les excusaba, que les cegaba. Así, no tienen disculpa los que niegan los milagros de hoy por una supuesta contradicción.

Los fariseos decían al pueblo que creía en él por sus milagros: "Este pueblo es maldito, pues ignora la ley. ¿Hay un fariseo o un príncipe que haya creído en él? Porque sabemos que ningún profeta salió de Galilea." Nicodemo respondio: "Nuestra ley, ¿juzga a un hombre antes de haberle oído."

830.—Las profecías eran equívocas, más ya no lo son.

831.—Las cinco proposiciones eran equívocas, mas ya no lo son.

872.—Los milagros no son ya necesarios. Mas cuando no se escucha ya la tradición, cuando la verdad, entregada al Papa, su depositario, no tiene libertad de aparecer, no hablando ya los hombres de la verdad, debe la verdad hablar a los hombres. Lo que pasó bajo Diocleciano y Arrio.

833.—El pueblo concluía eso de sí mismo, pero si quisiera dar la razón...

Es lamentable ser la excepción de la regla. Incluso hay que ser contrario a la excepción. Pero, como hay excepción en la regla, hay que juzgarla severa, mas justamente.

834.—Job, VI, 26: *Non quia vidistis signa, sed quia saturati estis*[133].

Los que siguen a Cristo por sus milagros le honran en todos. Los que siguen sus milagros por hallar consuelo en ellos, los deshonran cuando son contrarios a su comodidad.

Joh, IV: *Non est hic homo a Deo qui sabbatum non custodit. Alii: Quomodo potest homo peccator haec signa facere?*[134]

---

[133] "No porque hayáis visto milagros, sino porque os habéis saciado". *(N. del P.)*

¿Qué es más claro?

Esta casa no es de Dios, porque no se cree que las cinco proposiciones están en Jansenio. Esta casa es de Dios, porque él ha hecho extraños milagros.

Tu quid dicis? Dico quia propheta est. Nisi esset hic a Deo, non poterat facere quidquam[135].

835.—La exclusión a la fe en los milagros es, en el Antiguo Testamento, cuando os apartan de Dios; en el Nuevo, cuando os apartan de Cristo, y no hay más exclusión. En principio hay que creer todo milagro, siempre que no niegue a Dios, a Cristo o a la Iglesia.

836.—Hay diferencia entre no estar con Cristo, y decirlo, y no estar con Él, y fingir estar. Unos pueden hacer milagros, y los otros no, porque los de unos serían verdad y los de los otros irían contra ella.

837.—Tan notorio es que hay que amar a un solo Dios, que no hacen falta milagros para probarlo.

838.—Cristo ha hecho milagros, y los apóstoles y los primeros santos, también, porque, no cumplidas aún las profecías, no había más testimonio que el milagro. La profecía de que el Mesías convertiría las naciones no se cumplió hasta que no fueron convertidas. Entretanto, hicieron falta los milagros, porque ¿cómo convertir a las naciones antes del cumplimiento de las profecías? Ahora no es preciso el milagro, por cuanto que el cumplimiento de las profecías es un milagro perenne.

839.—"Si no creéis en mí, creed al menos en los milagros." Se había dicho a los judíos, como a los primeros cristianos, que no creyesen siempre en los profetas, pero escribas y fariseos tienen mucho que hacer con los milagros, tratando de probar que son del diablo, porque ¿cómo no iban a tener que convencerse si reconocían ser de Dios? No estamos hoy en la necesidad de discernir sobre esto, mas es fácil: los que no niegan a Dios ni a Cristo no hacen milagros que no sean ciertos. *Nemo facit virtutem in nomine meo, et cito possit de me male loqui*[136]. Pero no hay por qué discernir, repito. He aquí una reliquia sagrada, una espina de la corona del Salvador, que hace milagros por la sola potencia de su sangre vertida por nosotros. No son hombres los que hacen prodigios por virtud desconocida y dudosa, que nos obliga a un difícil discernimiento. Es Dios mismo, es el instrumento de la pasión de su hijo, que estando en muchos sitios eligió éste e hizo venir de todas partes a los hombres para recibir sus milagrosos alivios en sus desmayos.

---

[134] "Este hombre no es de Dios porque no respeta el sábado. Otros (decían): ¿cómo un pecador puede hacer estos milagros?". *(N. del P.)*

[135] "Y tú, ¿qué dices? Digo que es profeta. Si no fuese Dios no podría hacer esto". *(N. del P.)*

[136] "Nadie ha realizado la virtud en nombre mío y puede hablar mal de mi con facilidad". *(N. del P.)*

840.—La Iglesia tiene tres clases de enemigos: los judíos, que no han estado nunca en su seno; los herejes, que se han retirado de él; y los malos cristianos, que lo desgarran. Cada adversario la combate de diferente modo, excepto en los milagros, en que la combaten igual: que no hay que juzgar la doctrina por los milagros, sino éstos por ella. Había dos partidos entre los que oían a Cristo: unos que seguían su doctrina por sus milagros, y otros... Había dos partidos en tiempo de Calvino... Hay ahora los jesuitas, etc.

841.—Los milagros disciernen en las cosas dudosas, entre los pueblos judío y pagano, judío y cristiano, católico y hereje, entre las dos cruces. Pero en los herejes los milagros les serían inútiles, pues la Iglesia, autorizada por los milagros que han cimentado su creencia, nos dice que el hereje carece de la verdadera fe. De modo que los milagros de la verdadera Iglesia excluyen la fe de los suyos. Así hay milagro contra milagro, y los primeros y mayores del lado de la Iglesia.

Estas jóvenes[137], sorprendidas de que se diga que están en el camino de la perdición, que sus confesores las conducen a Ginebra, que Cristo no está en la Eucaristía ni a la diestra del Padre, saben que todo ello es falso, y se ofrecen a Dios en este estado: *Vide si via iniquitatis in me est*[138]. ¿Qué pasará? Allí, en el que se llama el templo del diablo, va Dios a hacer su templo. Allí donde se les amenaza con todos los furores y venganzas del cielo, va Dios a dispensarles sus favores. Habría que haber perdido el sentido para decir que están en el camino de perdición.

842.—*Si tu est Cristus, dic nobis.*

Opera quae ego facio in nomine Patris meo, haec testimonium perhibent de me. Sed vos non creditis quia non estis ex ovibus meis. Oves mei vocem meam audiunt.

Joh, VI, 30: *Quod ergo tu facis signum ut videamus et credamus tibi?... Non dicunt: Quam doctrinam praedicas?*

Nemo potest facere signa quae tis facis nisi Deus.

II Mach, XIV, 15: *Deus qui signis evidentibus suqm portionem protegit.*

Volumus signum videre de coelo, tentantes eum (Lucas, XI, 16).

Generatio prava signum quaerit, et non dabitur.

Et ingemiscens sit: Quid generatio ista signum quaerit? (Marcos, VIII, 12). Pedía un signo con mala intención.

Et non poterat facere. Y, sin embargo, les promete el signo incomparable de su redención.

Nisi videritis signa, non creditis. No les reprocha que no crean sin milagros, sino que crean aquellos que no han visto.

El Anticristo, *in signis mendacibus,* dijo San Pablo.

---

[137] Las monjas de Port-Royal. *(N. del T.)*
[138] "Ved si en mí hay hay una vía de iniquidad" *(N. del P.)*

Secundum operationem Satanae, in seductione iis qui pereunt eo quod charitatem veritatis non receperunt ut salvi fierentide mittet illis Deus optationem erroris ut credant mendacio. Como en el pasaje de Moisés: *Tentat enim vos Deus, utrum diligates eum. Ecce praedixi vobis: vos ergo videte.*[139]

843.—No es éste el país de la verdad, que vaga desconocida entre los hombres. Dios la ha cubierto con un velo, ha dado para que la desconozcan los que no comprenden su voz. Abierto está el camino a la blasfemia, incluso sobre verdades asaz manifiestas. Se publican las verdades del Evangelio, se publican otras contrarias, y el pueblo no puede juzgar. Se dice: "¿Qué tenéis para que se os crea más que a los otros? ¿Qué signo tenéis? ¡No tenéis más que palabras, como nosotros! ¡Si tuvieseis milagros!" Pero si los milagros llegan dicen que nada prueban sin la doctrina, por lo que siempre tienen que blasfemar de unos y de otra.

Jesús curó al ciego de nacimiento e hizo multitud de milagros en día de sábado. Así cegó a los fariseos, que decían que había que juzgar los milagros por la doctrina.

"Tenemos a Moisés, pero no sabemos de dónde esto proviene." Lo admirable es que lo ignoréis y haya hecho tales milagros.

Cristo no hablaba contra Dios ni contra Moisés. El Anticristo y los falsos profetas predichos por ambos Testamentos, hablarían abiertamente contra Dios y contra Cristo. Si fuera enemigo encubierto, Dios no permitiría que hiciese milagros abiertamente, porque nunca, en una controversia pública en que ambas partes se digan ser de Dios y de Cristo y de la Iglesia, permitirá Dios que los milagros vengan de los falsos cristianos. "Obra del diablo",

---

[139] "Si tú eres el Cristo, dínoslo.
La obra que realizo en nombre de mi Padre, dan testimonio de mí.
Sin embargo vosotros no creéis porque no sois de mis ovejas.
Mis ovejas escuchan mi vozl
¿Qué milagro, pues, haces tú par que veamos y creamos en ti?
Ellos no dicen: ¿qué doctrina predicas?
Nadie puede hacer los milagros que tú haces sino Dios.
Dios, el que protege su propiedad con signos evidentes.
Queremos ver un signo del cielo, lo examinaremos.
Una generación malvada quiere un signo, y no será dado.
Y se lamentará: ¿por qué esta generación quiere un signo?
Y no podía hacerlo.
Si no viéseis milagros, no creeréis.
El Anticristo, con falsos signos, dijo S. Pablo.
Según la obra de Satanás, a aquellos que caen en su poder (en su seducción) por el hecho de que nos han recibido del amor, por la verdad que les permita ser salvados, Dios les permite la posibilidad de equivocarse para que crean en la mentira.
He aquí lo que os he predicho: Ahora ved vosotros". *(N. del P.)*

decían los unos y decían los otros: "¿Puede el diablo abrir los ojos de los ciegos?" Las pruebas que Jesús y sus apóstoles obtienen de la Escritura no son demostrativas, pues dicen sólo que Moisés asegura que vendrá un profeta, pero no prueban que éste sea aquél, conque sólo pueden mostraros que no hay discrepancias en la Escritura.

Hay un deber recíproco, entre Dios y los hombres, de hacer y de dar. *Vemite. Quid debuit?* Dios debe cumplir sus promesas, etc. Los hombres deben a Dios la religión. Dios a los hombres no inducirles a error, como lo serían si los hacedores, de milagros anunciaran unas doctrinas que no fuesen visiblemente falsas ante el sentido común, y que no hubiese sido desautorizada por su mayor hacedor de milagros. Porque si un hombre que nos anuncia los secretos de Dios no debe ser creído por su autoridad privada, cuando nos prueba su comunicación con Dios curando enfermos, resucitando muertos, etc., no hay incredulidad que no se rinda, y la de los fariseos era efecto de un endurecimiento sobrenatural. Cuando se ven la doctrina y los milagros no sospechosos, no hay dificultad. Pero si los milagros y las doctrinas son sospecho: hay que ver qué es lo más claro. Jesús era sospechoso.

Barjesu fue cegado. Dios supera a sus enemigos.

Los exorcistas judíos golpeados por los diablos, que decían: "Conocemos a Jesús y a Pablo, pero ¿quién sois vosotros?"

Los milagros son para la doctrina, y no viceversa.

Si los milagros son ciertos, ¿se podrá convencer de toda doctrina? No, porque eso no pasará nunca. *Si angelus...*

Hay que juzgar la doctrina por los milagros, y hay que juzgar los milagros por la doctrina. Esto es verdad y no se contradice.

Es imposible, por el deber de Dios, que un hombre, ocultando su mala doctrina bajo la apariencia de una buena, conforme a Dios y a la Iglesia, haga milagros para dejar correr insensiblemente una doctrina falsa y sutil. Eso no puede ser. Y menos aún que Dios, que conoce los corazones, haga milagros en su favor.

844.—Las tres señales de la religión son la perpetuidad, la vida santa, los milagros. Ellos[140] destruyen la perpetuidad por la probabilidad, la vida santa por su moral, los milagros destruyendo su verdad o su consecuencia. A creerlos, la Iglesia no tiene nada que hacer con perpetuidad, santidad ni milagros. Los herejes los niegan, o niegan su consecuencia, y ellos también. Nunca se ha hecho martirizar a nadie por haber visto milagros. La locura de los hombres puede ir hasta el martirio, pero no para lo que se ha visto.

845.—Los herejes han combatido siempre esas tres señales.

846.—"Angel del cielo. No hay que juzgar la verdad por los milagros, sino los milagros por la verdad. Así, los milagros son inútiles." Pero no lo son,

---

[140] Los jesuitas. *(N. del T.)*

porque, como ha dicho el Padre Lingende, "Dios no permitirá que un milagro pueda inducir a error." Cuando haya disputa en la misma Iglesia, el milagro decidirá."

Una objeción más: "Pero el Anticristo tendrá signos." Como los magos de Faraón no inducían a error, así el Anticristo no inducirá a error contra Jesús, pues, o Dios no permitiré falsos milagros, o los hará mayores. Desde el principio del mundo Cristo subsiste, y esto es más fuerte que todos los milagros del Anticristo. Si en la misma Iglesia hubiese milagros por parte de los equivocados, se vería uno inducido a error. El cisma y el milagro son visibles. Pero el cisma es más indicio de error que el milagro indicio de verdad. Luego el milagro no puede inducir a error. Pero fuera del cisma, el error no es tan visible como el milagro.

Ubi est Deus tuus?[141] Los milagros lo muestran, como en un relámpago.

847.—Una antífona de las vísperas de Navidad: *Exortum est in tenebris lumen rectis corde.*

848.—Si la misericordia de Dios es tan grande que nos alumbra saludablemente, estando oculta, ¿qué debemos esperar, cuando se descubra?

849.—*Est et non non est* ¿será recibido en la fe misma como los milagros? Cuando San Javier hace milagros (San Hilario: Miserables que nos obligan a hablar de los milagros). Jueces injustos, no improviséis leyes. Seguid las que están establecidas. *Vae qui conditis leges iniquas!*[142] Milagros continuos, milagros falsos. Por debilitar a vuestros adversarios, desarmáis toda la Iglesia. Si dicen que nuestra salvación depende de Dios, son "herejes". Si dicen que están sometidos al Papa, es una "hipocresía". Si se están prestos a suscribir todas sus constituciones, no les basta. Si dicen que no hay que matar por una manzana, "combaten la moral de los católicos". Si se hacen milagros, es una sospecha de herejía. El modo por el que ha subsistido la Iglesia es que en verdad ha sido incontestada, o si ha sido contestada, ha tenido al Papa, y, si no, a la Iglesia.

850.—Las cinco proposiciones condenadas, nada de milagro, porque no se atacaba la verdad... Pero la Sorbona..., la bula... Es imposible que los que aman a Dios desconozcan a la Iglesia. Los milagros tienen tal fuerza que ha sido preciso que Dios advirtiese que no se intenten contra él, pues que es claro que hay un Dios, y no pueden turbar esta verdad. Y hasta han tenido que ir algunos pasajes del *Deuteronomio* contra los milagros, lo que indica más su fuerza. Y lo mismo para el Anticristo. "Hasta seducir a los elegidos, si fuera posible".

851.—La historia del ciego de nacimiento... ¿Qué dice San Pablo? ¿Habla de profecías a todas horas? No, sino del milagro. ¿Y Cristo? *Si non fecissem...* Creed en las obras.

---

[141] "¿Dónde está tu Dios?". *(N. del P.)*
[142] "¡Ay del que promulga leyes inicuas!". *(N. del P.)*

Dos fundamentos sobrenaturales de nuestra religión sobrenatural: milagros con la gracia, milagros sin la gracia.

La Sinagoga, que ha sido tratada con amor como símbolo de la Iglesia, y con odio, porque no era más que el símbolo, ha sido reedificada, y está presta a sucumbir. Los milagros prueban el poder de Dios sobre los corazones por el que tiene sobre los cuerpos. Nunca la Iglesia ha aprobado su milagro entre los herejes.

Cristianos, judíos, santos, inocentes y verdaderos creyentes han discernido el milagro como un apoyo de la religión. No es de temer un milagro entre los cismáticos, porque el cisma, más fuerte que el milagro, marca notoriamente su error. Pero, cuando no hay cisma, y está el error en duda, el milagro resuelve.

Si non feccisem prae alius non fecit[143]. Esos desgraciados nos han obligado a hablar de milagros.

Abraham y Gedeón, confirman la fe por milagros. Judith. Dios habla en las opresiones postreras. Si el entibiamiento de la caridad deja a la Iglesia sin verdaderos adoradores, los milagros encenderán la fe. Es uno de los últimos efectos de la gracia. ¡Si se produjese un milagro entre los jesuitas! Cuando el milagro defrauda la espera de aquellos entre quienes ocurre, y hay desproporción entre el estado de su fe y el instrumento del milagro, entonces debe hacerlos cambiar. Pero vosotros juzgad de otro modo. Habría tanta razón, si la Eucaristía resucitase un muerto, en hacerse calvinista, como en permanecer católico. Pero, cuándo la espera y los que esperaban que Dios bendijese los remedios se ven curados sin ellos...

Ningún signo ha venido de la parte del diablo, al que no correspondiese otro más fuerte del lado de Dios, al menos sin que hubiese sido predicho que ocurriría.

852.—Injustos perseguidores de lo que Dios protege visiblemente: si os reprochan vuestros excesos, "hablan como herejes"; si os dicen que la gracia de Cristo nos discierne, "son herejes"; si se hacen milagros, "es la señal de su herejía".

Se ha dicho: "Creed en la Iglesia", y no "creed en los milagros", porque lo último es natural, y no lo primero. Uno debía ser preceptuado, y otro no. He aquí el pueblo de Dios que habla así. La Sinagoga era el símbolo, y no perecía; no era más que el símbolo, y pereció. Era la imagen de la verdad y ha subsistido hasta que hubo la verdad. Mi reverendo Padre, todo son símbolos. Las demás religiones perecen, y ésta no. Los milagros son más importantes de lo que pensáis. Sirvieron a la fundación y servirán a la continuación de la Iglesia hasta el Anticristo, hasta el fin. Los dos testimonios. En el Antiguo y Nuevo Testamento los milagros son hechos por un enlace de símbolos,

---

[143] "Si no hubieran hecho lo que otro no hizo". *(N. del P.)*

Salvación, o cosa inútil, si no es para mostrar que hay que someterse a las Escrituras: símbolo de los sacramentos.

853.—Hay que juzgar sobriamente de los mandatos divinos, Padre mío. San Pablo en Malta.

854.—El endurecimiento de los jesuitas excede al de los judíos, porque no se niegan a creer a Cristo inocente, sino porque dudan que sus milagros vinieran de Dios. En vez de que los jesuitas, no pudiendo dudar de que los milagros de Port-Royal sean de Dios, no dejan de dudar de la inocencia de esa casa.

855.—Supongo que creéis en los milagros. Pues corrompéis la religión, o en favor de vuestros amigos, o en contra de vuestros enemigos. Elegid a vuestro gusto.

856.—Así Dios haga, como no ha hecho familia más feliz, que no la haga más agradecida[144].

---

[144] Alusión al milagro de la Santa Espina. *(N. del T.)*

XIV

FRAGMENTOS POLÉMICOS

857.—Habría demasiada oscuridad si la claridad no ofreciese señales visibles. Es admirable que se haya conservado en una Iglesia y una comunidad visible. Habría excesiva claridad si sólo hubiese un sentimiento en esta Iglesia y aquél que ha existido siempre es la verdad, porque la verdad ha existido siempre, y lo falso no siempre ha existido.

858.—La historia de la Iglesia debe propiamente ser llamada la historia de la verdad.

859.—Hay placer en soportar un huracán en un barco, si se está seguro de no perecer. De esta clase son las persecuciones que atacan a la Iglesia.

860.—Después de tantas señales de piedad, ellos[145] obtienen ahora la persecución, que es la mejor señal de piedad.

861.—Bello estado el de la Iglesia cuando sólo está sostenida por Dios.

862.—La Iglesia ha sido siempre combatida por errores contrarios, pero quizá nunca por tantos a la vez como al presente. Y si más sufre por los más numerosos errores, tiene la ventaja de que entre sí se destruyen.

Ella se lamenta de los dos, pero más de los calvinistas, causa del cisma.

Es cierto que muchos de los dos contrarios están engañados. Hay que desengañarlos.

La fe abarca varias verdades que parecen contradecirse. *Tiempo de reír, tiempo de llorar,* etc. *Responde. Non respondeas,* etc.

El origen es en la unión de las dos naturalezas en Cristo, y también en los dos mundos (creación de nuevo cielo y nueva tierra, nueva vida y nueva muerte, y todas las cosas duplicadas, pero quedando iguales nombres), y, en fin, en los dos hombres que hay en los justos (porque ellos son los dos mundos y miembro e imagen de Jesucristo. Por lo que todos los nombres les convienen: justos, pecadores, muerto, vivo, elegido, réprobo, etc.).

Hay, pues, muchas verdades de fe y de moral, que parecen repugnantes, y que subsisten en un orden admirable. El origen de todas las herejías es la exclusión de alguna de esas verdades, y el origen de las objeciones que nos hacen los herejes es su ignorancia de alguna de esas verdades. Ocurre de ordinario que, no pudiendo concebir dos verdades opuestas, se aferran a la una y excluyen la otra, y piensan que nosotros hacemos lo contrario. La exclusión es la causa de su herejía, y la ignorancia la causa de sus objeciones.

---

[145] Los jansenistas, evidentemente. *(N. del T.)*

Primer ejemplo: Jesucristo es Dios y hombre. Los arrianos, estimándolo incompatible, decían que era hombre, y en eso eran católicos. Pero negaban que fuese Dios, y en eso son herejes. Decían que negamos su humanidad, y en eso eran ignorantes.

Segundo ejemplo: Sobre el Santo Sacramento. Nosotros creemos que el pan se ha transubstanciado en el cuerpo de Nuestro Señor, quien está presente realmente. He aquí una de las verdades. La otra es que este Sacramento es también un símbolo de la cruz y la gloria y una conmemoración de las dos. He aquí la fe católica, que contiene ambas verdades que parecen opuestas.

La herejía actual, no concibiendo que este Sacramento contenga a la vez la presencia y el símbolo, cree que sólo cabe admitir una de esas verdades excluyendo la otra. Se aferran a que es un Sacramento simbólico, en lo que no son herejes. Pero creen que excluimos esa verdad, y por eso nos citan tantos Padres que la dicen. En fin, niegan la presencia, y en eso son heréticos.

Tercer ejemplo: Las indulgencias.

Por eso, el medio más breve de extinguir y refutar la herejía es declarar todas las verdades e instruir sobre ellas. Porque, ¿qué replicarán los herejes?

Para saber si un sentimiento es de un Padre...

863.—Su falta no es seguir una falsedad, sino seguir tan sólo una verdad.

864.—La verdad está tan oscurecida y tan establecida la mentira, que a menos de amar la verdad, no se podrá conocerla.

865.—Si hay un momento en el que hacer profesión de las dos verdades contrarias, es cuando se les reprocha la omisión de una. Así los jesuitas y los jansenistas hacen mal en no hacerlo, y los jansenistas, muy mal, pues al fin los jesuitas han hecho mejor profesión de las dos.

866.—Dos clases de ignorantes igualan las cosas, como los cristianos a los sacerdotes, los días festivos a los laborables, los pecados entre sí, etc. De lo que unos concluyen que lo malo a los sacerdotes es malo a los cristianos, y y otros que lo que no es malo a los cristianos, es lícito a los sacerdotes.

867.—Si la antigua Iglesia estuviera en error, habría caído. La sumisión y conformidad a la tradición de la antigua Iglesia lo prevé todo y todo lo corrige. Pero la antigua Iglesia no miraba y suponía a la futura como nosotros miramos y suponemos a la antigua.

868.—Lo que nos perjudica para comparar lo que pasaba en la Iglesia de antes con lo que pasa ahora, es que, cuando miramos, vemos siempre a San Atanasio, Santa Teresa, etcétera, muy superiores a nosotros y como nimbados de gloria. Pero en el tiempo en el que se los perseguía, ese gran santo era un santo llamado Atanasio, y Santa Teresa una joven. "Elías era un hombre como nosotros, sujeto a las mismas pasiones", dice San Jacobo, para pintar esa falsa idea que nos hace ver a los santos desproporcionados a nuestra edad: "Eran santos, decimos, y no como nosotros." Pero San Atanasio era un hombre llamado Atanasio, acusado de muchos crímenes, condenado en tal y en tal concilio, por tal y tal crimen, con asenso del Papa y de los obispos. ¿Y qué se dice hoy a los que resisten? Que promueven cisma, etc.

Celo, luz. Cuatro clases de personas; celo sin ciencia, ciencia sin celo, ni celo ni ciencia, y ciencia y celo. Los tres primeros le condenan y los últimos le absuelven, y son excomulgados, y salvan, sin embargo, a la Iglesia.

869.—Si San Agustín viniese hoy y estuviese tan poco autorizado como sus defensores, no haría nada. Dios guía bien a su Iglesia, pues le envio con anterioridad y con autoridad.

870.—Dios no ha querido absolver sin la Iglesia. Como ella es parte en la ofensa, quiere que sea parte en el perdón. Se asocia a este poder como los reyes a los Parlamentos, pero, si absuelve sin Dios, no es la Iglesia, como el Parlamento, porque si el rey da indulto a un hombre y el indulto ha de ser ratificado, el Parlamento que ratifica sin el rey, o se niega a ratificar por su orden, no es un Parlamento, sino una corporación rebelde.

871.—Considerando la Iglesia como unidad, el Papa lo es todo. Considerada como conjunto, el Papa no es más que una parte. Así lo han considerado los Padres. Mas, al establecer una de esas verdades, no han excluido la otra. La multitud que no se reduce a la unidad es confusión, y la unidad que no depende de la multitud es tiranía. Casi no hay más que Francia donde esté permitido decir que el Concilio es más que el Papa.

872.—El Papa es el primero. ¿Qué otro es reconocido por todos? El es como la rama principal que se extiende a todo el tronco. ¿Que eso puede degenerar en tiranía? Cristo ha dado este precepto: *Vos autem non sic.*[146]

873.—El Papa no puede querer a los sabios que no le están sometidos por votos.

874.—No hay que juzgar de lo que es el Papa por algunas palabras de los Padres, sino por las acciones de la Iglesia y de los Padres y por los cánones. *Duo aut tres in unum*[147]. La unidad y la multitud. Es error excluir la multitud, como los papistas, o la unidad, como los hugonotes.

875.—¿Quedará el Papa deshonrado por recibir sus luces de Dios y de la tradición? ¿No es deshonrarle separarle de esta misión santa?

876.—Dios no ha hecho milagros en la conducta ordinaria, de su Iglesia. Sería extraño si la infalibilidad estuviera en uno, pero estando en todos, parece tan natural, que la conducta de Dios se oculta bajo la naturaleza, como en todas sus obras.

877.—Los reyes disponen de su imperio, pero los Papas no pueden disponer del suyo.

878.—*Summum jus, summa injuria*[148].

---

[146] "Para vosotros no es así". *(N. del P.)*
[147] "Dos o tres en uno". *(N. del P.)*
[148] "La máxima justicia es la máxima injusticia". *(N. del P.)*

La mayoría es el mejor medio, porque tiene la fuerza para hacerse obedecer. Sin embargo, es la opinión de los menos inteligentes.

Si se hubiese perdido, se hubiese puesto la fuerza en manos de la justicia. Pero como la fuerza no se deja manejar, porque es una cualidad palpable, mientras la justicia es una cualidad espiritual, se la ha puesto en manos de la fuerza, y se llama justo lo que es fuerza observar. De ahí viene el derecho de la espada, porque la espada tiene un verdadero derecho. De ahí la injusticia de la Fronda, que levantó su supuesta justicia contra la fuerza. No ocurre así en la Iglesia, donde la justicia es verdadera y la violencia nula.

879.—La jurisdicción no se da por el que juzga, sino por el que es juzgado. Es peligroso decirlo al pueblo; pero éste cree mucho en vosotros; ello no le molestará, y os puede servir. Hay que publicarlo. *Pasce oves meas, non tuas*[149].

880.—Se ama la seguridad. Se quiere que el Papa sea infalible en la fe, y los doctores graves en las costumbres.

881.—La Iglesia enseña y Dios inspira, y uno y otra infaliblemente. La Iglesia no puede más que preparar la gracia o la condenación. Basta para condenar, no para inspirar.

882.—Cuantas veces los jesuitas sorprendan al Papa se tornará toda la cristiandad perjura. Ha sido fácil sorprender al Papa a causa de sus negocios y de la confianza que tiene en los jesuitas. Pero los jesuitas son muy capaces de sorprenderle a causa de la calumnia.

883.—¡Desgraciados los que me han hecho hablar del fondo de la religión!

884.—¡Pecadores purificados sin penitencia, justos justificados sin caridad, los cristianos sin la gracia de Cristo, Dios sin poder sobre la voluntad de los hombres, predestinación sin misterio y redención sin certidumbre!

885.—Es hecho sacerdote el que quiere, como bajo Jeroboan. Es horrible que se nos presente la disciplina de la Iglesia actual como tan buena que sea un delito quererla cambiar. Antes era infalible también y nadie encontraba mal que se quisiera cambiar, y ahora no se puede. ¡Fue preciso cambiar el modo de obrar de los sacerdotes, para hacerlos más dignos, y no será lícito quejarse de la costumbre que ha hecho tantos indignos!

886.—Todos los paganos decían mal de Israel, y el profeta Ezequiel también. Y si los israelitas le hubiesen dicho: "Hablas como los paganos", él hubiera mostrado que era su mayor argumento que los paganos hablasen como él.

887.—Los jansenistas os parecen herejes en lo de la reforma de las costumbres, pero es que lo parecen en mal sentido.

---

[149] "Apacienta mis ovejas, no las tuyas". *(N. del P.)*

888.—Ignoráis las profecías, si no sabéis que todo esto debe llegar: príncipes, profetas, Papas y sacerdotes; y la Iglesia subsistirá, no obstante. ¡Desgraciados esos sacerdotes! Pero esperemos que Dios haga misericordia. San Pedro, cap. II, dice: "Falsos profetas pasados, imagen de los futuros".

889.—De modo que si es verdad, por una parte, que hay algunos religiosos relajados y algunos calvinistas corrompidos, es verdad, por otra, que hay verdaderos pastores que han conservado la Iglesia como verdaderos depositarios de la verdad primitiva, contra los esfuerzos de los que han querido arruinarla.

Así, los fieles no tienen pretexto para seguir esos relajamientos, y los herejes no pueden dar los abusos por motivo de que Dios no de señales de protección a su Iglesia, porque, consintiendo propiamente la Iglesia en el cuerpo de su jerarquía, si se pudiese deducir del estado de las cosas que Dios la había entregado a la corrupción, nunca mejor se habría visto que Dios la defendiese de ella. Si algunos de esos hombres que han hecho profesión de dejar el mundo para vivir en un estado más perfecto que el de los demás cristianos, han caído en extravíos que asustan al común de los fieles, es desgracia particular que hay que deplorar, pero que no concluye nada contra el cuidado que Dios tiene de su Iglesia, puesto que todo ha sido claramente profetizado; y cuando se está de ello bien instruido se ve más en eso signos de la conducta de Dios que de olvido a nuestro respeto.

890.—Dijo Tertuliano: *Nunquam Ecclesia reformabitur*[150].

891.—Hay que conocer a los herejes, que se valen de la doctrina de los jesuitas, que no es la de la Iglesia..., y que nuestras divisiones no nos separan del altar.

892.—Si difiriendo nos condenamos, tenéis razón. La uniformidad sin diversidad es inútil a los otros, y la diversidad sin uniformidad, sinuosa para nosotros. Una encaja fuera, y la otra, dentro.

893.—Mostrando la verdad se la hace creer, pero mostrando la injusticia de los ministros no se la corrige. Se asegura la conciencia mostrando la falsedad, mas no se asegura la bolsa mostrando la injusticia.

894.—Los que aman la Iglesia se quejan de ser corrompidas las costumbres, pero las leyes subsisten. Mas éstos corrompen las leyes, y el modelo está marchito.

895.—Nunca se hace el mal tan completa y alegremente como cuando se hace a intentas.

896.—En vano la Iglesia ha establecido esas palabras de anatemas, herejías, etc., porque se las vuelve contra ella.

897.—El servidor no sabe lo que el amo, porque éste le indica solamente la acción, y no el fin. Pero Cristo nos ha indicado el fin. Y vosotros lo destruís...

---

[150] "Jamás la Iglesia será reformada". *(N. del P.)*

898.—Ellos no pueden tener la perpetuidad y buscan la universalidad, y hacen corrompida a la Iglesia para ser ellos solos los sanos.

899.—El capítulo de Vísperas, el domingo de Pasión, la oración por el rey. Explicación de estas palabras: "Quien no está conmigo está contra mí." "Quien no está contra ti está contigo." A una persona que diga: "No soy ni pro ni contra", se la debe responder...

900.—Quien quiera dar el sentido de la Escritura, si no lo toma de ella es enemigo de ella, según San Agustín.

901.—*Humilibus dat gratiam, an ideo non dedit humilitatem?*
Sui eum non receperunt, quotquot autem non receperunt an non eram sui?[151]

902.—"Eso no puede ser cierto (dice Feuillant), porque la contestación indica incertidumbre. (San Atanasio, San Crisóstomo, la moral, los infieles)."

Los jesuitas no han hecho la verdad cierta, pero han hecho incierta su impiedad.

La contradicción ha sido dejada para cegar a los malos, porque cuanto choca con la caridad o la verdad, es malo, y ese es el verdadero principio.

903.—Todas las religiones y sectas del mundo han tenido por guía la razón natural. Sólo los cristianos han tomado sus reglas fuera de sí mismos. Esto molesta a estos buenos Padres. Quieren tener, como los demás pueblos, libertad de seguir su fantasía. En vano que les gritamos: "Venid al seno de la Iglesia y seguid las leyes que los antiguos han dejado." Han respondido, como los judíos a los profetas: "No iremos, pero seguiremos los pensamientos de nuestro corazón, y seremos como los otros pueblos."

904.—Hacen de la excepción la regla. ¿Daban los antiguos la absolución antes de la penitencia? Admitidlo como excepción, pero sin convertirlo en regla.

905.—Dios no mira más que el interior, y la Iglesia no juzga más que por el exterior. Dios absuelve tan pronto como ve la penitencia en el corazón, y la Iglesia cuando la ve en las obras. Dios hará una Iglesia tan pura por dentro, que confunda por su santidad interior y espiritual la soberbia de los fariseos, y la Iglesia hará una comunidad de hombres de costumbres exteriores tan puras, que confunda a los paganos. Si hay hipócritas tan ocultos que no se les note su veneno, los sufre, porque aunque no son recibidos de Dios, engañan a los hombres. Pero vosotros queréis que la Iglesia no juzgue, ni el interior, porque es de Dios, ni el exterior, porque Dios no se fija en él, y así, quitando a la Iglesia la elección de sus fieles, retenéis en ella los que la deshonran, porque hasta los judíos y las sectas filosóficas hubieran abjurado de ellos.

906.—Las condiciones en que mejor se vive según el mundo son las en que peor se vive según Dios. Nada más difícil que vivir según Dios, sin tomar la parte fácil y gustosa.

---

[151] "(Dios) da gracia a los humildes, ¿y él mismo no dio humildad? Los suyos no le recibieron, pero los que no le recibieros, ¿no eran suyos?". *(N. del P.)*

907.—Los casuistas someten la decisión y la elección de las decisiones a la voluntad corrompida, a fin de que cuanto hay de corrompido en la naturaleza del hombre, participe de su conducta.

908.—Pero ¿es *probable* que la *probabilidad* asegure?

Diferencia entre reposo y seguridad de conciencia. Nada da la seguridad más que la verdad, ni nada da reposo más que la busca sincera de la verdad.

909.—La sociedad entera de los casuistas no puede asegurar la conciencia en el error, y por esto importa elegir buenos guías. Conque serán doblemente culpables, por haber seguido vías que no debieron seguir, y por haber escuchado a doctores que no debieron escuchar.

910.—¿Puede ser otra cosa que las complacencias del mundo lo que os haga encontrar las cosas probables? ¿Nos haréis creer que ésa es la verdad, y que si la moda del duelo no existiese, vosotros hallaríais probable el que se pudiesen evitar?

911.—¿Habrá que matar para impedir que haya malvados?

Eso es hacer dos en vez de uno. *Vince in bono malum*.

912.—Lenguaje y moral son ciencias particulares, pero universales.

913.—De la probabilidad. Cada uno puede poner y ninguno quitar.

914.—Ellos dejan obrar la concupiscencia y retienen el escrúpulo, cuando debían hacer lo contrario.

915.—Las opiniones relajadas gustan tanto a los hombres, que rara vez les enojan. En esto ellos han excedido todo límite. Hay muchas gentes que ven la verdad y no pueden alcanzarla. Pero hay pocos que no sepan que la pureza de la religión es contraria a nuestras corrupciones. Ridículo es decir que se ofrezca una recompensa eterna a las costumbres hipócritas.

916. Tienen algunos principios verdaderos, pero abusan de ellos, y el abuso de esas verdades debe ser castigado como la introducción de la mentira.

¡Como si hubiera dos infiernos, el uno para los pecados contra la caridad y el otro para los cometidos contra la justicia!

917.—El ardor de los santos en buscar la verdad era inútil, si lo probable es seguro. El temor de los santos que habían seguido siempre lo más seguro (Santa Teresa, entre ellos, que siguió siempre a su confesor).

918.—Quitad la *probabilidad*, y nada disgustará más al mundo. Ponedla, y nada le placerá más.

919.—Estos son los efectos de los pecados de los pueblos y de los jesuitas: que los grandes desean ser adulados y los jesuitas han deseado ser amados de los grandes. Todos han sido dignos de ser entregados al espíritu de la mentira, unos por engañar y otros por ser engañados. Han sido avaros, ambiciosos, voluptuosos. *Coacervabunt sibi magistros*[152]. Dignos discípulos de tales maestros, *digni sunt*, han buscado aduladores y los han encontrado.

---

[152] "Se conservarán los maestros". *(N. del P.)*

920.—Si no renuncian a la probabilidad, sus buenas máximas son tan poco santas como las malas, porque están fundadas sobre la autoridad humana y serán más justas o más razonables, pero no más santas. Tienen algo del tronco salvaje en que están injertas.

Si lo que digo no sirve para iluminaros, servirá al pueblo.

Si uno se calla, las piedras hablarán.

El silencio es la mayor persecución. Nunca los santos han callado. Es verdad que hace falta vocación, pero si se tiene, nada impedirá la necesidad de hablar, ahora que Roma ha hablado, y parece haber condenado la verdad y a los que la han escrito, y los libros que dicen lo contrario son censurados, y se quiere ahogar la palabra más violentamente, hasta que venga un Papa que escuche a las dos partes.

La Inquisición y la sociedad son dos azotes de la verdad verdadera.

¿Por qué no acusarles de arrianismo? Porque han dicho que Cristo es Dios, y quizá lo comprenden, no por naturaleza, sino porque lo es. *Dii estis*.

Si mis cartas son condenadas en Roma, lo que ella condene estará condenado en el cielo. *Ad tuum Domine Jesu, tribunal appello*[153].

He temido haber escrito mal, viéndome condenado, pero el ejemplo de tantos piadosos escritos me hace creer lo contrario. ¡No está permitido escribir bien, según es la Inquisición de corrompida e ignorante!

"Vale más obedecer a Dios que a los hombres."

Nada temo ni espero nada. Los obispos no son así. Port-Royal teme, y es una mala política separarlo, porque sus hombres no temerán más y se harán más temer. No temo vuestras censuras personales si no están fundadas sobre las de la tradición. ¿Lo censuráis todo? ¿También mi respeto? ¿No? Pues decir que no haréis nada, si no designáis lo malo y por qué es malo. Y esto es lo que les costará trabajo hacer...

Después que ellos han explicado la seguridad, no han indicado qué vía segura conduce al cielo sin peligro de no llegar.

¿Qué habéis ganado acusándome de ridiculizar las cosas santas? Mejor me hubierais acusado de impostura.

No os lo he dicho todo, ya lo veréis...

921.—... Los santos sutilizan para sentirse criminales, y acusan sus mejores acciones. Y éstos sutilizan para excusar las más perversas.

Un edificio bello por fuera, pero mal fundado, los paganos sabios lo erigirían, y el diablo engaña a los hombres por esta semejanza aparente, fundada sobre bien distinto fundamento.

Nunca hombre alguno ha defendido mejor causa que yo. Cuanta más debilidad acusan en mi persona, más autorizan mi causa.

Habéis dicho que soy hereje. ¿Es eso lícito? Y si no teméis que los hombres hagan justicia, ¿no teméis que la haga Dios?

---

[153] "Señor Jesús, a tu tribunal apelo". *(N. del P.)*

Sentiréis la fuerza de la verdad y cederéis a ella...

Hay algo sobrenatural en tal ceguera. *Digna necessitas.*

Falsa piedad, doble pecado.

¿Estoy yo solo contra treinta mil? Guardad vosotros vuestra impostura, y yo mi verdad, que es mi única fuerza. Si la pierdo, estoy perdido. No me faltarán acusaciones y persecuciones. Pero poseo la verdad, y veremos quién me la arranca.

Yo no merezco defender la religión, pero vosotros no merecéis defender el error y la injusticia. Que Dios, por su misericordia, mirando el mal que hay en mí y el bien que hay en vosotros, nos haga a todos la gracia de que la verdad no sucumba entre mis manos, y que la mentira no...

922.—Que se vea si se busca sinceramente a Dios por la comparación de las cosas. Es *probable* que esta carne no me envenene. Es *probable* que no pierda mi pleito, no solicitando nada...

923.—No basta la absolución para remitir los pecados en el Sacramento de la Penitencia, sino que es preciso también la contrición, que no es verdadera si no busca el Sacramento.

924.—¡Gentes sin palabra, sin fe, sin honor, sin verdad, dobles de corazón, dobles de lengua, parecidos, como os fue reprochado en otro tiempo, a aquel animal anfibio de la fábula, que se mantenía en un estado ambiguo entre los peces y las aves!...

Importa a los reyes y a los príncipes merecer la estima de piadosos, y, para eso, *es* preciso que se confiesen a vosotros.

XV

EL MEMORIAL[154]

925.—Año de gracia de 1654.
Lunes, 23 de noviembre, día de San Clemente, Papa y mártir, y de otros en el martirologio.
Víspera de San Crisógono, mártir, y de otros.
Desde cosa de las diez y media de la noche hasta alrededor de las doce y media.

FUEGO

926.—Dios de Abraham, Dios de Israel, Dios de Jacob, no de los hlósofos y de los sabios.
Certidumbre. Certidumbre. Sentimiento. Alegría. Paz.
Dios de Jesucristo.
Deum meum et Deum vestrum[155].
"Tu Dios será mi Dios."
Olvido del mundo y de todo, fuera de Dios.
El no se encuentra más que por las vías señaladas en el Evangelio.
Grandeza del alma humana.
"Padre justo, el mundo no te ha conocido, pero yo sí."
Alegría, alegría, alegría, lágrimas de alegría.
Yo me he separado de El.
Dereliquerunt me jontem aquae vivae[156].
"Dios mío, ¿me abandonarás?"
Que yo no sea separado de ti eternamente.

---

[154] El origen de este documento, llamado *El amuleto* por Condorcet, es el siguiente. Días después de la muerte de Pascal, un criado encontró que el jubón del difunto hacía, en uno de sus lados, un bulto, y habiendo descosido aquella parte de la ropa, halló un pergamino y un papelito, ambos de puño y letra de Pascal, y el papel copia del pergamino. Todos convinieron en que aquel documento guardado con tanto cuidado, debía ser una especie de *Memorial*, que ocultaba para conservar el recuerdo de alguno, que quería tener siempre presente en sus ojos y en su espíritu (véase a Guerrier). El pergamino se ha perdido, pero el papel autógrafo, que es su copia, encabeza el manuscrito 9.202 de la Biblioteca Nacional de París. *(N. del T.)*
[155] "Mi Dios y vuestro Dios". *(N. del P.)*
[156] "Me abandonaron a mí, fuente de agua viva". *(N. del P.)*

"Esta es la vida eterna, para que ellos te conozcan como verdadero Dios, y conozcan a aquel que has enviado, Jesucristo."
Jesucristo.
Jesucristo.
Yo me he separado de Él. Yo le he huido, renunciado, sacrificado.
Que nunca de Él sea más separado.
Él no se conserva más que por las vías enseñadas en el Evangelio.
Renunciación total y dulce.
Sumisión total a Cristo y a mi director.
Eternamente en alegría por un día de ejercicio sobre la tierra.
Non obliviscar sermones tuos. Amén[157].

---

[157] Estas tres últimas líneas no figuran en el autógrafo de la copia, pero sí en el pergamino original. *(N. del T.)* "No olvidaré tus palabras. Amén". *(N. del P.)*

XVI

EL MISTERIO DE JESÚS

927.—Jesús sufre en su pasión los tormentos que le dan los hombres. Pero en la agonía sufre los tormentos que se da a sí mismo (*turbare semetipsum*). Es un suplicio de una mano no humana, sino todopoderosa, porque hay que ser todopoderoso para resistirlo.

Jesús busca un consuelo al menos en sus tres más queridos amigos, y éstos duermen. Les ruega que permanezcan un poco con él, y le abandonan con toda negligencia, teniendo tan poca compasión del amigo, que no les impide dormir un momento. Y así Jesús queda solo y abandonado a la cólera de Dios.

928.—Jesús está solo en la tierra, no sólo porque nadie siente ni comparte su pena, sino porque nadie la conoce. Unicamente el cielo y Él están en ese conocimiento.

929.—Jesús está en un jardín, no de delicias, como aquél en que el primer Adán se perdió y perdió a todo el género humano, sino de suplicios, donde se salva Él y todo el género humano.

930.—Él sufre esta pena y este abandono en el horror de la noche.

931.—Yo creo que Jesús no se ha quejado más que esta sola vez, pero entonces se queja como si no pudiese contener más ese dolor excesivo. "Mi alma está triste hasta la muerte."

932.—Jesús busca compañía y alivio de parte de los hombres. Me parece que esto es único en toda su vida. Pero no recibe ninguna, porque sus discípulos duermen.

933.—Jesús estará en agonía hasta el fin del mundo. Es preciso no dormir durante ese tiempo.

934.—Jesús, en medio de ese abandono universal y del de los amigos elegidos para velar con Él, ¡hallándoles durmiendo!, se disgusta del peligro a que se exponen, no Él, sino ellos mismos, y les advierte de su propia salvación y de su propio bien en una ternura cordial hacia ellos durante su ingratitud, y les comunica que el espíritu está pronto y la carne flaca.

935.—Jesús, hallándolos dormidos otra vez, sin que su condición ni la de ellos propios les haya detenido, tiene la bondad de no despertarlos, y les deja reposar.

936.—Jesús ruega en la incertidumbre de la voluntad del Padre, y teme la muerte. Pero, habiéndola conocido, se anticipa a ofrecerse a ella. *Eamus. Processit.*

937.—Jesús ha rogado a los hombres, y no ha sido atendido.

Jesús, mientras sus discípulos duermen, ha operado su salvación. Les ha hecho justos mientras duermen, y en la nada antes de su nacimiento y en los pecados desde su nacimiento.

938.—Jesús no ruega más que una vez que el cáliz se aparte, y todavía con sumisión, y que venga dos veces, si es preciso.

939.—Jesús en el fastidio.

940.—Jesús viendo a todos sus amigos dormidos, y a todos sus enemigos vigilantes, se entrega por entero a su Padre.

941.—Jesús no ve en Judas su iniquidad, sino el orden de Dios, que él ama, y le llama amigo.

942.—Jesús se desprende de sus discípulos para entrar en la agonía. Hay que desprenderse de los más allegados y de los más íntimos, para imitarle.

943.—Jesús, estando en la agonía y en las mayores penas, oró más largo tiempo.

944.—Imploremos la misericordia de Dios para que nos deje en paz en nuestros vicios, pero a fin de que nos libre de ellos.

945.—Si Dios nos diera maestros de su mano, ¡oh, de qué buen corazón se le obedecería! La necesidad y los acontecimientos son maestros infalibles.

946.—"Consuélate, tú no me buscarías si no me hubieses encontrado."

947.—Yo pensaba en ti en mi agonía, y he vertido las gotas de mi sangre por ti.

948.—"Es tentarme más que probarte el pensar si tú harás tal o cual cosa ausente. Yo la haré en ti, si llega."

949.—"Déjame conducirte a mis reglas. Ve cómo he conducido bien a la Virgen y a los santos, que me han dejado obrar en ellos."

950.—"El Padre ama todo lo que Yo hago."

951.—"¿Quieres que me cueste siempre sangre de mi humanidad, y tú no quieres dar lágrimas?"

952.—"Mi negocio es tu conversión. No temas nada, y ruega con confianza, como por mí."

953.—"Te soy presente por mi palabra en la Escritura, por mi espíritu en la Iglesia y por las inspiraciones, por mi potencia, en los sacerdotes, por mi plegaria en los fieles."

954.—"Los médicos no te curarán, porque morirás al fin. Mas yo soy quien cura y hace el cuerpo inmortal."

955.—"Sufre las cadenas y la servidumbre corporales. Yo no te libro ahora más que de las espirituales."

956.—"Yo te soy más amigo que éste y que aquél, porque hago por ti más que ellos, y porque no sufrirían lo que he sufrido por ti, y no morirían por ti en el tiempo de tus infidelidades y de tus crueldades, como yo he hecho y estoy presto a hacer, y hago, con mis elegidos y en el Santo Sacramento."

957.—Si conocieras tus pecados, te descorazonarías.

Me descorazonaré, pues, Señor, porque su malicia me lo asegura por ministerio vuestro.

No, porque yo, por quien tú lo sabes, te puedo curar, y, si te lo digo, es un signo de que te quiero curar. A medida que los expíes, tú los conocerás, y te será dicho: "He ahí los pecados que te son remitidos".

Haz, pues, penitencia por tus pecados ocultos y por la malicia oculta de aquellos que tú conoces.

958.—"Señor, yo os lo doy todo."

959.—"Yo te amo más ardientemente de lo que tú has amado tus mancillas, *ut inmundus pro luto.*"

960.—"Que yo soy la gloria, y no tú, gusano."

961.—"Interroga a tu director cuando mis propias palabras te sean ocasión de mal, y de vanidad o de curiosidad."

962.—Yo veo mi abismo de orgullo, de curiosidad, de concupiscencia. No hay ninguna relación de mí a Dios, ni a Jesucristo justo. Pero él ha sido hecho pecado por mí, y todos vuestros azotes han caído sobre él. El es más abominable que yo, y, lejos de abjurar de mí, se siente honrado con que yo venga a él, y le socorra.

Pero él se ha curado a sí mismo, y con más razón me curará.

Debe añadir mis quejas a las suyas, y unirme a él. El me salvará, salvándose. Pero no hay nada que añadir al porvenir.

Eritis sicut dii scientes bonum et malum. Todos piensan ser dioses, cuando juzgan: "Eso es bueno o malo", y se afligen o se alegran demasiado de los acontecimientos.

Hay que hacer las cosas pequeñas como si fuesen grandes, a causa de la majestad de Jesucristo, que las hace en nosotros, y que vive nuestra vida, y las grandes como pequeñas y cómodas, a causa de su omnipotencia.

La falsa justicia de Pilatos sólo sirvio para hacer sufrir a Cristo, porque primero le hizo azotar y luego le mató. Valdría más haberle matado desde luego. Así proceden los falsos justos: hacen obras buenas y malas, para placer al mundo, y mostrar que no están del todo con Jesucristo, porque les da vergüenza. Y, al fin, en las grandes tentaciones y ocasiones, le matan.

FIN

EL CRÍTICO Y EDITOR - JUAN BAUTISTA BERGUA

Juan Bautista Bergua nació en España en 1892. Ya desde joven sobresalió por su capacidad para el estudio y su determinación para el trabajo. A los 16 años empezó la universidad y obtuvo el título de abogado en tan sólo dos años. Fascinado por los idiomas, en especial los clásicos, latín y griego, llegó a convertirse en un célebre crítico literario, traductor de una gran colección de obras de la literatura clásica y en un especialista en filosofía y religiones del mundo. A lo largo de su extraordinaria vida tradujo por primera vez al español las más importantes obras de la antigüedad, además de ser autor de numerosos títulos propios.

Su librería, la editorial y la "Generación del 27"

Juan B. Bergua fundó la Librería-Editorial Bergua en 1927, luego Ediciones Ibéricas y Clásicos Bergua. Quiso que la lectura de España dejara de ser una afición elitista. Publicó títulos importantes a precios asequibles a todos, entre otros, los diálogos de Platón, las obras de Darwin, Sócrates, Pitágoras, Séneca, Descartes, Voltaire, Erasmo de Rotterdam, Nietzsche, Kant y los poemas épicos de La Ilíada, La Odisea y La Eneida. Se atrevió con colecciones de las grandes obras eróticas, filosóficas, políticas, y la literatura y poesía castellana. Su librería fue un epicentro cultural para los aficionados a literatura, y sus compañeros fueron conocidos autores y poetas como Valle-Inclán, Machado y los de la Generación del 27.

El Partido Comunista Libre Español y las amenazas de la izquierda

Poco antes de la Guerra Civil Española, en los años 30, Juan B. Bergua publicó varios títulos sobre el comunismo. El éxito, mucho mayor de lo esperado, le llevó a fundar el Partido Comunista Libre Español que llegaría a tener mas de 12.000 afiliados, superando en número al Partido Comunista prosoviético oficial existente. Su carrera política no duró mucho después que estos últimos le amenazaran de muerte viéndose obligado a esconderse en Getafe.

La Censura, quema de libros y sentencia de muerte de la derecha

Juan B. Bergua ofreció a la sociedad española la oportunidad de conocer otras culturas, la literatura universal y las religiones del mundo, algo peligrosamente progresivo durante esta época en España.

En el 1936 el ejército nacionalista de General Franco llegó hasta Getafe, donde Bergua tenía los almacenes de la editorial. Fue capturado, encarcelado y sentenciado a muerte por los Falangistas, la extrema derecha.

Mientras estuvo en la cárcel temiendo su fusilamiento, los falangistas quemaron miles de libros de sus almacenes por encontrarlos contradictorios a la Censura, todas las existencias de las colecciones de la Historia de Las Religiones y la Mitología Universal, los libros sagrados de los muertos de los Egipcios y Tibetanos, las traducciones de El Corán, El Avesta de Zoroastrismo, Los Vedas (hinduismo), las enseñanzas de Confucio y El Mito de Jesús de Georg Brandes, entre otros.

Aparte de los libros religiosos y políticos, los falangistas quemaron otras colecciones como Los Grandes Hitos Del Pensamiento. Ardieron 40.000 ejemplares de La Crítica de la Razón Pura de Kant, y miles de libros más de la filosofía y la literatura clásica universal. La pérdida de su negocio fue un golpe tremendo, el fin de tantos esfuerzos y el sustento para él y su familia…fue una gran pérdida también para el pueblo español.

Protegido por General Mola y exiliado a Francia

Cuando General Emilio Mola, jefe del Ejército del Norte nacionalista y gran amigo de Bergua, recibe el telegrama de su detención en Getafe intercede inmediatamente para evitar su fusilamiento. Le fue alternando en cárceles según el peligro en cada momento. No hay que olvidar que durante la guerra civil, los falangistas iban a buscar a los "rojos peligrosos" a las cárceles, o a sus casas, y los llevaban en camiones a las afueras de las ciudades para fusilarlos.

–El General y "El Rojo"–Su amistad venia de cuando Mola había sido Director General de Seguridad antes de la guerra civil. En 1931, tras la proclamación de la Segunda República, Mola se refugió durante casi tres meses en casa de Bergua y para solventar sus dificultades económicas Bergua publicó sus memorias. Mola fue encarcelado, pero en 1934 regresó al ejército nacionalista y en 1936 encabezó el golpe de estado contra la República que dio origen a la Guerra Civil Española. Mola fue nombrado jefe del Ejército del Norte de España, mientras Franco controlaba el Sur.

Tras la muerte de Mola en 1937, su coronel ayudante dio a Bergua un salvoconducto con el que pudo escapar a Francia. Allí siguió traduciendo y escribiendo sus libros y comentarios. En 1959, después de 22 años de exilio, el escritor regresó a España y a sus 65 años comenzó a publicar de nuevo hasta su fallecimiento en 1991. Juan Bautista Bergua llegó a su fin casi centenario.

Escritor, traductor y maestro de la literatura clásica, todas sus traducciones están acompañadas de extensas y exhaustivas anotaciones referentes a la obra original. Gracias a su dedicado esfuerzo y su cuidado en los detalles, nos sumerge con su prosa clara y su perspicaz sentido del humor en las grandes obras de la literatura universal con prólogos y notas fundamentales para su entendimiento y disfrute.

Cultura unde abiit, libertas nunquam redit.
Donde no hay cultura, la libertad no existe.

LA CRÍTICA LITERARIA
www.LaCriticaLiteraria.com

Todo sobre literatura clásica, religión, mitología, poesía, filosofía...

La Crítica Literaria es la librería y distribuidor oficial de Ediciones Ibéricas, Clásicos Bergua y la Librería-Editorial Bergua fundada en 1927 por Juan Bautista Bergua, crítico literario y célebre autor de una gran colección de obras de la literatura clásica.

Nuestra página web, LaCriticaLiteraria.com, es el portal al mundo de la literatura clásica, la religión, la mitología, la poesía y la filosofía. Ofrecemos al lector libros de calidad de las editoriales más competentes.

Leer los libros gratis online
www.LaCriticaLiteraria.com

La Crítica Literaria no sólo está dedicada a la venta de libros nacional e internacional, también permite al lector la oportunidad de leer la colección de Ediciones Ibéricas gratis online, acceso gratuito a más que 100.000 páginas de estas obras literarias.

LaCriticaLiteraria.com ofrece al lector un importante fondo cultural y un mayor conocimiento de la literatura clásica universal con experto análisis y crítica. También permite leer y conocer nuestros libros antes del adquisición, y tener la facilidad de compra online en forma de libros tradicionales y libros digitales (ebooks).

Colección La Crítica Literaria

Nuestra nueva **"Colección La Crítica Literaria"** ofrece lo mejor de los clásicos y análisis de la literatura universal con traducciones, prólogos, resúmenes y anotaciones originales, fundamentales para el entendimiento de las obras más importantes de la antigüedad.

Disfrute de su experiencia con nosotros.

www.LaCriticaLiteraria.com

www.ingramcontent.com/pod-product-compliance
Lightning Source LLC
Chambersburg PA
CBHW031639040426
42453CB00006B/157